Martin Wengeler, David Römer
Linguistische Diskursgeschichte

Germanistische Arbeitshefte

Herausgegeben von
Thomas Gloning und Jörg Kilian

Band 53

Martin Wengeler, David Römer

Linguistische Diskursgeschichte

Einführung in die Analyse des öffentlich-politischen Sprachgebrauchs nach 1945

DE GRUYTER

ISBN 978-3-11-154403-8
e-ISBN (PDF) 978-3-11-154468-7
e-ISBN (EPUB) 978-3-11-154530-1
ISSN 0344-6697

Library of Congress Control Number: 2025941051

Bibliografische Information der Deutschen Nationalbibliothek
Die Deutsche Nationalbibliothek verzeichnet diese Publikation in der Deutschen Nationalbibliografie;
detaillierte bibliografische Daten sind im Internet über http://dnb.dnb.de abrufbar.

© 2025 Walter de Gruyter GmbH, Berlin/Boston, Genthiner Straße 13, 10785 Berlin

www.degruyterbrill.com
Fragen zur allgemeinen Produktsicherheit:
productsafety@degruyterbrill.com

Für Caroline (1994–2018)

Vorwort

Wie jedes Buch, so hat auch dieses eine Vorgeschichte. Und wie so oft in Vorworten, möchten wir auch hier etwas dazu schreiben – auch wenn oder gerade weil die Vorgeschichte eine traurige ist.

Die Idee, ein linguistisches Einführungsbuch zur Analyse öffentlich-politischen Sprachgebrauchs zu schreiben, ist schon fast ein Jahrzehnt alt. Kolleg:innen, vor allem die Reihenherausgeber der *Germanistischen Arbeitshefte*, die den 1995 erschienenen Band *Kontroverse Begriffe* in der Lehre einsetzen, haben den Vorschlag gemacht, und so habe ich mich im Sommersemester 2018 daran gemacht, ein Konzept zu entwerfen und ein entsprechendes Inhaltsverzeichnis den Reihenherausgebern vorzustellen. An dem Tag nach meinem Sommerurlaub, an dem ich zu schreiben beginnen wollte, hat mich die Nachricht erreicht, dass meine Tochter Caroline in den Bergen beim Klettern tödlich verunglückt ist. Es war nicht nur in der Zeit danach an das Schreiben dieses Buches nicht mehr zu denken, ich hatte das Vorhaben auch bereits ganz abgeschrieben, denn was soll noch das Bücherschreiben nach einem solchen (Lebens-)einschneidenden und beschneidenden Ereignis?

Mein Mitautor, Freund und Kollege David war es, der mich auf den regelmäßigen Autofahrten nach Trier dazu ermuntert hat, das Vorhaben wieder aufzugreifen und gemeinsam das Einführungsbuch, in dem vieles aus unserer eigenen Forschung verarbeitet ist, zu schreiben. Er hatte Caroline ein halbes Jahr vor dem Unglück bei einer gemeinsamen Klettertour kennen- und schätzen gelernt. Ihr ist das Buch auch deshalb gewidmet, weil sie diese unsere Forschung trotz ihres jungen Alters interessiert verfolgt und festgestellt hat, dass wir von unseren „eigentlichen" Interessen an Gesellschaft, Politik und Geschichte so viel, wie es möglich war, in unser Fach Germanistische Linguistik „gerettet" hätten.

Und so ist dieses Einführungsbuch konzipiert für die Kolleg:innen und Student:innen des Fachs Germanistik, aber auch benachbarter Fächer wie der Medien-, Politik-, Sozial- und Geschichtswissenschaften, die mit ihrer Neugier und vielleicht auch ihrem Engagement an und für zeitgeschichtlich relevante(n) und brisante(n) und somit aktuelle(n) Themen interessiert sind. Sie werden mit diesem Buch hoffentlich angeregt und dazu angeleitet zu erschließen und zu verstehen, wie solche Themen auch sprachlich-diskursiv im öffentlich-politischen Sprachhandeln hergestellt werden und welche Kontinuitäten und welcher Wandel des gesellschaftlichen Wissens über diese Themen durch Sprachanalyse zu erkennen sind.

Für redaktionelle Arbeiten und Unterstützung bei der Herstellung der Druckvorlage bedanken wir uns bei unseren Mitarbeiterinnen Merle Hormann, Tamara Bodden, Christine Riess und Ekaterina Shestakova.

Den Reihenherausgebern Thomas Gloning und Jörg Kilian danken wir für die gründliche Lektüre und kritisch-konstruktive Kommentierung, die das Buch sehr bereichert hat. Außerdem danken wir den Studierenden verschiedener Seminare an den Universitäten Kassel und Trier für geduldige Mitarbeit und kritische Diskussionen über Inhalte des Buches.

Inhalt

Vorwort —— VII

1 Einleitung —— 1

2 Öffentlichkeit —— 7
2.1 Emphatische Öffentlichkeit —— 7
2.2 Diskursmodell von Öffentlichkeit, Öffentlichkeitsebenen und digitale Öffentlichkeiten —— 10

3 Öffentlicher Sprachgebrauch —— 15

4 Methoden der Analyse öffentlich-politischen Sprachgebrauchs —— 19
4.1 Kontroverse Begriffe —— 19
4.1.1 Explizite Sprachthematisierungen —— 19
4.1.2 Implizite Sprachthematisierung —— 21
4.1.3 Gelegenheitskomposita und Neologismen —— 21
4.2 Schlagwörter, Schlüsselwörter, Leitvokabeln —— 23
4.2.1 Streit um Worte/semantische Kämpfe —— 23
4.2.2 Ideologische Polysemie —— 26
4.2.3 Politische Leitvokabeln —— 27
4.3 Framing und Frames —— 29
4.3.1 Politisches Framing vs. Begriffe besetzen —— 29
4.3.2 Framesemantik —— 32
4.3.3 Zwei Varianten der Frameanalyse: Beispiele —— 34
4.4 Metaphernfelder —— 36
4.5 Argumentationsmuster und Topoi —— 41

5 Narrative Sprachgeschichtsschreibung —— 51
5.1 Sprachgeschichte als Mentalitäts- und Diskursgeschichte —— 51
5.2 Sprachgeschichte und Zeitgeschichte —— 53
5.3 Sprachgeschichtserzählungen —— 54
5.4 Periodisierungen, Umbrüche, Zäsuren —— 56
5.5 Themenabhängige sprachgeschichtliche Zäsuren nach 1945 —— 60

6 Exemplarische Sprachgeschichten —— 65
6.1 Außen-, Sicherheits- und Militärpolitik —— 65
6.1.1 Die 1950er Jahre —— 66
6.1.2 Die 1980er Jahre —— 73
6.1.3 Nach dem Kalten Krieg —— 77

6.2	Migration —— 80	
6.2.1	Der Vertriebenen-Diskurs der 1950er Jahre —— 81	
6.2.2	Der Gastarbeiter-Diskurs der 1960er/1970er Jahre —— 86	
6.2.3	Der Asyldiskurs seit den 1980er Jahren —— 90	
6.3	Wirtschaftskrisen —— 98	
6.3.1	Der Wortschatz in Wirtschaftskrisendiskursen —— 99	
6.3.2	Metaphernkonzepte in Wirtschaftskrisendiskursen —— 101	
6.3.3	Argumentationsmuster in Wirtschaftskrisendiskursen —— 102	
6.4	Analyse eines politisch-sozialen Grundbegriffs: *Solidarität* —— 106	
6.4.1	Etymologie und Wortgeschichte von *Solidarität* im 19. Jahrhundert —— 108	
6.4.2	*Solidarität* im Nationalsozialismus —— 110	
6.4.3	*Solidarität* in ökonomischen Krisendiskursen nach 1945 —— 111	
6.4.4	*Solidarität* im Corona-Diskurs —— 112	
6.5	Verschwörungstheorien —— 115	
6.5.1	Zur Bedeutung des Wortes *Verschwörungstheorie* —— 116	
6.5.2	Begriffsbestimmung von ‚Verschwörungstheorie' —— 118	
6.5.3	Öffentlicher Sprachgebrauch in Verschwörungstheorien: Beispielanalysen —— 119	
6.6	Diskurse um *political correctness* —— 126	
6.6.1	Begriffsbestimmung(en) —— 126	
6.6.2	Geschichte —— 129	
6.6.3	Anti-rassistische Sprachkritik —— 134	
6.6.4	Feministische und postfeministische Sprachkritik —— 141	
6.6.5	Historische Korrektheit —— 150	

7 Literatur —— 157

Personenregister —— 175

1 Einleitung

In der Germanistischen Linguistik sind in den letzten 15 Jahren verschiedene Einführungsbücher zu Themen erschienen, die dem hier behandelten wissenschaftlichen Gegenstand nahestehen. Der Titel *Linguistische Diskursgeschichte* erinnert an Bücher wie *Diskurslinguistik. Eine Einführung in Theorien und Methoden der transtextuellen Sprachanalyse* (Spitzmüller & Warnke 2011), *Kritische Diskursanalyse. Eine Einführung* (Jäger 2012), *Einführung in die linguistische Diskursanalyse* (Niehr 2014b) oder *Linguistische Diskursanalyse. Ein Lehr- und Arbeitsbuch* (Bendel-Larcher 2015). Aber auch Einführungen wie *Sprachkritik. Ansätze und Methoden der kritischen Sprachbetrachtung* (Kilian, Niehr & Schiewe 2016) oder *Einführung in die Politolinguistik* (Niehr 2014a) und Sammelbände wie *Grundlagen der Politolinguistik* (Klein 2014a) sowie *Sprache und Politik* (Holly 2012) berühren den Gegenstand dieses Buches. Die im Titel enthaltene sprachgeschichtliche Perspektive wird insbesondere in einzelnen Kapiteln der *Deutsche[n] Sprachgeschichte vom Spätmittelalter bis zur Gegenwart. Bd. 3: 19. und 20. Jahrhundert* (Polenz 1999), in *Kontroverse Begriffe. Geschichte des öffentlichen Sprachgebrauchs in der Bundesrepublik Deutschland* (Stötzel & Wengeler 1995) und im Sammelband *Sprachgeschichte als Zeitgeschichte* (Wengeler 2005b) abgedeckt. Warum also nun eine weitere Einführung? Ihr Titel soll das hervorheben, was in den genannten Einführungsbüchern nur mitbehandelt und/oder in Einzelkapiteln angesprochen wird, und eine Facette deutschsprachiger linguistischer Diskursanalyse in den Mittelpunkt stellen, die das Zeithistorische, die Nähe zur Begriffsgeschichte der Historiker:innen und die öffentliche Konstruktion von Wirklichkeit(en) hervorhebt.

In diesem einführenden Kapitel werden zunächst einige sprachtheoretische Grundlagen skizziert sowie eine forschungsgeschichtliche Einordnung der Linguistischen Diskursgeschichte vorgenommen. Dabei wird u.a. in Anlehnung an Wengeler (1992) und Römer (2017) herausgearbeitet, worin die Besonderheiten dieser Spielart der linguistischen Diskursanalyse bestehen. Laut Römer (2017: 5) hat Matthias Jung (1994) seine Analyse des Diskurses über die Atomenergie erstmals als diskursgeschichtliche Analyse deklariert, und Hermanns (2012 [1995]) erwähnt Wengelers Dissertation von 1992 als eine sprachgeschichtliche Diskursanalyse avant la lettre. Andere Bezeichnungen für diese Form von Diskursanalyse, die auch bei Spitzmüller & Warnke (2011: 87–91) als eine ihrer Ausprägungen vorgestellt wird, sind: *Sprachgeschichte als Problemgeschichte der Gegenwart, Sprachgeschichte als Zeitgeschichte, Sprachgeschichtsschreibung für die Zeit nach 1945, Geschichte des öffentlich-politischen Sprachgebrauchs (in der BRD), Diskursgeschichtsschreibung, Diskursorientierte Sprachgeschichtsschreibung* oder *Düsseldorfer Schule* (vgl. Römer 2017: 5).

Die linguistische Diskursgeschichte geht – wie andere Formen der Diskursanalyse – von der grundlegenden Annahme aus, dass Sprache Wirklichkeit(en) schafft und dass dementsprechend gesellschaftliches/kollektives Wissen durch Sprache konstituiert wird. Sie will somit zum Verständnis der „realitätskonstitutiven und handlungsorientierenden" (Stötzel 1993: 117) Funktion von Sprache beitragen. Kernfragen in diesem Zusammenhang sind demzufolge: Was verrät uns die Verwendung von Sprache in verschiedenen Themenfeldern über das in diesen Bereichen verbreitete gesellschaftliche Wissen? Welche Denk- und Bewertungsmuster werden in der alltäglichen Praxis der sprachlichen Verhandlung von Gegenständen in öffentlichen Diskursen auf diese angewendet und welchen Effekt hat dies „auf die Gestaltung der sozialen und politischen Welt und damit [auf] die Sinn- und Weltorientierung von Sprechern und Rezipienten" (Wengeler 2005b: 2)? Die linguistische Diskursgeschichte will darüber aufklären, dass und wie durch Sprache, durch die alltägliche Praxis der Sprachverwendung Wirklichkeit hergestellt wird, dass und wie im sprachlichen Handeln „jeweils bestimmte Perspektiven auf die Gegenstände benannt und schließlich durchgesetzt werden" (Wengeler 2005b: 3) und wie Sprachveränderungen gegebenenfalls gesellschaftliche Veränderungen mitbedingen, auslösen oder vorantreiben (zum Beispiel Selbstbezeichnungen als *schwul* oder *queer* oder Änderungen in der Bezeichnung beeinträchtigter Menschen, durch die deren Selbstverständnis und Chancen auf gesellschaftliche Teilhabe sich ändern).

Es geht darum, herauszufinden, welche Weltsichten mit den sprachlichen Handlungsweisen verbunden sind und sich möglicherweise gegen konkurrierende Ansichten durchsetzen bzw. welche Weltsichten gesellschaftlich hegemonial sind und welche anderen Sichten auf die Dinge und die Welt außerhalb des zu sagen Möglichen bzw. im Bereich des Unsagbaren liegen. Forschungsziel ist demnach das Erkunden der sich historisch wandelnden politischen und sozialen Leitbilder und Wertesysteme, Einstellungen oder Mentalitäten bzw. – in einem neutralen Sinne des Wortes – Ideologien, die sich im Sprachgebrauch und im Einsatz bestimmter sprachlicher Mittel manifestieren.

In Vorarbeiten zu einer Geschichtsschreibung des öffentlichen Sprachgebrauchs, strukturiert nach Problem- oder Themenbereichen, zeigt Georg Stötzel bereits Ende der 1970er Jahre die realitätskonstituierende Funktion von Sprache auf. Die sprachliche Konstruktion der Wirklichkeit ist seither ein zentraler Erkenntnisgegenstand der linguistischen Diskursgeschichte, die Stötzel noch nicht so genannt hat. Dabei wird also ein Sprachbegriff vertreten, der „die Sprache bzw. die sprachlichen Zeichen wie Wörter und Sätze nicht herabwürdigt zu bloßen Bezeichnungen bzw. Etiketten für Sachen und Sachverhalte, die als von der Sprache unabhängig gedacht werden könnten" (Stötzel 2022 [1978]: 806). Tatsachen und Sachverhalte, unsere Wahrnehmung von den Dingen in der Welt, sind also als sprachabhängig anzusehen. Diese relativistische oder konstruktivistische Auffassung von Sprache eint alle Spielarten der linguistischen Diskursanalyse. Sie wurde in einer sprachphilosophischen Tradition entwickelt, die u.a. mit dem Namen Wilhelm von Humboldts verbunden ist.

Noch einmal mit anderen Worten: Der Sprachrelativismus oder -konstruktivismus geht von der erkenntnistheoretischen Prämisse aus, dass „die Bedingung der Möglichkeit jeder Welterfahrung in der Sprache begründet ist" (Gerhardt 1974: 14). Der Mensch erlebt die außersprachliche Wirklichkeit überwiegend sprachlich vermittelt, d.h. in Kategorien der Sprache, die ihm als Instrument der Wahrnehmung zur Verfügung steht. Erkenntnis ist demnach nur als sprachliche Erkenntnis möglich (vgl. Gerhardt 1974: 17). Wie wir denken und wahrnehmen, hängt von der Sprache und ihren Strukturen ab.

In diesem Sinne bezeichnet Humboldt (1972 [1827–1829]: 191) die Sprache als das „bildende Organ des Gedanken"; Sprache und Denken seien „Eins und unzertrennlich von einander." Die „Vorstellungsart, als thue die Sprache nicht mehr, als die an sich wahrgenommenen Gegenstände zu bezeichnen" (Humboldt 1972 [1827–1829]: 223), treffe nicht zu. Das Wort, eine Bezeichnung, sei nicht „ein Abdruck des Gegenstandes", sondern Produkt der „subjectiven Wahrnehmung der Gegenstände" (Humboldt 1972 [1827–1829]: 223). Und weiter: „Der Mensch lebt auch hauptsächlich mit den Gegenständen, so wie sie ihm die Sprache zuführt, und da Empfinden und Handeln in ihm von seinen Vorstellungen abhängt, sogar ausschließlich so" (Humboldt 1972 [1827–1829]: 224). Aufgrund der Sprachgebundenheit der Erkenntnis (bzw. des Denkens oder Wissens) – so also die zentrale These im Anschluss an Humboldt – ist die Realität für den Menschen in ihrer unabhängig vom Bewusstsein existierenden Objektivität nicht erkennbar.

Wenn die Welterfahrung oder das Denken und Wissen sprachlich geprägt sind, dann hat dies wiederum zur Konsequenz, dass unterschiedliche Sprachen (bei Humboldt: Nationalsprachen) unterschiedliche Wirklichkeitserfahrungen ermöglichen bzw. bedingen. Jede Sprache ist somit Symptom einer „eigenthümliche[n] Weltansicht" (Humboldt 1972 [1827–1829]: 224). Bedeutsam an dieser Sichtweise ist nun: Wenn der Mensch die Dinge unabhängig von seiner Sprache in ihrer Objektivität nicht wahrnehmen kann, weil seine Erkenntnismöglichkeiten in ihr verstrickt sind, dann tritt „an die Stelle der absoluten Existenz der Wirklichkeit [...] eine Vielfalt von Perspektiven – und damit, wenn auch bei Humboldt noch unausgesprochen, eine Vielfalt von Wirklichkeiten" (Gardt 1999: 235), die unterhalb der Ebene von Einzelsprachen, etwa in historischen Differenzen oder akteurstypischen Sprechweisen bzw. bei verschiedenen politischen und sozialen Gruppen im öffentlichen Diskurs das jeweils zugrundeliegende Denken, Wissen, Einstellungen, Weltsichten usw. erkennen lassen. Die Wirklichkeit löst sich bei Humboldt letztlich in Sprache auf; es gibt so viele Wirklichkeiten, „wie es Sprachen gibt" (Humboldt 1972 [1827–1829]: 237). Wengeler (1992: 12) fasst Humboldts Sprachideen wie folgt zusammen:

> Es ist zwar nicht davon auszugehen, daß „Dinge", „Gegenstände", „Sachverhalte", die „Welt" ohne die Sprache nicht existent sind, aber für den Menschen (er)faßbar und sinnvoll werden sie erst durch die Sprache. Durch die Sprache kann der Mensch Bezug nehmen auf die Welt, sie sinnhaft ordnen und interpretieren und dialogisch-intersubjektiv die vorgegebene Wirklichkeit der Dinge und Sachverhalte als Wirklichkeit für sich erfassen [...]. Insofern kommt der Sprache für den Menschen eine realitätskonstitutive Funktion zu.

Auf diesen sprachtheoretischen Grundlagen fußen die Pilotstudien von Georg Stötzel (2022 [1978]; 1982 [1980]; 1990) zu konkurrierendem Sprachgebrauch in der Öffentlichkeit. Parallel dazu hatte sich Dietrich Busse intensiv mit den theoretischen Grundlagen für eine *Historische Semantik* (1987) auseinandergesetzt – und zwar als Reaktion auf das geschichtswissenschaftliche Großprojekt *Geschichtliche Grundbegriffe* (GG) von Reinhart Koselleck u.a. (vgl. dazu auch Busse 1986; 1988; 2000; 2003). Gedacht als sprachtheoretische Hilfestellung, Kritik und Grundlegung der darin enthaltenen Begriffsgeschichten (vgl. kritisch dazu Müller & Schmieder 2016: 484–498) entwarf Busse u.a. in Anlehnung an auch für Stötzel wesentliche Theoretiker wie Humboldt und Wittgenstein ein umfassendes Programm einer Historischen Semantik. Dessen Besonderheit bestand darin, den eigentlich eher sprachfernen Diskursbegriff Foucaults fruchtbar zu machen für eine linguistisch-semantische Analyse, die sich die Erforschung des in vergangenen Zeiten jeweils gültigen gesellschaftlichen kollektiven Wissens und damit auch der Möglichkeitsbedingungen des jeweils in diesen Zeiten Sagbaren zum Ziel gesetzt hatte.

Dieses theoriegesättigte Programm einer Historischen Semantik war so hochgradig kompatibel mit den genannten theoretischen Überlegungen Stötzels zu einer Sprachgeschichtsschreibung der Bundesrepublik Deutschland, dass es in der Folgezeit auch und gerade mit seiner Berufung auf ein bestimmtes Verständnis des Foucault'schen Diskursbegriffs als dessen theoretische Grundlage herangezogen werden konnte. Erstmals hat Wengeler (1992) diese Konzepte in seiner Dissertation zur *Sprache der Aufrüstung* zusammengeführt. Die theoretischen Überlegungen zur realitätskonstitutiven Leistung der Sprache als unabdingbare Grundlage für eine sprachtheoretisch fundierte Analyse öffentlichen Sprachgebrauchs, die gleichzeitig eine Analyse gesellschaftlichen Wissens sein will und kann, sind besonders prägnant bei Spitzmüller & Warnke (2011: 40–48) und Römer (2017: 15–41) zusammengefasst.

Mit dieser sprachtheoretischen Grundüberzeugung der sprachlichen Konstitution von Wissen, Wirklichkeit und Wahrheit ist auch eine alte sprachphilosophische Diskussion über sprachliche Relativität und sprachlichen und/oder gesellschaftlichen Konstruktivismus angesprochen, die hier nicht weiter vertieft werden kann. Sie reicht von Humboldts dargestellten sprachlichen Weltansichten über die Sapir-Whorf-Hypothese (vgl. Werlen 2002) der sprachlichen Relativität und Wittgensteins „Sprachspiele" und „Lebensformen" sowie – in der Soziologie – Berger & Luckmanns „gesellschaftlicher Konstruktion von Wirklichkeit" bis hin zu neueren kognitionslinguistischen und konstruktionsgrammatischen Ansätzen (vgl. Wehling 2016 bzgl. „Framing" und Ziem 2008 bzgl. Frames). Die Analyse öffentlichen Sprachgebrauchs kommt ohne diese Überzeugung von der realitätskonstitutiven Rolle der Sprache nicht aus.

Anderenfalls müssten Analysierende jeweils einen von diesen sprachlichen Realitätskonstitutionen unabhängigen Standpunkt einnehmen können, von dem aus sie bewerten könnten, wessen Wirklichkeitskonstruktionen wahr oder richtig sind. Die Aufgabe von Sprachwissenschaftler:innen wäre dann, öffentliche Äußerungen als Propaganda oder Manipulation zu bewerten oder als „wahre", „richtige" Repräsentation der Wirklichkeit. Ziel der Analyse öffentlichen Sprachgebrauchs dagegen ist es, herauszufinden und darzustellen, mit welchen sprachlichen Mitteln welche Positionen, Wissenssegmente und Weltansichten konstruiert werden, wie diese ausgehandelt werden, welche sich gegebenenfalls durchsetzen und dann als kollektives Wissen gelten.

Auseinanderzusetzen hat sich eine solche sprachkonstruktivistische Position allerdings – von den wissenschaftlichen Diskussionen um einen neuen Realismus (vgl. Felder & Gardt 2018) einmal abgesehen – mit den in den öffentlichen Diskurs eingespeisten „alternativen Fakten" insbesondere von autoritär gesinnten neurechten Gruppierungen. Diese machen sich mehr oder weniger explizit die genannten sprachtheoretischen Positionen zu eigen, um menschen- und demokratiefeindliche Weltansichten als gleich gültig und unabhängig von ihrem Realitätsgehalt als ebenso wahr und richtig wie andere Positionen zu vertreten und so das Feld des öffentlich Sagbaren zu erweitern. Zu dieser sog. Metapolitik der Neuen Rechten (vgl. dazu z.B. Schröter 2019), die sich in ihren intellektuelleren Versionen auf eben die hier dargestellten sprachkonstruktivistischen Positionen bezieht und im öffentlichen Diskurs dann Lügen, Fake News und Halbwahrheiten (vgl. dazu z.B. Gutzmann & Turgay 2022) verbreitet, muss sich die hier vertretene sprachphilosophische Haltung positionieren. Denn auf welche sprachunabhängige Wirklichkeit, auf welche beweisbaren Fakten können wir uns beziehen, wenn wir von „der These von der Relativität des Wissens und damit letzthin der Relativität von Wahrheit" (Spitzmüller & Warnke 2011: 48) ausgehen und so das „Vertrauen in die welterfassende bzw. *repräsentationale* Funktion der Sprache" (Spitzmüller & Warnke 2011: 48) erschüttern? Eine intensive linguistische Auseinandersetzung mit der Alternative Konstruktivismus vs. Realismus findet sich z.B. bei Gardt (2018: 33), der als Resümee anbietet:

> Die Diskussion zwischen Realismus und Konstruktivismus wird nicht damit enden, dass das Problem auf theoretischer Ebene gelöst werden wird. Zu offensichtlich sind Plausibilität und Nutzen beider Positionen, aber auch ihre Grenzen: Mit einem überbordenden Konstruktivismus kann der Mensch kein Leben führen, und ein zu schlichter Realismus lässt ihn unter seinen intellektuellen Möglichkeiten bleiben.

Aufgaben
1. Fassen Sie die zentralen Gedanken des Kapitels zur realitätskonstitutiven Funktion von Sprache zusammen. Wie entsteht Wissen im Diskurs?
2. Recherchieren Sie die wesentlichen Gedanken zum sprachlichen Konstruktivismus und zum Realismus (z.B. bei Gardt 2018; Römer 2017: 15–41; Spitzmüller & Warnke 2011: 40–48) und entwickeln Sie eine eigene Haltung zu den theoretischen Ansätzen.
3. Diskutieren Sie die Problematik des Konstruktivismus in der Sprachwissenschaft vor dem Hintergrund der Verbreitung von „alternativen Fakten" und Verschwörungstheorien.

2 Öffentlichkeit

Dieses Einführungsbuch steht in der Tradition der linguistischen Forschung zum öffentlichen Sprachgebrauch und zur deutschen Sprachgeschichte nach 1945. Einblicke in dieses Arbeitsgebiet gibt das vor dreißig Jahren erschienene Buch *Kontroverse Begriffe. Geschichte des öffentlichen Sprachgebrauchs in der Bundesrepublik Deutschland* (Stötzel & Wengeler 1995). Hier schließen wir insoweit daran an, als der öffentliche Sprachgebrauch in den späteren Kapiteln exemplarisch anhand der Themen (Auf-)Rüstung, Migration, Wirtschaftskrisen, Verschwörungstheorien, *political correctness* sowie des Begriffs *Solidarität* dargestellt wird (dies ist eine Auswahl aus den Forschungsthemen der Autoren dieses Buches). Zuvor aber werden in den ersten vier Kapiteln einige Grundlagen und Grundbegriffe geklärt und Überlegungen hinsichtlich dessen angesprochen, was den Gegenstand „Öffentlichkeit" bzw. „Öffentlicher Sprachgebrauch" auszeichnet, inwiefern er für Auseinandersetzungen mit Sprache im Sinne der vorliegenden Einführung (und darüber hinaus) wichtig ist und wie seine linguistische Analyse angegangen werden kann. Neueste Entwicklungen, die sich auf die Digitalisierung von Diskursen beziehen, können dabei nur am Rande thematisiert werden (s. hierzu etwa Pappert & Roth (2019), die Beiträge in Gredel (2022), das Handbuch *Sprache und digitale Kommunikation* von Androutsopoulos & Vogel (2024) sowie das von Knuchel & Merten (2024) herausgegebene Themenheft *Digitale Öffentlichkeit(en)* der *Zeitschrift für germanistische Linguistik*).

2.1 Emphatische Öffentlichkeit

Für den Öffentlichkeitsbegriff stellt Jürgen Habermas' Habilitationsschrift von 1962 *Strukturwandel der Öffentlichkeit* einen zentralen Bezugspunkt dar. Im Jahr 2022 hat Habermas Überlegungen zu einem erneuten Strukturwandel der Öffentlichkeit durch die Digitalisierung vorgestellt und beschäftigt sich mit den lange Zeit sog. Neuen Medien und dem Plattformcharakter der Internetkommunikation hinsichtlich seiner Auswirkungen auf eine deliberative demokratische Gesellschaft. In der im Folgenden dargestellten linguistischen Beschäftigung mit dem Öffentlichkeitsbegriff wurden Habermas' Überlegungen intensiv rezipiert. Zur vertiefenden Lektüre empfehlen wir insbesondere Busse (1996), Schiewe (2004), Spieß (2011: 128–135), Pappert & Roth (2019) sowie die oben gegebenen weiteren Hinweise zu digitalen Öffentlichkeiten.

Ebenfalls in der Tradition der linguistischen Forschung zum öffentlichen Sprachgebrauch steht der gleichnamige Sammelband von Böke, Jung & Wengeler aus dem Jahr 1996. Dieser verfolgt ausdrücklich das Ziel, den öffentlichen Sprachgebrauch als linguistischen Forschungsgegenstand zu etablieren. Die Herausgeber:innen unterscheiden zunächst „ein neutrales und ein emphatisches Verständnis von ‚öffentlich' bzw. ‚Öffentlichkeit'" (Böke, Jung & Wengeler 1996: 9). Das neutrale Verständnis setzt die Begriffe *öffentlich* und *Öffentlichkeit* in Kontrast zu dem, was privat, geheim und individuell ist. Sprachlich-kommunikativ zeichnet sich Letzteres durch einen vertraulichen, informellen, an einen überschaubaren Adressat:innenkreis gerichteten Stil aus, während öffentlich förmlicher, geplanter, formeller und an ein nicht abgeschlossenes, nicht überschaubares (disperses) Publikum gerichtet kommuniziert wird.

Das emphatische Verständnis von Öffentlichkeit geht auf Jürgen Habermas' *Theorie des kommunikativen Handelns* und der deliberativen Aushandlung von gesellschaftlichen Fragen in einer Demokratie zurück. Öffentlichkeit – verstanden als „Raum der Diskurse" (Busse 1996: 347) – ist demnach ein konstitutives Element von Demokratie, das Parteien, Verbände und andere öffentlich handelnde Akteur:innen nutzen. Ziel dabei ist, Mehrheiten für die eigenen Vorstellungen davon, wie gesellschaftliche Probleme zu lösen sind, zu gewinnen, und damit die Macht, diese durchzusetzen, zu erringen.

In der Öffentlichkeit werden demnach Dinge von gesellschaftlichem Interesse verhandelt, also solche, die potenziell alle angehen. Unterschiedliche Akteur:innen erheben dabei Geltungsansprüche auf Wahrhaftigkeit, Wahrheit und vor allem Richtigkeit (vgl. Kopperschmidt 1989). Die gesellschaftliche Entscheidungsfindung wird – wir folgen hier Habermas und fügen mit ihm ein: kontrafaktisch – in einer idealen Sprechsituation durch den Austausch von Argumenten, ohne Zugangsbeschränkungen und ohne dass die Beteiligten mehr oder weniger politische Macht oder ökonomische Ressourcen haben (alle sind gleichberechtigt), durch den „zwanglosen Zwang des besseren Arguments" (Habermas 1981: 52–53 u.ö.) mit einem Konsens geregelt. Dies soll ein gedeihliches Zusammenleben gewährleisten. Damit ist ein demokratietheoretisch begründetes Ideal gezeichnet, das sich seit der Aufklärung herausgebildet hat (vgl. Schiewe 2004: 252–266 u.ö.) und an dem unter diskursethischen Gesichtspunkten reale gesellschaftliche bzw. sprachliche Aushandlungsprozesse gemessen und bewertet werden können.

Das damit kurz skizzierte Öffentlichkeitsverständnis wird in diversen politischen, medien-, politik-, sprach- und kommunikationswissenschaftlichen Abhandlungen als unrealistisches Konzept kritisiert. Aus linguistischer Perspektive hat Busse (1996: 348) zum einen dieses von Habermas entworfene Wunschbild, das von der in Salons und Akademien diskutierenden und räsonierenden bürgerlichen Öffentlichkeit entworfen wurde, als „zu ideal, als könnte [es] in dieser Form jemals Wirklichkeit gewesen sein", charakterisiert. Zum anderen hat er die auch schon von Habermas selbst erkannten realen Einschränkungen dieses Ideals durch das Aufkommen von Massenkommunikationsmitteln wie Büchern, Zeitungen und Zeitschriften im 19. Jahrhundert und später von Radio und Fernsehen festgehalten:

> War es in der bürgerlichen Öffentlichkeit (zumindest der Idee nach) möglich, daß jeder einzelne Privatmensch gesellschaftliche Realität [...] tendenziell mitbestimmen konnte, so ist Realität im Zeitalter der Massenmedien nurmehr das, was nach gesellschaftlichen Regeln der Aufmerksamkeitssteuerung aufbereitet ist.
>
> (Busse 1996: 349)

Auch Jürgen Schiewe betont am Ende seiner sprach- und ideengeschichtlichen Beschäftigung mit dem Begriff ‚Öffentlichkeit' die Rolle der Medien bzw. der (publizistischen) Massenmedien für das, was dem Ideal in der realen Öffentlichkeit westlich-demokratischer Gesellschaften entgegensteht:

> So besteht Öffentlichkeit heute aus von den Medien bereit gestellten Informationen zu von ihnen gesetzten Themen und einem entsprechenden Kommunikationsangebot für ein disperses Publikum. [...] Politische Öffentlichkeit [...] ist folglich kein Akt der Politik, die in den Medien Themen setzen und diskutieren würde, sondern ein Produkt der medialen Konstruktion politischer Wirklichkeiten, die für vermittlungswürdig gehalten werden.
> (Schiewe 2004: 278–279)

Ähnlich lauten auch Spieß' Schlussfolgerungen in Auseinandersetzung mit Habermas (1990), Busse (1996) und dem Soziologen Neidhardt (1994):

> Es geht hinsichtlich der Massenmedien nun nicht mehr nur um Verständigung oder Öffentlichkeit im emphatischen Sinne, vielmehr hält mit der Professionalisierung auch Kommerzialisierung Einzug und damit das persuasive Werben um Zuhörer-, Zuschauer- und Leserschaft. Macht und Durchsetzungsvermögen der Öffentlichkeitsakteure *Massenmedien* spielen zunehmend eine wichtige Rolle, soll doch beim Adressatenkreis Interesse und Aufmerksamkeit geweckt werden.
> (Spieß 2011: 132)

Vor allem in der Medien- und Politikwissenschaft spielt die Forschung dazu, welche Gruppen von Akteur:innen über welche Medien in welcher Weise Einfluss auf öffentlich verhandelte Themen ausüben und sich gegebenenfalls durchsetzen können, eine große Rolle. Hier muss der Hinweis genügen, dass solche Einflüsse dem skizzierten Ideal von Öffentlichkeit und dem von Habermas so genannten „zwanglosen Zwang des besseren Arguments" entgegenstehen. Für die Analysen des öffentlichen Sprachgebrauchs dürfte der Hinweis Busses (1996: 351) am wichtigsten sein, dass in dem zur Massenkommunikation hin aufgelösten Ideal der räsonierenden bürgerlichen Öffentlichkeit nun seit dem 19. Jahrhundert die wichtigste Funktion der Massenmedien „die Selektion von Themen [ist], die, als Einschränkung des von ihnen als gesellschaftlich Wissenswertes Ausgewählten, zugleich die gesellschaftlich zugelassene Wirklichkeit abgrenzt". Oder, wie Luhmann (1996: 9) sagt: „Was wir über die Gesellschaft, ja über die Welt, in der wir leben, wissen, wissen wir durch die Massenmedien." Vor dem Hintergrund der digitalen Massenmedialität gilt dies wohl nur noch eingeschränkt; zumindest ist nicht – auch nicht bei analoger Kommunikation – von der einen massenmedial hervorgebrachten Wirklichkeit auszugehen, sondern von verschiedenen Wirklichkeiten aufgrund einer „Vielzahl an (digitalen und episodischen) Öffentlichkeiten unterschiedlicher Reichweite und Reziprozität [...], die jeweils kommunikativ konstruiert werden" (Knuchel & Merten 2024: 3).

Trifft die von Luhmann benannte Funktion der Massenmedien dennoch auch heute noch zu, dann ist die linguistische Analyse des massenmedial Verhandelten auch eine Analyse des kollektiven Wissens einer Sprachgemeinschaft (hinsichtlich eines Themas).

Die Beschreibung der Kontinuitäten, aber auch der Veränderungen kollektiven Wissens anhand der Analyse des öffentlichen Sprachgebrauchs ist das Ziel der in dieser Einführung präsentierten linguistischen Untersuchungen, weshalb sie auch zur diskurslinguistischen Forschung oder zur linguistischen Analyse von gesellschaftlichem Wissen zu rechnen sind (vgl. Busse 1987: 2000).

Im Folgenden werden weitere Unterscheidungen von soziologischer und medienwissenschaftlicher Seite zum Konzept ‚Öffentlichkeit' angeführt, und es wird – dem Medienwandel der letzten Jahre Rechnung tragend – der erwähnte neue Strukturwandel der Öffentlichkeit hin zu digitalen Öffentlichkeiten reflektiert.

2.2 Diskursmodell von Öffentlichkeit, Öffentlichkeitsebenen und digitale Öffentlichkeiten

Die Öffentlichkeitssoziologie, die ebenso dem hier skizzierten emphatischen Verständnis von Öffentlichkeit folgt und ihr somit normative Ansprüche zuweist, benennt drei idealtypische Funktionen von Öffentlichkeit. Wenn diese erfüllt wären, führten sie zu Entscheidungen über gesellschaftliche Fragestellungen, die im Konsens unter Beteiligung der Interessen aller gefällt würden: die Transparenzfunktion, die Validitätsfunktion und die Orientierungsfunktion. Mit Ersterer ist gemeint, dass die Öffentlichkeit „für alle möglichen gesellschaftlichen Gruppen und Themen offen sein" (Spieß 2011: 130) muss. Es muss zudem möglich sein, diese Themen argumentativ auszuhandeln (Validitätsfunktion), und es muss gewährleistet sein, dass überhaupt eine Meinungs- und Willensbildung aller stattfindet (Orientierungsfunktion). Entsprechend wird ein Verständnis von Öffentlichkeit, das ihr diese Funktionen zuweist, auch als Diskursmodell von Öffentlichkeit bezeichnet – im Sinne des Habermas'schen Diskursbegriffs, demgemäß im Diskurs strittige Geltungsansprüche auf Wahrheit und Richtigkeit argumentativ ausgehandelt werden (vgl. dazu Kopperschmidt 1989). Die Funktionen gehören also zum skizzierten normativen Öffentlichkeitsverständnis, dem – wie angedeutet – in der Realität vielfältige Hindernisse entgegenstehen bis hin zu den Bedingungen, unter denen heute digitale Kommunikationsformen Öffentlichkeit(en) verändern.

Soziologen haben ebenfalls unterschiedliche Öffentlichkeitsebenen, die noch aus der vordigitalen Zeit stammen, vorgeschlagen. Die Ebenen können aber auch auf digitale Öffentlichkeiten übertragen werden: Gerhards & Neidhardt (1990) unterscheiden eine Encounter-Ebene der Öffentlichkeit, die Ebene der Themen- oder Versammlungsöffentlichkeit sowie die der Medienöffentlichkeit (vgl. Pappert & Roth 2019: 223–226). Mit der Encounter-Ebene sind „die vielen zufälligen Gespräche von zwei oder mehreren Personen" (Pappert & Roth 2019: 224) über gesellschaftliche Themen gemeint. Die Themen- und Versammlungsöffentlichkeit hat bei festgelegten Interaktionsrollen von Sprechenden und Publikum schon eine größere gesellschaftliche Reichweite, die – im Falle z.B. von Kundgebungen, Parteiveranstaltungen und Demonstrationen – erst durch ihre Resonanz/Rezeption in Massenmedien oder in den letzten Jahren in Internetformaten, für die sie inzwischen z.T. ausschließlich inszeniert werden, einen Beitrag zum gesellschaftlichen Diskurs leisten.

Während demnach bei diesen beiden Ebenen Inhalte und Aspekte der hier interessierenden Öffentlichkeit, für die die gesellschaftliche Relevanz und Brisanz der Themen konstitutiv ist, auch vorkommen, ist es erst die Ebene der Medienöffentlichkeit, auf der der skizzierte emphatische Öffentlichkeitsbegriff für das vorliegende Erkenntnisinteresse relevant wird. Denn hier können potenziell alle gesellschaftlichen Akteur:innen Beiträge zu gesamtgesellschaftlich interessierenden „Problemverhalten" (Stötzel 1995a: 3) leisten. Sie stellt daher den traditionellen Gegenstand der Untersuchung des öffentlichen Sprachgebrauchs dar.[1] Diesen bildet sie deshalb, weil hier „die Kommunikation am weitesten funktional ausdifferenziert, strukturiert und institutionalisiert ist. Medienöffentlichkeit ist dauerhaft stabil und arbeitsteilig organisiert, sie verstetigt öffentliche Kommunikation und macht diese gesellschaftsweit wahrnehmbar" (Pappert & Roth 2019: 225).

Allerdings entspricht die Ebene der Medienöffentlichkeit nicht dem idealen emphatischen Öffentlichkeitsverständnis, weil eben schon von ihrem Beginn an nur ökonomisch und/oder politisch mächtige Akteur:innen sich über Medien Gehör verschaffen können und der weitaus größte Teil der Gesellschaftsmitglieder in der Medienöffentlichkeit nur „ein mehr oder weniger konstantes, vom Produktionsprozess ausgeschlossenes Publikum" (Pappert & Roth 2019: 225) bildet (vor dem Hintergrund digitaler Öffentlichkeiten ließe sich hier diskutieren, ob das heute noch so zutreffend ist).

Nichtsdestotrotz gibt es in repräsentativen Demokratien vielfältige Möglichkeiten und auch Bemühungen, dass über Interessenvertretungen wie Parteien, Verbände, Nichtregierungsorganisationen, Initiativen von Bürger:innen eine Vielzahl von Akteur:innen am öffentlichen Diskurs teilhaben kann. Die Institution eines öffentlichrechtlichen Rundfunks geht ebenfalls auf diese idealtypische Idee von Öffentlichkeit und der möglichen Teilhabe an ihr zurück. Auch die Ideen einer „Gegenöffentlichkeit" (vgl. dazu Wimmer 2007) – worunter i.d.R. gegen die hegemoniale Öffentlichkeit gerichtete Teilöffentlichkeiten verstanden werden – reagieren einerseits auf die empfundene Nicht-Repräsentanz gesellschaftlicher Stimmen und Akteur:innen in der realen Öffentlichkeit und versuchen andererseits, dem aktiv etwas entgegenzusetzen, womit das emphatische Verständnis von Öffentlichkeit der real existierenden Medienöffentlichkeit nähergebracht werden kann. Solche Bemühungen um Gegenöffentlichkeit(en) reichen von der 1968er Studentenbewegung über die Gründung der linken TAGESZEITUNG im Jahr 1978 bis hin zur heutigen Propaganda (neu)rechter Strömungen, die den von ihnen sog.

---

[1] Stötzel (1995a: 3) hat *Problemverhalt* als angemesseneren Ausdruck für das sonst verbreitete Wort *Sachverhalt* geprägt. Damit kann eben dies, was in der öffentlich-politischen Auseinandersetzung sprachlich geschieht, durch ein Wort bewusst gehalten werden. Mit (z.B.) *Nachrüstung, Abtreibung, Leitkultur, Restrisiko, Friedensmission* werden nicht vorsprachlich festgelegte Sachverhalte bezeichnet, sondern Problemverhalte: Bestimmte Perspektiven auf „die Sachen" werden benannt und konstruiert, ein umstrittener, problematischer Aspekt eines thematisierten Gegenstandes wird hervorgehoben.

„Mainstream-Medien" ihre „Freien Medien" oder „Alternativen Medien" entgegenstellen (vgl. Mell 2017). Diese nutzen vor allem auch digitale Öffentlichkeiten, um in deren unterschiedlichen Formaten ihre Positionen darzustellen (in Kap. 6.5 geben wir ein Beispiel für die Analyse von digitalen Gegenöffentlichkeiten).

Das Internet und die anfangs sog. Neuen (Online-)Medien sorgen seit etwa dreißig Jahren für den bisher nur angedeuteten neuen Strukturwandel der Öffentlichkeit. Denn es sind eben seither nicht nur die traditionellen Print- und audiovisuellen Medien, die – Themen setzend und politische Wirklichkeiten konstruierend – die demokratische Öffentlichkeit ausmachen. Vielmehr versucht eine weitaus größere Zahl von Akteur:innen als in den alten Medienöffentlichkeiten, in „neue[n] Formen von Öffentlichkeiten", durch „digitale Öffentlichkeiten" (Pappert & Roth 2019: 226) wahrgenommen zu werden und um Zustimmung zu ihren Positionen zu werben. Diese Möglichkeit haben natürlich auch Politiker:innen, Parteien und Verbände erkannt. Pappert & Roth (2019: 227) fassen die Struktur der digitalen Öffentlichkeiten wie folgt zusammen: „Öffentlichkeit spielt in der [...] vernetzten Kommunikation eine, vielleicht sogar die zentrale Rolle, denn sie ist der Grundkonzeption der Social Media gleichsam eingeschrieben." In der Online-Öffentlichkeit finde einerseits „die Ausweitung und Ergänzung professionell hergestellter Öffentlichkeiten (politische Kommunikation und Journalismus) und andererseits die Hervorbringung persönlicher Öffentlichkeiten" (Pappert & Roth 2019: 227) statt.

Die zuletzt erwähnten persönlichen Öffentlichkeiten auf Kommunikationsplattformen wie Facebook, Instagram oder auch X/Twitter lassen sich zwar zunächst der Encounter-Ebene von Öffentlichkeit aus vordigitaler Zeit zuordnen, aber je nach kommunikativen Praktiken können sie auch schnell Bestandteil der (publizistischen) Medienöffentlichkeit werden. Nach Pappert & Roth (2019: 233–234) werden jedoch in der Regel „Informationen aus der Medienöffentlichkeit gewonnen, die anschließend auf den anderen Ebenen verhandelt werden". Das kann als ein Argument dafür gelesen werden, bei der Analyse des öffentlichen Sprachgebrauchs und gesellschaftlich verbreiteter Wissenssegmente diese persönlichen Öffentlichkeiten – wie im vorliegenden Buch – zu vernachlässigen, zumal sie zu Analysezwecken für einen längeren Zeitraum, in dem diskurshistorische Entwicklungen untersucht werden sollen, zwar weniger flüchtig sind als analoge Encounter-Öffentlichkeiten, aber forschungspraktisch dennoch nur schwer greifbar sind. Damit soll nicht gerechtfertigt werden, dass im Zeitalter digitaler Öffentlichkeiten der Gegenstand „öffentlicher Sprachgebrauch" ausschließlich in den traditionellen journalistischen Leitmedien aufzufinden sei, aber er ist eben nach wie vor auch dort zu erforschen, insbesondere im Bereich der politischen Kommunikation. Unbestritten ist, dass das weiter oben zitierte geflügelte Wort von Luhmann („Was wir über die Gesellschaft, ja über die Welt, in der wir leben, wissen, wissen wir durch die Massenmedien") knapp 30 Jahre später dahingehend relativiert werden muss, dass die publizistischen Massenmedien nicht mehr über das Informationsmonopol verfügen, dass sie keinen exklusiven Welterklärungsanspruch mehr vertreten können, dass also „die gegenwärtigen Entwicklungen nicht ohne Auswirkungen auf [...] das gesellschaftlich verfügbare Wissen bleiben werden" (Hauser, Opilowski & Wyss 2019: 10). Bei allen

Möglichkeiten der Partizipation an gesellschaftlichen Themen, die soziale Medien bieten, und vor dem Hintergrund der Vielfalt an Meinungen, die unter den Bedingungen des Medienwandels öffentlich werden, kommt dem professionellen Journalismus nach wie vor die wichtige Funktion der Selektion (Auswahl und Bewertung von Ereignissen) bzw. Orientierung zu:

> In Deutschland sind es vermutlich weniger als 5 Prozent der Bevölkerung, die mit so was [mit Desinformationskampagnen in Social Media] im Internet überhaupt in Berührung kommen. Ironischerweise sind es die Massenmedien, die Desinformation aufgreifen und dann große Sichtbarkeit verschaffen.[2]

Jenseits der privaten Öffentlichkeiten haben sich aber auch im Bereich der professionell hergestellten Öffentlichkeiten mit der digitalen Kommunikation die Beteiligungs- und Veröffentlichungsmöglichkeiten vervielfacht, so dass über Weblogs, Foren (vgl. dazu aus linguistischer Perspektive etwa Kaltwasser 2019), Kommentare weitaus leichter Öffentlichkeiten für gesellschaftlich verhandelte Themen hergestellt werden können, die für die Analyse öffentlichen Sprachgebrauchs hinzugezogen werden sollten. Die Ebene der Medienöffentlichkeit hat sich durch soziale Medien „nachhaltig verändert" (Pappert & Roth 2019: 228). Pappert & Roth (2019) haben diese Veränderungen knapp und konzise zusammengetragen, worauf hier aus Platzgründen nur hingewiesen werden soll. Gloning (2022: 75) präsentiert eine Fallstudie über die sogenannte „Kölner Silvesternacht" 2015/16 zum „Zusammenspiel ‚traditioneller' und digitaler Kommunikationsangebote im Rahmen von thematisch orientierten Diskursen" mit dem Ziel, der „hybride[n] Konfiguration von Diskursen" (Gloning 2022: 76) im Zeitalter der sozialen Medien gerecht zu werden.

Diese Veränderungen sind mit dem neuen Strukturwandel der Öffentlichkeit gemeint. Die Akteur:innen müssen darauf in einer repräsentativen Demokratie reagieren. Sie tun dies auch seit Jahren, indem ganze PR-Abteilungen und Wahlkampfbüros komplementäre Online- und Offline-Kampagnen organisieren und auch in der Alltagskommunikation von Parteien und Verbänden strategisch operieren. Da dies alle an der Aushandlung öffentlicher Angelegenheiten Beteiligten praktizieren, kann diese Art der Werbung für die eigenen politischen Vorstellungen und Ziele als konstitutiv für demokratische Gesellschaften aufgefasst werden.

Die Blütenträume von einer durch soziale Medien geförderten demokratischen Beteiligung aller ohne Zugangsbeschränkungen an den öffentlichen Angelegenheiten haben sich allerdings angesichts von Phänomenen wie *fake news, hate speech, filter bubbles* etc. nicht erfüllt. Vielmehr haben diese zu massiven Problemen für wehrhafte

---

2 Jeanette Hofmann, Leiterin der Forschungsgruppe „Politik der Digitalisierung" am Wissenschaftszentrum Berlin für Sozialforschung in einem Interview im Freitag am 27. Dezember 2024 (https://www.freitag.de/autoren/pep/jeanette-hofmann-die-wirkung-von-desinformation-wird-weit-ueberschaetzt; abgerufen am 31.12.2024).

Demokratien hinsichtlich der Ausweitung von menschenfeindlichen und antidemokratischen Sagbarkeiten geführt, die nun intensiv als Auseinandersetzung um die Grenzen der Meinungsfreiheit diskutiert werden müssen. Das tut aber der Tatsache keinen Abbruch, dass Werbung für die eigenen Positionen auch für die aktuell intensiv von Online-Medien beeinflusste Demokratie konstitutiv ist.

Im Sinne des emphatischen Öffentlichkeitsbegriffs sind für eine solche Werbung um eigene Positionen in demokratisch-repräsentativen und rechtsstaatlich organisierten Gesellschaften besser nicht die Ausdrücke *Propaganda* und *Manipulation* zu verwenden. Diese sollten der Bezeichnung regierungsoffizieller Kommunikation in autoritativen und totalitären Gesellschaften vorbehalten werden. In der Linguistik haben sich dem entgegen für demokratische Auseinandersetzungen die Bezeichnungen *Persuasion* und *politische Werbung* etabliert (vgl. Wengeler 2023).

Aufgaben
1. Visualisieren Sie den dargestellten Öffentlichkeitsbegriff z.B. in Form einer Mindmap. Recherchieren Sie im Internet weitere Definitionen von Öffentlichkeit und gleichen Sie diese mit der hier gegebenen ab. Welche Aspekte finden sich wieder und welche bleiben unberücksichtigt?
2. Inwiefern ist der hier dargestellte Öffentlichkeitsbegriff idealtypisch? Zur vertiefenden Lektüre siehe z.B. *Öffentlichkeit. Entstehung und Wandel in Deutschland* von Schiewe (2004).
3. Geben Sie mindestens je zwei eigene Beispiele zur Encounter-Ebene der Öffentlichkeit, zur Ebene der Themen- oder Versammlungsöffentlichkeit sowie zur Ebene der Medienöffentlichkeit.
4. Lesen Sie Kapitel 3 im Aufsatz „Digitale Öffentlichkeiten" von Pappert & Roth (2019) und skizzieren Sie die darin dargestellten Öffentlichkeiten.

3 Öffentlicher Sprachgebrauch

Zum Versuch, in der Öffentlichkeit Zustimmungsbereitschaft zu erzeugen für das, was die Sprechenden/Schreibenden als passende, „richtige" Lösung eines gesellschaftlichen Problems, einer „Problemlage" (Kopperschmidt 1989) oder als „wahre" Aussage über einen uneindeutigen, umstrittenen Sachverhalt ansehen, gehört es, diese eigene Sichtweise auf die Gegenstände, auf die Welt sprachlich so auszudrücken, dass sie nicht nur verstanden wird, sondern eben auch als richtig, wahr und wahrhaftig erscheint. Dafür müssen öffentlich-politisch Handelnde ihre Positionen einerseits argumentativ überzeugungskräftig darstellen; sie müssen sie andererseits durch eine passende und gegebenenfalls attraktive Wortwahl ausdrücken, in die eben die eigene Weltsicht, das eigene Wissen über die Welt einfließt. Soweit dies – bei in diesen öffentlichen Angelegenheiten häufig gegebenen eher abstrakten Sach- bzw. Problemverhalten – anschaulich und gegebenenfalls bildlich ausgedrückt wird, spielen dabei Metaphern bzw. metaphorische Felder eine wichtige Rolle.

Dieses kurze Kapitel stellt die Auseinandersetzung um Sprache, um das mit Sprache vermittelte Wissen als konstitutiv für öffentlichen Sprachgebrauch und damit für den öffentlichen Kampf um konkurrierende Wahrheiten heraus. Anschließend wird auf die sprachlichen Ebenen der Wortwahl, der Metaphorik und der Argumentation eingegangen und gezeigt, wie sie analytisch fruchtbar gemacht werden können.

Zum Einstieg dazu ein Zeitungszitat, an dem die drei genannten sprachlichen Ebenen verdeutlicht werden können. Auf die Frage einer Interviewerin „Deutschland und andere Staaten setzen auf den sog. nuklearen Schutzschirm. Verspricht der eine Sicherheit, die es so nicht gibt?" antwortet der interviewte Wissenschaftler Peter Rudolf:

> Es gibt keinen „Schutzschirm", das ist Unsinn. Das Denken in Bildern ist verbreitet, sie schaffen aber keine Klarheit. Das gilt auch für Begriffe aus dem Militärjargon. Wir sprechen von „Eskalationsdominanz" in der Vorstellung, dass man einen Konflikt stufenweise eskalieren und unter Kontrolle halten könnte. Wir sprechen von „Kollateralschäden", gemeint sind ungeheure Verluste unter der Zivilbevölkerung. Solche Begriffe vernebeln und verdunkeln das, worum es eigentlich geht: den massiven Einsatz von Gewalt.
>
> (FRANKFURTER RUNDSCHAU 29. August 2022: 3)

Explizit thematisiert werden hier vom Interviewten drei Ausdrücke (*Schutzschirm, Eskalationsdominanz, Kollateralschäden*); einer davon ist eindeutig eine Metapher (*Schutzschirm*), und argumentiert wird, dass das Bezeichnete mit solchen Wörtern nicht adäquat und damit verharmlost dargestellt wird (Letzteres entspricht dem EUPHEMISMUS-TOPOS, vgl. Wengeler 1996a: 422).

Öffentlicher Sprachgebrauch in einer demokratischen Gesellschaft zeichnet sich dem dargestellten emphatischen Verständnis von Öffentlichkeit gemäß dadurch aus, dass verschiedene Akteur:innengruppen – vermittelt über Massenmedien, aber auch über die neuen digitalen Öffentlichkeiten – um Problemlösungen für gesellschaftlich anstehende Fragestellungen ringen oder streiten (z.B.: „Wie bekämpfen wir das Coronavirus am besten?", „Wie stoppen wir die mögliche Klimakatastrophe?" oder „Wie können wir zur Beendigung des Krieges in der Ukraine beitragen?"). Dabei gehen verschiedene Interessengruppen oder auch Einzelakteur:innen von eigenen materiellen und ideellen Interessen, Weltanschauungen, Werthaltungen und/oder Gefühlslagen aus, sie haben unterschiedliche Überzeugungen davon, was wahr und richtig ist und bringen diese öffentlich zur Sprache. Sie tun dies auf unterschiedliche Weise, und damit konstruieren sie jeweils unterschiedliche Realitäten und je unterschiedliches Weltwissen. In Abhängigkeit von ökonomischen, politischen und intellektuellen Ressourcen setzen sich jeweils bestimmte Sichtweisen auf die Wirklichkeit durch und gelten eine Zeit lang als kollektives gesellschaftliches Wissen.

Entsprechend gesellschaftlicher Mehrheitsmeinungen „wussten" wir z.B., dass Maskentragen hilfreich zum Zurückdrängen der Corona-Pandemie ist, und wir „wissen", dass die Ukraine „schwere Waffen" benötigt, um auch „unsere" Freiheit zu verteidigen und dass ohne stärkere Klimaschutzanstrengungen die Erderhitzung zu einer existenziellen Bedrohung großer Teile der Menschheit führt. Das alles können wir nicht aus eigener Erfahrung oder aus selbst angestellten und überprüften Beobachtungen, Experimenten oder Studien (*knowledge by acquaintance*) wissen, sondern nur aus dem gesellschaftlichen, öffentlichen Diskurs über diese Themen (*knowledge by description*). In diesem werden die entsprechenden Realitäten, Wissenssegmente und Bewertungen konstituiert, d.h. nach Spitzmüller & Warnke (2011: 46–47) konstruiert, legitimiert und distribuiert:

> Wir führen [...] den Terminus *Konstituierung* in der Bedeutung ‚Anordnung von Wissen durch Äußerungen' als Oberbegriff für drei Typen der Wissenskonstituierung ein: (a) Konstruktion [Herstellung von Faktizität], (b) Argumentation [Rechtfertigung von Faktizität] und (c) Distribution [Streuung von Geltungsansprüchen].

Bei der entsprechenden Konstitution von Wissen und Realitäten spielt konkurrierender, nicht übereinstimmender Sprachgebrauch im Allgemeinen, im öffentlich-politischen Bereich im Besonderen aber hinsichtlich der Wahl sog. zentraler Leitvokabeln, Schlüssel- oder Schlagwörter eine wichtige Rolle. Dies durchschauen auch die Diskursbeteiligten, weshalb – wie im Zitat oben zum atomaren *Schutzschirm* und zu *Kollateralschäden* – beim Ringen um Deutungshoheit über einen Sachverhalt auch immer wieder Sprachliches, zumeist Wörter, ausdrücklich thematisiert werden. Daraus können linguistisch Analysierende erschließen, in welcher Weise unterschiedliche Sichtweisen sprachlich auf einen vortheoretisch als gleich gedachten Sachverhalt zugreifen und welche Rolle Sprache in einer Demokratie beim Versuch spielt, Deutungshoheiten zu erlangen. Solche Auseinandersetzungen hinsichtlich der lexikalischen Ebene sind in der germanistischen Linguistik seit Dieckmanns Einführungsbuch von 1969 *Sprache in der Politik* vielfach mit unterschiedlichen Terminologien beschrieben worden (vgl. Kap. 4.1, 4.2 und Wengeler 2017). Auch in der öffentlichen Diskussion wird dieser „Streit um

Worte" als *Begriffe besetzen* und in den letzten Jahren insbesondere auch unter dem Begriff *Framing* diskutiert (vgl. Kap. 4.3).

Die Beobachtung, dass in der öffentlich-politischen Kommunikation immer wieder über Sprache gesprochen, Sprachliches mehr oder weniger ausführlich reflektiert und thematisiert wird, hat vor etwa 35 Jahren den Ausschlag gegeben für die linguistische Analyse öffentlichen Sprachgebrauchs, wie sie in dieser Einführung behandelt wird. Georg Stötzel schlussfolgerte schon 1978, dass die Sprachwissenschaft sich mit solchen sprachbezogenen Problemen beschäftigen solle, die die Gesellschaft, die Öffentlichkeit als problematisch oder konfliktträchtig empfindet und implizit oder explizit deklariert und thematisiert statt sich, wie Harald Weinrich (1976 [1958]) es ausgedrückt hatte, ihre Probleme nur selbst zu machen. Wenn die Linguistik dies aufgreife, könne sie „Sprecher[in] einer zweiten, sprachlich-kommunikativen, in einer massenmedialen demokratischen Gesellschaft notwendigen Aufklärung" (Stötzel 1991: 8) werden – eben über die Rolle der Sprache als realitätskonstitutive Kraft in öffentlichen Auseinandersetzungen.

Als Folge dieser Aufmerksamkeit auf öffentlich-politische Sprache sind, z.T. auf der Grundlage umfassender Dissertationen zum jeweiligen Themenfeld, die eingangs erwähnten Sprachgeschichten der Bundesrepublik Deutschland von Ende der 1940er bis zum Beginn der 1990er Jahre (vgl. Stötzel & Wengeler 1995) entstanden. Der themenbezogenen Herangehensweise an öffentlichen Sprachgebrauch liegt diese auf eine narrative Sprachgeschichtsschreibung (s. Kap. 5) zielende Überlegung zugrunde:

> In öffentlichen Diskussionen über politische Probleme kommen durch unterschiedlichen und sich wandelnden Sprachgebrauch die unterschiedlichen und sich wandelnden Einstellungen von gesellschaftlichen Gruppen zum Ausdruck. Solche sprachlich-politischen Konflikte und Aushandlungsprozesse werden in unserem Konzept einer Sprachgeschichte der Gegenwart nachgezeichnet [...]. Diese Geschichte des öffentlichen Sprachgebrauchs benutzt [...] eine neue Methode der Auffindung und Auswahl des zu analysierenden Sprachmaterials, der Belege. Diese Methode beruht auf der Beobachtung, daß in öffentlichen Diskussionen der Sprachgebrauch selbst oft explizit oder indirekt zum Thema wird. [...] Es hat sich [...] gezeigt, daß dieses Kriterium [...] auch dazu geeignet ist, die Bedeutsamkeit des Sprachgebrauchs in zunächst sprachfern erscheinenden öffentlichen Themensektoren zu indizieren.
>
> (Stötzel 1995a: 1–2)

Auch wir zeigen in Kap. 6, wie die Interpretation solcher öffentlicher Sprachthematisierungen der Analyse öffentlichen Sprachgebrauchs dient und eine narrative Sprachgeschichtsschreibung einiger öffentlicher Themenfelder, einiger thematisch definierter Diskurse ermöglicht.

Wenn es aber – wie angesprochen – in der öffentlich-politischen Kommunikation um die gewaltfreie Aushandlung von Geltungsansprüchen auf Wahrheit und Richtigkeit und damit auch um möglichst „vernünftige" und „richtige" Entscheidungen hinsichtlich Problemen geht, die für ein gedeihliches Zusammenleben von Menschen in wie groß auch immer gedachten bzw. organisierten Einheiten (von der Kommune über Länder und Staaten bis hin zu supranationalen Organisationen) zu lösen sind, dann hat die Sprachwissenschaft vor allem für die lexikalische und die argumentative Ebene Analysekategorien entwickelt, die Facetten solcher Aushandlungsprozesse zu untersuchen, die nun im Folgenden präsentiert werden. Die dabei öffentlich zutage tretende Heterogenität von Weltansichten und Bewertungen findet sich in der linguistischen Beschreibung des Wortschatzes in Ausdrücken wie *Konkurrierender Sprachgebrauch* (schon Stötzel 1982 [1980]), *Kontroverse Begriffe* (Stötzel & Wengeler 1995), *Brisante Wörter* (Strauß, Haß & Harras 1989) und *semantische Kämpfe* (zuerst Keller 1977: 24) wieder. Das in der Philosophie und Politikwissenschaft genutzte und in den letzten Jahren auch in der Linguistik übernommene Konzept der „agonalen (auf Wettkampf beruhenden, Auseinandersetzungen einschließenden) Diskurse" (Spitzmüller & Warnke 2011: 43) wird hier vernachlässigt, während öffentlich entsprechende Sprachstreits inzwischen so ubiquitär mit dem Ausdruck *Framing* benannt werden, dass dieser hier auch besprochen werden soll (vgl. dazu die Beiträge in Roth & Wengeler 2022). Bezüglich Argumentationen sind die angesprochenen grundlegenden Konzepte der „Neuen Rhetorik", z.T. mit ausdrücklichem Bezug auf Habermas, für die Analyse öffentlichen Sprachgebrauchs fruchtbar gemacht und mit Foucaults Diskursbegriff verbunden worden (Wengeler 2003; Römer 2017, 2018). Lakoff & Johnsons kognitive Metapherntheorie (*Metaphors We Live By*, 1980) liefert bezüglich der Beschreibung und Analyse metaphorischer Felder ebenfalls eine grundlegende Begrifflichkeit, die in der Germanistischen Diskurslinguistik weiterentwickelt und für Analysezwecke präzisiert worden ist (Böke 1996c; 1997; Kuck 2018). Diese drei Ebenen, die für die Geschichte des öffentlich-politischen Sprachgebrauchs in der Bundesrepublik Deutschland vor allem in Projekten zum Migrations- und zum Wirtschaftskrisendiskurs (Kap. 6.2 und 6.3) angewendet worden sind, werden im Folgenden als methodische Ansätze präsentiert.

Aufgaben
1. Diskutieren Sie die Relevanz des öffentlichen Sprachgebrauchs für die Demokratie.
2. Recherchieren Sie zwei Beispiele für das Besetzen von Begriffen in der öffentlich-politischen Debatte. Welche unterschiedlichen Perspektiven drücken sich in den konkurrierenden Bezeichnungen oder Bedeutungen aus?

4 Methoden der Analyse öffentlich-politischen Sprachgebrauchs

4.1 Kontroverse Begriffe

Dieses Kapitel erläutert die im schon erwähnten Band *Kontroverse Begriffe* (Stötzel & Wengeler 1995) genutzten Kategorien, die als Anregungen für die linguistisch-diskursgeschichtliche Textanalyse dienen sollen. Sie liegen zumeist auf einer anderen Ebene als die in Kap. 4.2 dargestellten Analysekonzepte. So werden z.B. „Streits um Worte/semantische Kämpfe" (Kap. 4.2.1) oft in Form von „expliziten Sprachthematisierungen" geführt.

4.1.1 Explizite Sprachthematisierungen

Wie schon erwähnt besteht ein sinnvolles Vorgehen zur Erstellung von Korpora bzw. zum Auffinden des zu interpretierenden Materials im Rahmen von Analysen zum öffentlichen Sprachgebrauch darin, in den Quellen nach Äußerungen zu suchen, in denen Sprache, insbesondere der Wortschatz, thematisiert wird oder in denen offensichtlich unterschiedliche Wörter oder verschiedene Bedeutungen desselben Wortes genutzt werden. Auffällige Neuerungen und Häufigkeiten bei der Wortbildung und Neuwörter im Allgemeinen sind zwei weitere sprachliche Phänomene, die für die sprach-/diskursgeschichtlichen Interpretationen herangezogen werden können. Angeregt wurde dies auch durch öffentliche Diskussionen wie wissenschaftliche Analysen des „Begriffe Besetzens" seit den 1970er Jahren. Am Beginn der systematischen Forschung zum öffentlich-politischen Sprachgebrauch stand also der Wortschatz, und er wurde im Einzelnen nach den nun folgenden Kriterien aufgefunden und mit der folgenden Terminologie erfasst.

> Explizite [Sprach-]Thematisierungen offenbaren die Interpretation des eigenen und des fremden Sprachgebrauchs und stellen somit intrakommunikative Auslegungen des aktuellen Sprachgebrauchs und auch der Sprachgebrauchs-Geschichte dar; z.B. interpretiert die remotivierende Auslegung von *Gastarbeiter* – „Gäste" müßten nach gewisser Zeit wieder nach Hause gehen – die Sprachgebrauchs-Geschichte zum Zweck parteipolitischer, in diesem Fall ausländerfeindlicher Zielsetzungen.
>
> (Stötzel 1995a: 11)

Diese zentrale Kategorie zum Auffinden relevanter Belege für eine narrative Sprachgeschichtsdarstellung ist von Wengeler (1996a; 1998) im Hinblick darauf, wie sie in sprachthematisierenden Äußerungen argumentativ verwendet werden, differenziert worden. Er entwickelt die folgende Typologie (Wengeler 1998: 50):

1. Berufung auf Wortverwendungs-Konventionen
   (*Remotivierung, Etymologie, Duden, Sprachästhetik, Geschichte*)
2. Berufung auf die referentielle Funktion von Ausdrücken
   (*Richtigkeit, Worthülse, Euphemismus, einseitige Perspektive*)
3. Berufung auf den Bewusstsein und Handlungen mit-bestimmenden Charakter von Sprache
   (*Bewusstseinskonstitution, politische Folgen, Biedermann und die Brandstifter, Tabu*)
4. Berufung auf den strategischen / kämpferischen Aspekt von Sprache
   (*Schlagwort, Begriffe besetzen, politischer Gegner, Sprachverwirrung*)
5. Berufung auf die emotive Funktion sprachlicher Zeichen
   (*Betroffenheit, Schimpfwort, Umwertung, Assoziation, Retourkutsche*).

Argumentativ verweisen Sprechende bzw. Schreibende darauf, dass z.B. ein Wort oder Wortbestandteil „eigentlich" etwas Bestimmtes bedeute und daraus Konsequenzen zu ziehen seien (Beispiel *Gastarbeiter* (s. Zitat Stötzel auf vorangehender Seite), REMOTIVIERUNGS-TOPOS)[3], dass das mit einem Wort Ausgedrückte in der Realität nicht vorhanden sei (z.B. *Neue Armut, Klasse*, RICHTIGKEITS-TOPOS); dass aus der Verwendung eines bestimmten Wortes gefährliche politische Folgen erwüchsen (z.B. *Dienstwagenprivileg*, TOPOS DER POLITISCHEN FOLGEN); dass man verhindern müsse, dass ein positiv verstandenes Wort dem politischen Gegner zugerechnet würde (z.B. *Gerechtigkeit*, BEGRIFFE BESETZEN-TOPOS) oder dass man ein Wort nicht verwenden solle, weil es zum Schimpfwort geworden sei (z.B. *Asylant*, SCHIMPFWORT-TOPOS). Diese Typologie kann hilfreich sein, um unterschiedliche argumentative Funktionen expliziter Sprachthematisierungen zu unterscheiden und sie bei der narrativen Darstellung der Entwicklung der Gebrauchsweise relevanter Wörter präziser zu beschreiben. Den Stellenwert solcher expliziter Sprachthematisierungen für den zu beschreibenden Bedeutungswandel relevanter Ausdrücke haben auf der theoretischen Ebene Jäger (1983) und Busse (1986) schon früh herausgearbeitet, ersterer mit Bezug auf Saussure'sche Begrifflichkeiten wie Aposeme und Paraseme, letzterer im Rahmen seines Programms einer Historischen Semantik. Beide verdeutlichen, dass innerhalb semantischer Kämpfe solche expliziten Sprachthematisierungen Deutungsdifferenzen bezüglich eines sprachlichen Zeichens anzeigen und damit einen beginnenden oder auch schon fortgeschrittenen Bedeutungs- bzw. Sprachwandel indizieren können (vgl. dazu Wengeler 1992: 25–27).[4]

---

[3] Zum Toposbegriff vgl. Kap. 4.5. Verkürzt kann hier gesagt werden, dass mit dem Begriff Topos auf die inhaltlichen, thematischen Gesichtspunkte, mit denen argumentiert wird, Bezug genommen wird.
[4] Vgl. zu einer Reformulierung des Konzepts expliziter Sprachthematisierungen im Rahmen gesprächs- und soziolinguistischer Kategorien zuletzt auch Völker 2023.

4.1.2 Implizite Sprachthematisierung

> Heterogener Sprachgebrauch als Bezeichnungskonkurrenz (*Oder-Neiße-Linie* vs. *Oder-Neiße-Grenze* bzw. *Friedensgrenze*) oder als Polysemie (*Sozialismus* im Sinne des christlichen oder des marxistischen Sozialismus) verweist ebenso wie die explizite Thematisierung auf die (bewußte oder nichtbewußte) Tendenz sozialer Gruppen, mit Hilfe von zunächst gruppenspezifischem Sprachgebrauch ihre Interpretation von Problemverhalten oder ihr Verständnis von bestimmten Ausdrücken als allgemein akzeptierte Norm durchzusetzen.
>
> (Stötzel 1995a: 11)

Im Bereich der von Stötzel so genannten impliziten Sprachthematisierungen sind alle in der Politolinguistik (vgl. Niehr 2014a) angesiedelten Termini zur Beschreibung des öffentlich-politischen Wortschatzes zu verorten. Auch wenn es nicht explizit zum Thema gemacht wird, verwenden unterschiedliche Akteur:innen bzw. Akteur:innengruppen für ihre voneinander abweichenden Weltansichten unterschiedliche Wörter, sie nutzen die gleichen Wörter mit unterschiedlichen Bedeutungen oder unterschiedlichen Bewertungen oder sie bemühen sich darum, dass bestimmte Wörter (nicht) mit ihrer Gruppierung verbunden werden. Alle diese sprachbezogenen Handlungsweisen öffentlich-politischer Akteur:innen werden seit Keller (1977) in der Linguistik zusammen mit den expliziten Sprachthematisierungen auch als *semantische Kämpfe* bezeichnet. Im ersten Fall geht es um *Bezeichnungskonkurrenz*en (Klein 1989), den zweiten Fall hat schon Dieckmann (1975 [1969]) als *ideologische Polysemie* gekennzeichnet, der letztgenannte Versuch ist öffentlich wie auch sprachwissenschaftlich als *Begriffe besetzen* bezeichnet worden. Zwar gehen alle diese Umgangsweisen mit öffentlich-politisch relevanten Wörtern auch oft mit expliziten Sprachthematisierungen einher, sie können aber auch ohne diese auskommen, was dem Analysierenden genauere Kenntnisse und umfassendere Lektüre heterogener, konkurrierender Sprachgebräuche abverlangt, um diese impliziten Sprachthematisierungen zu erkennen. Die differenzierte Terminologie, die für die Beschreibung des Streits um Worte in der Öffentlichkeit und des heterogenen Wortgebrauchs entwickelt worden ist, wird in Kapitel 4.2 noch ausführlich referiert.[5]

4.1.3 Gelegenheitskomposita und Neologismen

> [S]og. Gelegenheitskomposita mit gleichem Grund- oder Bestimmungswort (zum Beispiel *Bildungsfrage, Bildungsgefälle, Bildungskatastrophe, Bildungschancen, Bildungsreform* usw.) [...] zeigen an, wie intensiv das aktuelle Wissen über den in Rede stehenden Problembereich ist [...]. Zum Teil handelt es sich hierbei [bei Neologismen] um in spezifischem Sinn lexikalisierte Komposita (zum Beispiel *Wirtschaftswunder, Entspannungseuphorie, Restrisiko*), um Neubedeutungen (zum Beispiel *Umwelt* oder *grün, Grüne*) oder um Neuwörter im vollen Sinne (*Aids*, usw.). [...] Oft [...] werden Neuwörter, neue Gebrauchsweisen in den Zeitungstexten zunächst durch Anführungs-

---

5 Vgl. auch die schuldidaktisch orientierte Terminologie von Funken & Wengeler 2009.

> striche gekennzeichnet oder durch Hinzufügung von Bedeutungsangaben oder durch Erläuterungen bzw. Hinweise markiert.
>
> (Stötzel 1995a: 11)

Die Häufung von Komposita mit zeit- oder themenspezifischen Wortbildungseinheiten als Grund- oder Bestimmungswörtern (z.B. die zitierten *Bildung*-Komposita oder aus jüngerer Zeit *Corona*- und *Klima*-Komposita) kann heute anhand großer elektronischer Textkorpora[6] ebenso gut wie das Aufkommen von Neuwörtern erschlossen und dokumentiert werden. Entsprechende Wörtersammlungen zu lexikographischen Zwecken und z.T. versehen mit sprachgeschichtlichen Kommentaren liegen z.B. in den Themenglossaren des *Digitalen Wörterbuchs der Deutschen Sprache* (DWDS)[7] und im *Neologismenwörterbuch* des Instituts für Deutsche Sprache[8] vor. Solche Wörtersammlungen harren noch der wissens- und diskursanalytischen Auswertung, wie sie für die hier vorgestellte Analyse öffentlichen Sprachgebrauchs relevant wäre.

Seit Bubenhofers (2009) Dissertation ist daneben die Analyse von „Sprachgebrauchsmustern" programmatisch und z.T. auch empirisch für diese relevant geworden. Gemeint sind damit über Einzelwörter hinausgehendes regelhaft und häufig auftretendes Zusammenvorkommen von Wörtern sowie von grammatischen Konstruktionen. Während ersteres mit korpuslinguistischen Tools vor allem als Kollokationen, Kookkurrenzen und in Form von *kwic* (*key word in context*) eruiert, dargestellt und interpretiert werden kann (vgl. z.B. Storjohann 2007 zu *Globalisierung*), liefert die Konstruktionsgrammatik mit ihren gebrauchsbasierten Analysen den einheitlichen theoretischen Rahmen, um eine Diskursgrammatik (vgl. Müller 2018) im wissensanalytischen Interesse zu etablieren. Korpuslinguistisch und konstruktionsgrammatisch ausgerichtete Analysen haben in den letzten Jahren breite Anwendung gefunden (vgl. zusammenfassend Ziem 2017).

Aufgaben
1. Erörtern Sie, inwieweit die Phänomene der expliziten und impliziten Sprachthematisierung, Neologismen sowie Gelegenheitskomposita geeignet sind, konkurrierende sprachliche Wirklichkeitskonstruktionen zu ermitteln.
2. Suchen Sie für die in Aufgabe 1 genannten Phänomene mindestens je ein Beispiel aus einem aktuellen Diskurs (z.B. Migrations-, Kriegs-, Ethik-Diskurs) und analysieren Sie diese.

---

6 https://www.ids-mannheim.de/onlineangebote/ (abgerufen am 25.10.2024) und https://www.dwds.de/r (abgerufen am 25.10.2024).
7 https://www.dwds.de/themenglossar (abgerufen am 07.06.2024).
8 https://www.owid.de/docs/neo/listen/corona.jsp (abgerufen am 07.06.2024).

4.2 Schlagwörter, Schlüsselwörter, Leitvokabeln

Wir gehen zurück zu den expliziten und impliziten Sprachthematisierungen als wichtige Analysewege, um sprachgeschichtliche Entwicklungen als Bedeutungs- und Wortschatzwandel im öffentlichen Sprachgebrauch so erfassen und beschreiben zu können, dass daraus Veränderungen und Kontinuitäten im kollektiven, gesellschaftlichen Wissen deutlich werden.

4.2.1 Streit um Worte/semantische Kämpfe

Als hilfreich dafür hat sich die Terminologie zu politischen Schlag- bzw. Schlüsselwörtern erwiesen. Denn als charakteristisch für die öffentlich-politische Sprache kann gelten, dass „Schlagwörter in der Politik generell umkämpft sind" (Burkhardt 2003: 360). Und entgegen der in den 1970er Jahren von SPD-nahen Intellektuellen mit ihrem Buchtitel *Worte machen keine Politik* (Fetscher & Richter 1976) geäußerten Überzeugung legt es gerade die Annahme der realitäts- und wissenskonstitutiven Funktion der Sprache nahe, dass es in einer gesellschaftlichen Domäne, in der es um die Aushandlung der „richtigen" bzw. dem jeweiligen Problemverhalt angemessenen Überzeugungen und Handlungen geht, nicht gleichgültig ist, mit welchen Bezeichnungen, Begriffen und mit welchen Bedeutungen dieser Begriffe auf die Welt Bezug genommen wird.

Dass also der gesellschaftlichen Domäne „Politik" *ein Streit um Worte* inhärent und für die Akteur:innen unverzichtbar ist, darauf hatte im deutschsprachigen Raum schon 1967 der Philosoph Hermann Lübbe nachdrücklich aufmerksam gemacht (vgl. zu einem Vorläufer im angloamerikanischen Raum Gallie 1962). U.a. anhand des Streits um die Benennung derjenigen, die nach 1945 aus den ehemaligen östlichen deutschen Gebieten in die BRD gekommen waren (*Heimatvertriebene* wollten sie heißen und nicht *Flüchtlinge*), zeigte Lübbe, dass „die aristotelische Regel, nicht um Worte zu streiten", für die öffentlich-politische Auseinandersetzung in der Demokratie nicht gelten könne: „Wer hier nachgibt, ist nicht immer der Klügere" (Lübbe 1975 [1967]: 109), denn man räumt dem politischen „Gegner einen Alleinvertretungsanspruch bezüglich der hohen Zwecke ein, die in jenen Worten Parole sind" (Lübbe 1975 [1967]: 108). „Daß die Worte [ihren …] schwankenden Gebrauch haben", damit müssten alle politisch Handelnden „rechnen, und entsprechend bleibt es auch im Verhältnis zum politischen Gegner unvermeidlich, die Auseinandersetzung mit ihm nicht zuletzt als Wortstreit zu führen" (Lübbe 1975 [1967]: 107).

Diese abgeklärte Haltung eines konservativen Intellektuellen war in den frühen 1970er Jahren im politischen Feld nicht vorhanden, als der CDU-Generalsekretär Kurt Biedenkopf mit seiner Rede auf einem Parteitag 1972 den sog. „Semantikkampf" einläutete (vgl. Behrens, Dieckmann & Kehl 1982). Mit der Diagnose, dass die politischen Gegner eine Revolution eingeleitet hätten, indem sie die Begriffe besetzt hätten, machte er – wenn auch aus rein sprach- und politikstrategischen Interessen – öffentlich auf die wirklichkeitskonstitutive Kraft der Sprache aufmerksam.[9]

In der Folge dieser öffentlichen Auseinandersetzungen um Sprache beschäftigte sich auch die Germanistische Linguistik mit semantischen Kämpfen, vor allem die Beiträge im von Heringer herausgegebenem Sammelband von 1982 *Holzfeuer im hölzernen Ofen*, in dem Georg Stötzels sprachtheoretische Grundlegungen zum „konkurrierenden Sprachgebrauch in der deutschen Presse" (vgl. auch schon Stötzel 2022 [1978] und 1982 [1980]) wieder veröffentlicht wurden. Der Begriff ‚semantische Kämpfe' wurde schon in dieser frühen Phase der Forschung zum politischen Sprachgebrauch etabliert. Seine erste linguistische Verwendung findet sich in Rudi Kellers Beitrag zu kollokutionären Akten, in dem er „Diskussionen und Kämpfe um einen Sprachgebrauch" in den Medien thematisiert: „Ich möchte solche Kämpfe semantische Kämpfe nennen" (Keller 1977: 24). Stötzel macht an einigen Einzelbeispielen von semantischen Kämpfen wie *Berufsverbot, BRD, KZ-Ei* die politische Relevanz der Tatsache deutlich, „daß es sich bei der Wortverwendung keineswegs um ein unproblematisches Zuordnungsverhältnis eines Namens zu einer vorsprachlich als inhaltlich bestimmten Sache handelt" (Stötzel 1982: 280). Vielmehr sei „verschiedener Sprachgebrauch Ausdruck einer unterschiedlichen Interpretation von Problemverhalten": „Sogenannte Tatsachen [erscheinen] immer nur sprachvermittelt". Stötzels Presseanalysen sollen somit „zu Einsichten in die Konstitutionsproblematik führen, d.h. zu Einsichten in die Problematik der sprachlichen Verfassung einer ‚Weltanschauung' (im neutralen Sinne Humboldts [...])" (Stötzel 1982: 281).

Josef Klein (1989: 17) unternimmt es dann, die „Typen des (politischen) Kampfes um Wörter" danach zu unterscheiden, „auf welche zeichentheoretischen Aspekte des Wortes sich die strategische Operation [des Versuchs, einen Begriff zu ‚besetzen'] primär bezieht" (Klein 1991: 50). Gemeint sind: Ausdruck, deskriptiver Bedeutungsaspekt, deontischer Bedeutungsaspekt (vgl. dazu grundlegend Hermanns 1989), assoziativer Bedeutungsaspekt (Konnotationen) und Referenzobjekt. In neueren Arbeiten kommt die emotionale Bedeutung (vgl. Klein 2016: 608; 2017: 775) hinzu. Als Typen unterscheidet er die folgenden (vgl. auch den entsprechenden Überblick in Wengeler 2005a; ebenfalls referiert u.a. bei Niehr 2014a: 88–95):

1. die ausdrucks- und inhaltsseitige Prägung eines Begriffs durch die eigene Gruppierung, die häufig bei der Formulierung politischer Zielvorstellungen verwendet wird („Politische Ideen auf den Begriff bringen" (Klein 2017: 785)) (Beispiele: *Soziale Marktwirtschaft, Demokratisierung, Chancengerechtigkeit, Generationengerechtigkeit, nachhaltige Entwicklung, Klimastreik*)

---

[9] Vgl. zu Biedenkopf und den Folgen neben Behrens, Dieckmann & Kehl 1982 auch Klein 1991 und Hermanns 1994; zu den Vorläufern der Thematisierung von Begriffs- und Themensetzungen bei Gramsci, Bloch und Marcuse vgl. u.a. Wengeler 2005a.

2. das parteiliche Prädizieren, die Bezeichnungskonkurrenz bzw. das strategische Framing/Framen: die Bezeichnung eines vorhandenen, meist umstrittenen Sachverhalts mit einem Ausdruck, in dem die eigene Deutung des Sachverhalts dominant ist (Beispiele: *Anschluss* vs. *Beitritt* (der DDR zur BRD), *Arme* vs. *sozial Schwache*, *Nachrüstung* vs. *Aufrüstung*, *Gesundheitsprämie* vs. *Kopfpauschale*, *Betreuungsgeld* vs. *Herdprämie*, *Reform des Sozialstaats* vs. *Sozialabbau*, *multikulturelle Gesellschaft* vs. *Parallelgesellschaften*)
3. das Umdeuten, die deskriptive Bedeutungskonkurrenz: die Durchsetzung der Bedeutung eines politisch wichtigen Wortes, die in die eigene Position passt (Beispiele: *Solidarität, Gerechtigkeit, Subsidiarität, Freiheit, Subventionen, Patriotismus, Volk*)
4. das Umwerten, die deontische Bedeutungskonkurrenz: zumeist unterschiedlich bewertete Selbst- und Fremdbezeichnungen für politische Einstellungen, Systeme und Gruppierungen (Beispiele: *konservativ, Sozialismus/sozialistisch, liberal, multikulturell*)
5. das Ausbeuten von und die Konkurrenz um Konnotationen: der Versuch, ein positiv bewertetes sprachliches Zeichen mit der eigenen Position oder Person zu verbinden, es als „Erkennungsmarke" zu etablieren (Beispiele: *menschlich, Freiheit, Sicherheit, Zukunft, nachhaltig, Mitte, Reformer*)

In neueren Arbeiten kommt der Typ der „mehrdimensionalen Bedeutungskonkurrenz" hinzu, die bei abstrakten Begriffen auftrete, die „je nach Verwendungskontext konzeptuell unterschiedlich konkretisierbar" (Klein 2017: 778) seien. Bedeutungskonkurrenz entstehe dann bezüglich aller Bedeutungsaspekte, also hinsichtlich deskriptiver, emotionaler und deontischer Bedeutung, hinsichtlich Konnotationen und Referenzobjekten. Am Beispiel des öffentlichen Gebrauchs von *Reform* zeigt Klein, wie der entsprechende Begriff bezüglich aller genannten Dimensionen als sozialliberal in den 1960er/70er und als marktliberal seit den 1990er Jahren unterschiedlich geprägt worden ist. Dabei sei erst ein ganzes Schlagwortnetz dafür verantwortlich, dass der „neue" Reform-Begriff lange Zeit parteiübergreifend funktionieren und dadurch mitbestimmen konnte, wie wir die wirtschaftliche und soziale Welt sehen bzw. gesehen haben:

> Sprachliche Durchschlagskraft gewann der marktliberale *Reform*-Diskurs dadurch, dass die **Hauptargumente in Begriffen** komprimiert sind. Sie bilden ein Schlagwort-Netz (*Reform-Politik*) [...]. **Der Zentral- oder Schlüsselbegriff eines Diskurses – hier *Reform* – wird durch die mit ihm verknüpften Schlagwörter mit Bedeutung aufgeladen.** So hat das Schlagwortnetz zugunsten marktliberaler *Reform*-Politik erheblichen Anteil am Verblassen des [sozialliberalen] *Reform(en)*-Begriffs (1) und der Etablierung von *Reform(en)*-Begriff (2).
> (Klein 2017: 780–781, Hervorh. im Orig.)

4.2.2 Ideologische Polysemie

Diesseits dieser Terminologie zur Beschreibung des ausdrücklichen, oft mit expliziten Sprachthematisierungen verknüpften Streits um Worte ist eine differenzierte Terminologie für die Erfassung und Beschreibung politischer Leitvokabeln entwickelt worden, die mit Dieckmanns Begriff der ideologischen Polysemie begann und insbesondere von Hermanns, Klein und Böke systematisiert worden ist.

Fritz Hermanns hat in verschiedenen Beiträgen auf die nicht nur kognitiven, sondern auch appellativen, emotiven und volitiven Dimensionen der lexikalischen und insbesondere der politischen Semantik hingewiesen (vgl. Hermanns 1995). Methodisch folgen daraus seine vielfach aufgegriffenen Konzepte einer Begriffsgeschichte als Mentalitäts- und Diskursgeschichte (vgl. Hermanns 2012; s. Kap. 5), die er selbst an Beispielen wie *Arbeit, Umwelt, Globalisierung* und *Deutsch(land)* umgesetzt hat. Terminologisch geht auf ihn die Differenzierung politischer Schlagwörter in *Fahnenwort, Stigmawort, Hochwert-* und *Unwertwort* sowie *Affirmationswort* zurück (vgl. Hermanns 1994). Fahnenwörter „sind dazu da, daß an ihnen Freund und Feind den Parteistandpunkt, für den sie stehen, erkennen sollen" (Hermanns 1982: 91); Stigmawörter sollen den gegnerischen Parteistandpunkt negativ kennzeichnen, u.a. auch, um nicht auf die positiven Selbstkennzeichnungen der Gegner:innen zurückgreifen zu müssen (vgl. Hermanns 1982: 92). In späteren Reflexionen dieser Terminologie erschien Hermanns diese Zweiteilung des politischen Wortschatzes, die gerade auch für ideologisch polyseme Wörter gelten sollte, bei denen das Fahnenwort der einen das Stigmawort der anderen sein kann (*Sozialismus, liberal, konservativ*), als zu grob, da z.B. „nicht jedes positive ‚Schlagwort' auch ein Fahnenwort sein muß" (Hermanns 1994: 17) (seine Beispiele: *Staatsbürger in Uniform; Umwelt*). Aufgrund der Beobachtung, dass sich *Stigmawort* allgemein für die Bezeichnung von „irgendetwas Negative[m] (das man allerdings bekämpfen möchte)" (Hermanns 1994: 19), durchgesetzt hat, ohne dass damit ein gegnerischer Parteistandpunkt negativ gekennzeichnet wird (seine Beispiele: *Chaot, Sympathisant, Asylant*), schlägt er als Pendant dazu *Affirmationswort* als Bezeichnung für etwas als positiv Prädiziertes vor, wovon *Fahnenwort* dann nur eine Unterkategorie darstellt. Auf der Ebene darüber führt Hermanns mit Berufung auf Burkhardt 1988 den Terminus *Hochwertwort* und dessen Pendant *Unwertwort* ein, die beide eben nicht parteilich-programmatisch gebunden sind und auf allgemein positiv resp. negativ bewertete Konzepte verweisen: *Zukunft, Frieden, Menschenwürde, Aufschwung, Gesundheit* vs. *Kommunismus, Bolschewismus, Rassismus, totalitär, Terrorist*. Da aber gerade auch die Hochwertwörter ideologisch polysem sein können, insofern unter *Sicherheit, Freiheit* oder *Gemeinschaft* sehr Unterschiedliches verstanden werden kann, scheint die von Burkhardt (1998: 103) gewählte Systematik, bei der *Schlagwörter* als Oberbegriff fungieren und in die er noch vier weitere Kategorien einführt, konsequenter und differenzierter zu sein (vgl. auch Niehr 2014a: 74).

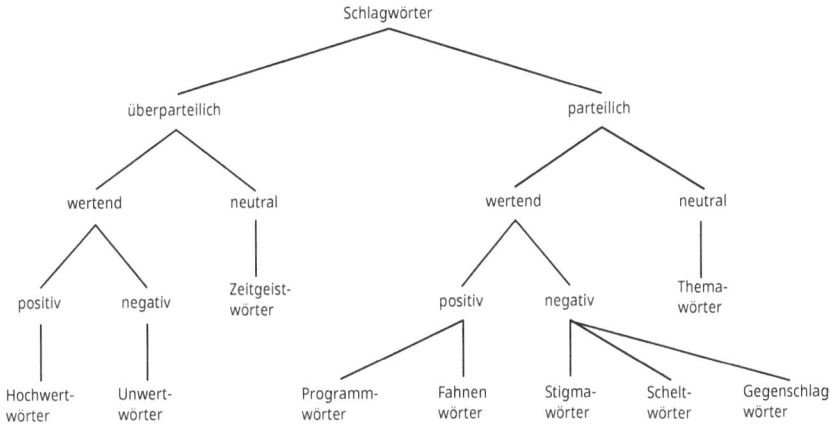

Abb. 1: Schlagwort-Typologie (Burkhardt 1998: 103)

Dabei sind Zeitgeistwörter „überparteilich und außerpolitisch" sowie „an die charakteristischen Diskursthemen der jeweiligen Zeitabschnitte gebunden" (Burkhardt 2003: 357; *Postmoderne, Politikverdrossenheit*), *Themawörter* heben „besonders wichtige Aspekte des Bezeichneten lexikalisch (bzw. semantisch)" (Burkhardt 2003: 358) hervor: *Standort Deutschland, Schwarzgeld-Affäre*. Auf Seiten der positiv und negativ wertenden Schlagwörter werden den *Fahnen-* und *Stigmawörtern Programm-* (*Entspannung, Gesundheitsreform*), *Schelt-* (*Steuerlüge, Blockadepolitik*) und *Gegenschlagwörter* (*Neidsteuer, Herdprämie*) hinzugefügt (vgl. Burkhardt 2003: 357).

4.2.3 Politische Leitvokabeln

Um lexikalische Einheiten für analytische Zwecke nicht nur besser unterscheidbar zu machen, sondern gleichzeitig deren jeweilige pragmatische Funktion schon in der Bezeichnung hervorzuheben, hat Karin Böke ein „fachterminologisches Instrumentarium" (1996: 31) zusammengestellt, das sich an Kleins (1991) Differenzierung der verschiedenen zeichentheoretischen Aspekte eines Lexems orientiert. Dabei wird zunächst als Oberbegriff wegen des „pejorativen Gebrauchs in der Umgangssprache" (Böke 1996a: 32, Fußnote 25) auf den Ausdruck *Schlagwort* verzichtet und der Terminus *politische Leitvokabel*, der synonym zu *politisches Schlüsselwort* gemeint sei, gewählt. Diese seien

> nicht nur positiv, sondern auch negativ konnotierte Ausdrücke bzw. Ausdruckskomplexe [...], die innerhalb der jeweiligen Diskussionen eine politische Leit(bild)funktion erlangen, d.h. einen bestimmten „Leitgedanken" oder ein „Leitbild" konstituieren [...] bzw. auf einem (zeittypischen) „Leitgedanken" beruhen.
>
> (Böke 1996a: 33)

Als Termini, die die Referenz bzw. Extension fokussieren, werden die folgenden – aufgrund ihrer Durchsichtigkeit hier nicht jeweils erklärten, aber z.T. mit Beispielen aus den von Böke untersuchten Diskursen illustrierten – Bezeichnungen genutzt: *Selbst-* und *Fremdbezeichnung*, *Ziel-* und *Programmvokabel* (*echter Föderalismus*), *Zustands-* (*falscher Föderalismus*) und *Vorgangsbezeichnung* (*Zerstückelung Deutschlands*). Auf den Ausdruck heben die Bezeichnungen *Neuwort/Neologismus* (*Schwangerschaftsabbruch*), *Ablösevokabel* (*Vertriebener* statt *Flüchtling*, *Geflüchtete(r)* statt *Flüchtling*) und *Alternativbezeichnung* (*Bundesstaat* statt *Föderalismus*) ab. Hier wie in den folgenden Kategorien wird deutlich, dass es der Analyse von Diskursen und nicht einzelner Texte oder Wörter bedarf, um die Funktion und damit die Bedeutung und den Bedeutungswandel der lexikalischen Einheiten adäquat zu erfassen und zu beschreiben.

Um deskriptive und deontische Bedeutungsdimensionen sprachlicher Zeichen einzubeziehen, nutzt Böke neben den Termini *Fahnen-* und *Stigmawort* im oben beschriebenen Sinn die Begriffe *spezifische Kontextualisierung* (Liedtke 1989) und *Interpretationsvokabel*, mit denen jeweils auf die unmittelbare sprachliche Umgebung der analysierten *Leitvokabeln* Bezug genommen wird, die per Kollokations- bzw. Kookkurrenzanalyse inzwischen (vgl. Ziem 2017) systematisch in die Untersuchung lexikalischer Einheiten des öffentlichen Sprachgebrauchs einbezogen wird. *Werbewort* (*Familienzusammenführung, natürliche Ordnung*), *Legitimationsvokabel* (*Recht auf Heimat, Selbstbestimmungsrecht*), *Vorwurfsvokabel* (*Lobbyismus, Korruption*) und *Integrationsvokabel* (*Vertriebene*) bezeichnen hingegen die kommunikativen Leistungen/Funktionen von *Leitvokabeln*, insofern mit ihrem Gebrauch die jeweils in den Bestimmungswörtern der Komposita genannten sprachlichen Handlungen – Werben, Legitimieren, Vorwerfen, Integrieren – regelmäßig vollzogen werden. Neben Metaphern (s. Kap. 4.4) wird als letzte Kategorie von Böke der *Euphemismus* genannt. Dieser sei „zur Charakterisierung von Ausdrücken, die wichtige, aber negativ bewertete Eigenschaften des Bezeichneten ausblenden, [geeignet]" (Böke 1996a: 41). *Organische Gleichberechtigung* nennt Böke als Beispiel aus dem frauenpolitischen Diskurs der 1950er Jahre, womit die Vorrangstellung des Mannes gegenüber der Frau bezeichnet wurde. Die mit *Euphemismus* gemeinte Beschönigung, Verschleierung, Verharmlosung durch lexikalische Einheiten insbesondere in der öffentlich-politischen Sprache ist schon seit langem ein Gegenstand der Forschung und wurde z.B. von Forster (2009; vgl. auch 2017) bezogen auf die nationalsozialistische Sprache intensiv reflektiert. Als wissenschaftliche Analyse- und nicht politische Bewertungskategorie bleibt der Begriff trotz aller Differenzierungsversuche als ein der Abbildtheorie zugehöriger Begriff allerdings umstritten (vgl. dazu z.B. Heringer 1982a: 16).

Mit diesen Skizzen der Terminologie zur Beschreibung politisch und in öffentlichen Kontroversen wichtiger Wörter und des Streits um diese steht unseres Erachtens ein ausreichend fundiertes und differenziertes linguistisches Instrumentarium zur Verfügung. Nicht unerwähnt bleiben soll aber, dass in der Literatur zur öffentlich-politischen Sprache zwei alternative Konzepte und Begrifflichkeiten zur Verfügung stehen, die Ähnliches leisten, die aber in der deutschsprachigen Linguistik weniger verbreitet und auch weniger komplex bzw. differenziert sind. Da ist zum einen das Nominations-Konzept (vgl. Bellmann 1996; Herrgen 2000; Girnth 2002; kritisch dazu Wengeler 2017), auf das hier nicht näher eingegangen wird, und da ist zum anderen das kognitionslinguistisch begründete und in den letzten Jahren gerade auch in der öffentlichen Diskussion zur Beschreibung und Kritik der politischen Sprache verwendete Framing-Konzept (Wehling 2016). Da dies (bzw. zumindest der Begriff bzw. der Ausdruck) neuerdings in der universitären Lehre aufgrund seiner Prominenz im öffentlichen Diskurs von Studierenden selbst gerne aufgerufen wird, wenn es um öffentlich-politische Sprache geht, sei es im folgenden Abschnitt erläutert und begründet, warum wir es nicht nutzen.

Aufgaben
1. *Begriffe besetzen, Streit um Worte, semantische Kämpfe, ideologische Polysemie*: Erklären Sie, was jeweils darunter verstanden wird und worin sich die Konzepte gegebenenfalls unterscheiden.
2. Erörtern Sie mindestens je ein aktuelles Beispiel aus dem öffentlichen Sprachgebrauch für die in Aufgabe 1 genannten Konzepte.

4.3 Framing und Frames

4.3.1 Politisches Framing vs. Begriffe besetzen

Insbesondere Elisabeth Wehlings Begriff ‚politisches Framing' wird in den letzten Jahren in populärwissenschaftlichen und öffentlich-medialen Stellungnahmen zur politischen Sprache gerne aufgegriffen. So z.B. von Hillje (2017: 33–46), der die Erfolge der AfD mit einem sehr locker verwendeten Frame- und Framing-Verständnis erklärt. Und in der SÜDDEUTSCHEN ZEITUNG wird ein „Framing-Check" präsentiert: „Framing meint einen Assoziations- und damit Deutungsrahmen für Begriffe [...]. In einer losen Serie analysiert die SZ das Framing politisch oder gesellschaftlich relevanter Begriffe."[10] Die Problematisierung des „Framings", das mit dem Wort *Klimawandel* (14. Dezember 2018)[11] einherginge, ist dabei sehr eng an Wehling (2016: 181–182) angelehnt. Einige der wortbezogenen Sprachkritiken in der SÜDDEUTSCHEN ZEITUNG leisten – unabhängig vom Gebrauch des Wortes *Framing* – durchaus aufschlussreiche Gebrauchsanalysen von Wörtern wie *Sprachpolizei, Staatsversagen, Flüchtlingswelle* oder *Asyl-*

---
10 https://www.sueddeutsche.de/kultur/framing-check-sprachpolizei-wer-von-sprachpolizei-spricht-will-die-debatte-abwuergen-1.4071938 (abgerufen am 29.07.2024).
11 https://www.sueddeutsche.de/kultur/framing-check-klimawandel-begriff-1.4252824 (abgerufen am 29.07.2024).

tourismus. In den Artikeln werden zudem die eher modischen Redeweisen von einem *geframten Wort* oder von *framenden Begriffen* verwendet. Josef Klein berichtet nicht zuletzt in mehreren Beiträgen darüber, dass es im Bundestagswahlkampf 2013 in der CDU eine „Arbeitsgruppe Framing" gegeben habe, der er als „wissenschaftlicher Berater" (Klein 2018: 296) gedient habe. Framing bestimmt er dabei auf der von ihm so genannten „Mikroebene" als „gezielten Umgang mit Einzelbegriffen" (Klein 2018: 296), „als modische[n] Terminus für die Auswahl einzelner parteigünstiger Begriffe (eine Unterart des seit langem bekannten ‚Begriffe-Besetzens' [...])" (Klein 2018: 295).

In diesem Einführungsbuch sprechen wir nicht von Framing, sondern nutzen die in den vorangehenden Kapiteln eingeführte Terminologie (wie *Begriffe besetzen*), zum einen weil es unterschiedliche Framing-Konzepte in der Wissenschaft gibt (neben dem Framing-Begriff Wehlings den der Medien- und Kommunikationswissenschaft (vgl. Matthes 2014) und das Framing-Konzept von Erving Goffman (1989)) und es somit oft unklar bleibt, worauf genau mit dem Begriff referiert wird; zum anderen sind wir der Auffassung, dass er keine mit der hier vorgestellten Terminologie nicht möglichen Erkenntnis- und Beschreibungsmöglichkeiten liefert.

Wehlings Framing-Konzept basiert auf den Theorien George Lakoffs. Beide zusammen haben diese in Form eines Interviews im deutschen Sprachraum 2008 mit dem Buch *Auf leisen Sohlen ins Gehirn. Politische Sprache und ihre heimliche Macht* erstmals in populärwissenschaftlicher Form dargelegt. Lakoff hat sich darauf aufbauend in den USA um eine progressive Sprachberatung der Demokraten bemüht (vgl. dazu Klein 2018: 292). Diese versucht, z.B. beim Thema Steuern ein passendes Framing mit Bezeichnungen nahe zu legen, die Alternativen zu solchen Wörtern darstellen, die (wie *Steuererleichterungen* und *Steuerlast*) das Thema Steuern nur als Belastung der Bürger „framen". Dem müsste das Konzept von Steuern als Beitrag zu Gemeinschaftsaufgaben, die allen Staatsbürgerinnen nutzen, entgegengesetzt werden, wofür entsprechende Bezeichnungen zu verwenden seien. Dieses Thema greift Wehling auch in ihrem Buch *Politisches Framing* auf das Deutsche bezogen wieder auf.

Problematisch an vielen Beispielen in Wehlings Buch ist, dass die dort präsentierten Wörter im öffentlichen Sprachgebrauch nicht so verwendet werden, wie sie es darstellt, dass sie also nicht die von ihr beschriebene Bedeutung haben und demzufolge auch nicht die entsprechenden Assoziationen hervorrufen, also nicht die von ihr benannten Frames evozieren (vgl. genauer dazu Wengeler 2022). Das lässt sich an Gebrauchsanalysen einiger Wörter zeigen. *Flüchtling* hat etwa im Migrationsdiskurs der Jahre 2015/16 (Kreußler & Wengeler 2017) nicht die Bedeutung, die Wehling in einigen Zeitungsinterviews behauptet.[12] Im Themenbereich „Klimawandel" hat Kammermann (2020: 211) eine empirische Analyse für den Schweizer Diskurs vorge-

---

12 Z.B. SÜDDEUTSCHE ZEITUNG 17. Februar 2016: https://www.sueddeutsche.de/kultur/sprache-in-der-fluechtlingsdebatte-das-wort-fluechtling-richtet-schaden-an-1.2864820 (abgerufen am 02.01.2025, s. auch Fußnote 24 in Kap. 6.2.3.).

legt, mit dem Ergebnis, dass „alle Ausdrücke [die auf den Klimawandel referieren] den Klimawandel negativ konzeptualisieren", u.a. auch die von Wehling (2016: 185) als „kognitive Glückspille" bezeichnete Wortverbindung *globale Erwärmung*: „Wehlings Kritik beruht auf einer kontextabstrakten Betrachtung des Einzelwortes *Erwärmung* und entbehrt der empirischen Fundierung", unterstützt Reisigl (2020a: 12) unsere Einschätzung.

Für sprachtheoretisch problematisch halten wir auch Wehlings Begründung, ihre Erkenntnisse über die Frames, die durch die Verwendung bestimmter Wörter „aufgerufen" würden, stammten aus der „modernen Neuro- und Kognitionsforschung", die „die ‚klassische Vernunft' längst zu Grabe getragen hat" (Wehling 2016: Klappentext) und deren Erkenntnissen wir hinterherhinken (vgl. Wehling 2016: 17), wenn wir bezüglich politischer Debatten nicht sehen, dass „nicht Fakten an und für sich entscheidend sind, sondern gedankliche Deutungsrahmen, in der kognitiven Wissenschaft Frames genannt." (Wehling 2016: 17–18)

Der Mensch wäre demnach geleitet durch seine Frames, die über Sprache aktiviert werden. Wenn wir an der Idee des Menschen als vernunftbegabtem Wesen festhalten, das – mit Habermas gesprochen (s. Kap. 2) – in einer Demokratie im immerwährenden Diskurs nach einem Konsens sucht, die Dinge, die alle betreffen, einzurichten und dabei im Idealfall dem zwanglosen Zwang des besseren Arguments folgt, dann ignorieren wir demnach die Erkenntnisse der modernen Neuro- und Kognitionsforschung.[13]

Jenseits dieser Problematik bestünde der Zusatznutzen der Verwendung dieses modernen Framing-Konzepts gegenüber der eingeführten und hier gebrauchten Terminologie des Begriffe besetzens bzw. des Gebrauchs politisch relevanter und umstrittener Schlüsselwörter darin, dass damit behauptet wird, die Bedeutung solcher – wie aller – Wörter sei kognitiv im Gehirn ihrer Benutzer:innen und Rezipient:innen verankert. Das wird von Wehling und anderen als das postuliert, was eben zentrale neue Erkenntnisse erbringe.[14] Dass dies der Fall sei, wird z.B. auch von der ausgereifteren Framesemantik unterstellt. Diese ist von Charles Fillmore entwickelt und im deutschen Sprachraum von Alexander Ziem und Dietrich Busse theoretisch, methodisch und auch empirisch-praktisch weiterentwickelt worden mit dem dezidierten Anspruch, u.a. auch öffentlich-politische Lexik wissenschaftlich genauer analysieren zu können. Der dabei begründete Frame-Begriff und die auf diesem aufbauende Framesemantik seien daher hier im Folgenden als eine lexik-fokussierte Methode der Analy-

---

13 Vgl. zu einer diesbezüglich reflektierten Position aus der Framesemantik, die den „determinativen" Effekt von Framing durch die Fähigkeit des Menschen, „sich seines eigenen Verstandes zu bedienen", eingeschränkt sieht, Ziem in Ziem & Fritsche (2019: 4).
14 Vgl. dazu auch die grundlegende Diskussion zwischen Busse/Ziem und Teubert darüber, ob Bedeutungen nur im Diskurs oder auch im Kopf sind, zuletzt in Ziem (2018) und Teubert (2018).

se öffentlichen Sprachgebrauchs präsentiert, was aber nicht zu verwechseln ist mit dem erwähnten Framing-Ansatz Lakoff & Wehlings:

> Der Framing-Ansatz, der in den USA in jüngster Zeit vergleichsweise breit bei der Analyse politischer Kommunikation eingesetzt wird [...] und der [...] auch im deutschen Sprachraum zunehmend beachtet wird, unterschreitet jedoch die Differenzierungsmöglichkeiten eines Frame-Ansatzes in dem in diesem Artikel angeführten Sinne. [...] Möglicherweise könnten sich aber Synergie-Effekte ergeben, wenn man beide Ansätze zusammenführen würde.
>
> (Busse 2017: 218)

4.3.2 Framesemantik

Dietrich Busse und Alexander Ziem haben ein fundiertes framesemantisches Konzept ausgearbeitet, das eine präzise Beschreibung der Bedeutung von Wörtern zu geben imstande ist. Frames werden dabei verstanden als ein Repräsentationsformat des umfassenden verstehensrelevanten Wissens, das mit jeglicher Verwendung eines Wortes evoziert, auf- und abgerufen wird. Sie können „gezielt zur Untersuchung gesellschaftlichen Wissens genutzt [werden] und bilden in dieser Funktion einen festen Bestandteil des diskursanalytischen Werkzeugkastens" (Ziem 2013: 154). In welcher Weise genau die mit dieser Methode anhand von Textkorpora gewonnenen Erkenntnisse über verstehensrelevantes, zu einer Zeit gültiges gesellschaftliches Wissen eine kognitive Realität im Gehirn des Menschen haben, ist für solche Untersuchungsziele zweitrangig. Eine solche Realität muss nicht behauptet werden, um methodisch nachvollziehbar an Texten zeigen zu können, welche Füllwerte/Fillers in bestimmte, durch die Verwendung eines Wortes eröffnete Leerstellen/Slots eines Frame/Wissensrahmens eingefügt werden. Ebenso kann anhand der in Texten verwendeten Wörter plausibel gemacht werden, welche Standardwerte/Default Values mit dem Verstehen des Wortes verbunden sind, die nicht mehr ausdrücklich prädiziert werden müssen.

Ziem modelliert und praktiziert die konkrete empirische Text- und Diskursanalyse als Analyse von Prädikationsrahmen des zu untersuchenden Wortes am Beispiel *Heuschrecke* in Pressetexten des Jahres 2005 (Ziem 2008: 367–440). Sein Vorgehen wird dem Gegenstand „politische Schlagwörter" gerecht, da diese sich dadurch auszeichnen, „dass sie einen komplexen Wissenszusammenhang vor dem Hintergrund unterstellter ‚Fakten' auf eine spezifische, innerhalb einer Sprachgemeinschaft konventionalisierte Weise rahmen" (Wengeler & Ziem 2014a: 503).

Dem damaligen SPD-Arbeitsminister Franz Müntefering war es gelungen, zumindest für einige Jahre den Ausdruck *Heuschrecke* als eine pejorative Bezeichnung für Finanzinvestoren zu etablieren, die marode Firmen aufkaufen, um sie nach einer kurzen Sanierung wieder mit hohem Gewinn zu verkaufen. Ziem zeigt, wie innerhalb kurzer Zeit der komplexe Bedeutungsgehalt der Metapher zu einem festen Wissensrahmen/Frame geworden ist, dessen Bestandteile beim Gebrauch der Metapher nicht mehr eigens erläutert/erwähnt werden müssen und die insofern zu Standardwerten des mit dem Ausdruck evozierten Frames geworden sind. Damit hat Ziem in der deutschsprachigen Forschung zur öffentlich-politischen Sprache sowohl theoretisch wie methodisch einen Weg aufgezeigt, die Verfestigung bestimmter Wissenselemente, die beim Gebrauch politischer Schlagwörter zu bestimmten Zeiten evoziert werden, und auch die Veränderungen ihrer Bedeutungsgehalte – gestützt auf ein größeres Textkorpus – wissenschaftlich valide nachzuzeichnen. Ziems in den letzten Jahren vielfach aufgegriffener Ansatz der Frameanalyse[15] kann für sich in Anspruch nehmen, mit seiner methodischen Akribie und seiner Korpusbasiertheit der Forderung gerecht zu werden, dass semantische Analysen gerade des öffentlich-politischen Wortschatzes den gesamten verstehensrelevanten Hintergrund von Schlagwörtern berücksichtigen und systematisch beschreiben sollten.

Busse (2012: Kap. 6; 2017) referiert weitere Analysen, die mit framesemantischer Begrifflichkeit und Methodik u.a. die politischen Schlagwörter *Lohnnebenkosten* (Klein & Meißner 1999), *Deutsche, Identität* (Fraas 1996) und *Chaoten* (Busse 1989) systematisch und recht detailliert beschreiben, und reflektiert dabei auch die Grenzen, an die die der Methode angemessene Akribie der Darstellung stößt:

> Eine detaillierte Frame-Analyse größerer sprachlicher Komplexe [...] scheint erst recht außerhalb des Machbaren und Sinnvollen zu liegen – u.a. weil die Ergebnisse so komplex würden, dass sie vollends unübersichtlich und kaum noch lesbar und benutzbar wären.
>
> (Busse 2017: 17)

Wissenschaftliche Genauigkeit bei der Anwendung der Framesemantik vor allem auch auf politische Sprache geht also demnach auf Kosten der Versteh- und Lesbarkeit. Dennoch: Eine solche, den Gebrauch der Wörter in den Mittelpunkt stellende Frameanalyse stellt für die lexikalisch orientierte Forschung zum öffentlichen Sprachgebrauch ein vielversprechendes neues Forschungsparadigma zur Verfügung. Es kann die traditionelle Schlagwortforschung nicht nur an moderne Entwicklungen anschließen, sondern auch zu Ergebnissen führen, die theoretisch besser begründet, methodologisch abgesicherter, interdisziplinär anschlussfähiger und empirisch gegebenenfalls tiefer greifend bzw. weiter ausholend sind.

Problematisch ist allerdings das Postulat, dass valide wissenschaftliche Aussagen erst dann möglich seien, wenn „eines der Hauptdefizite" von Frameanalysen beseitigt sei, nämlich „dass bis heute keine verbindliche und allgemein akzeptierte Bestimmung der Strukturkonstituenten eines Frames vorliegt" (Ziem 2013: 156). Denn ohne diese blieben z.B. „Zuweisungen" [von Textstellen zu „Prädikatoren", also zu den heuristisch angenommenen „Leerstellen" eines Frames] „eine interpretative Aufgabe" (Ziem 2013: 160). Wissenschaftliche Eindeutigkeit, Präzision, Validität gehen aber –

---

[15] Z.B. Kalwa (2013) zum Konzept ‚Islam'; Olk (2016) zum Konzept ‚Geschlecht' im Porno-Rap; Busse, Felden & Wulf (2018) zu *Diebstahl, Besitz/Eigentum* und *Gewalt*; Drommler (2024) zur ‚nationalen Identität'.

sieht man sich die erwähnten Forschungsergebnisse an – leider oft zu Lasten von gesellschaftlicher Relevanz und Verständlichkeit. Zudem ist die implizierte Abwertung von Hermeneutik und Interpretation zurückzuweisen. Denn Interpretation ist beim Umgang mit Texten unhintergehbar und nicht durch immer exaktere Definitionen (in diesem Fall der Strukturelemente von Frames) auszuhebeln.

Dieses Verdikt Ziems trifft die von ihm als eine Variante der Frameanalyse angeführte Nutzung von „Matrixframes als Interpretationsheuristik": Sie müsse sich „der Kritik an der mangelnden Validität der erzielten Ergebnisse stellen", die „sich insofern als kaum interpretativ überprüfbar" erwiesen, „da sich der interpretative Prozess der Erkenntnisgewinnung nicht reproduzieren lässt" (Ziem 2013: 160). Diesem – hier zurückgewiesenen – anti-hermeneutischen Wissenschaftsideal widersprechen z.B. die von ihm angeführten frameanalytischen Untersuchungen von Holly (2001), Klein (2002), Klein & Meißner (1999) und Wengeler (2010) oder auch die Arbeit von Fraas (1996). Es sind solche Frame- und Framing-Analysen, die hier als ein diskurshistorisch interessanter Zugriff auf den Wortschatz in öffentlich-politischen Diskursen abschließend empfohlen und kurz vorgestellt werden sollen. Den von Ziem angeführten Studien haben z.B. Holly (2019), Klein (2018), Seiler-Brylla (2019) oder Drommler (2024) neuere Analysen hinzugefügt, die mit einem z.T. lockereren Begriff von Frame und Framing wissenschaftlich interessante und im Sinne der Gütekriterien für diskurslinguistische Studien von Busch (2007) auch valide Forschungsergebnisse generiert haben. Diese Forschungsrichtung tritt in zwei unterschiedlichen Varianten auf.

4.3.3 Zwei Varianten der Frameanalyse: Beispiele

In der ersten Variante ist die Verwendung des Framing-Begriffs eher als eine Konzession an dessen modischen bzw. in der Politik heute erwarteten Stellenwert zu betrachten. Für diese Variante greifen wir eine Analyse Josef Kleins heraus. Klein hat im Bundestagswahlkampf 2013 der von der CDU eingesetzten „Arbeitsgruppe Framing" als wissenschaftlicher Berater zur Verfügung gestanden (2018: 296). Dementsprechend analysiert er das Framing des CDU-Wahlkampfs 2013 auf der Mikro-Ebene von Einzelwörtern (Schlagwörtern), der Meso-Ebene von Begriffsnetzen und der Makro-Ebene der Gesamtkampagne. Der Mehrwert des Framing-Begriffs scheint hier zu sein, dass mit ihm terminologisch der übergreifende strategische Charakter der analysierten Kommunikation hervorgehoben werden kann. Ansonsten aber wäre die Analyse gerade mit den oben dargestellten, von Klein selbst geprägten Begrifflichkeiten auch ohne *Framing* ausgekommen. Framing auf der Meso-Ebene, z.B. des „Begriffsnetzes zur Eurokrisenpolitik" (Klein 2018: 322), wird dargestellt anhand des von Klein entwickelten komplexen topischen Musters politischer Argumentationen (s. Kap. 4.5); die Beschreibung des Framing auf der Mikro-Ebene des (im CDU-Wahlkampf vermiedenen) SPD-Fahnenworts *Soziale Gerechtigkeit* nutzt die traditionellen Analysekategorien der Politolinguistik wie eben Fahnenwort, Hochwertwort oder Bezeichnungskonkurrenz. Auf der am ausführlichsten behandelten Makro-Ebene des Wahlkampfs, also der Gesamtstrategie der Kampagne ist die Systematisierung zwar an frameanalytischen Kategorien ausgerichtet, die Verwendung des Frame-Begriffs wird dabei aber unterminologisch und vage, wenn von einem „Wähler-Frame", einem „Ausgangsframe Merkel [und Steinbrück]" und einem „Zielframe Merkel" sowie von einem „Ausgangs-Framecluster ‚Politikfelder'" (Klein 2018: 308–322) die Rede ist, die jeweils analysiert werden. Hier passt sich die sonst immer terminologisch präzise Begrifflichkeit Kleins den Wehling'schen Redeweisen an, um alle analytischen Ergebnisse mit dem modischen Frame-Begriff zu erfassen. Am überzeugendsten ist die Nutzung des Begriffs auf der von Klein selbst so deklarierten nicht wissenschaftlich-analytischen Ebene: Politische Akteur:innen betreiben strategisches bzw. politisches Framing. Denn hier steht ein Machbarkeit und Handlungsmacht suggerierender Ausdruck für das zur Verfügung, was traditionell eher als politische Sprachstrategien, Begriffe besetzen u.Ä. benannt wurde.

Die zweite Variante einer gegenüber den Busse'schen und Ziem'schen Wissenschaftsidealen weniger strengen Nutzung des linguistischen Frame-Begriffs sei hier abschließend als die erwähnt, die u.E. die interessantesten Forschungsergebnisse zum öffentlich-politischen Sprachgebrauch liefert. Dabei dienen die Konerding'schen Matrixframes „dem hermeneutischen Zweck, auf Texte theoriegeleitet analytisch zuzugreifen" (Ziem 2013: 160), und die genannten Strukturelemente von Frames (Wissensrahmen), Slots (Leerstellen), Filler (Füllwerte) und Default Values (Standardwerte) erlauben eine terminologisch systematische Beschreibung von in Texten vorhandenen Prädikationen, sprich Aussagen über die Welt, die mit dem Ausdruck explizit oder implizit getätigt werden.

> Was haben wir damit gewonnen? Sicherlich nichts Großartiges [...]. Der Vorteil der begrifflichen Instrumente (Frame, Slot, Filler, Wissensnetz) liegt lediglich in der Systematisierung der Analyseschritte [...]. Mit ihrer Struktur [...] helfen [... Frames], [... die Texte] [...] rascher zu erschließen und dabei ‚zwischen den Zeilen' zu lesen.
>
> (Holly 2001: 141–142)

In ähnlicher Weise wie Holly haben z.B. auch Klein (2002) und Wengeler (2010) die Strukturelemente von Frames, Slots und Fillers genutzt, um in Texten zur Kolonialpolitik und in DER SPIEGEL-Titelgeschichten zur Wirtschafts- und Finanzkrise 2008/09 herauszuarbeiten, welche Wissenselemente für den deutschen Kolonialismus sowie für die Wirtschaftskrise „etabliert werden, was also diejenigen, die die Texte lesen, [in diesem Fall] mit dem Ausdruck *Wirtschaftskrise* bezogen auf die aktuellen Ereignisse verbinden" (Wengeler 2010: 154). Klein macht das, was deutschen Kolonialismus ausgemacht hat, an den verwendeten Lexemen im Frame Kolonialpolitik fest, während sich Wengeler ganz im Sinne Ziems, aber weniger streng, am Ausdruck orientiert und Prädikationen über das, was in den Texten als Krise bezeichnet wird, mit den Leerstellen des Matrixframes Ereignis erschließt. Solche auf Grundlage der an Fillmore angelehnten, von Busse und Ziem systematisch ausgearbeiteten, aber unabhängig davon auch schon von Forscher:innen wie Fraas, Klein und Holly angewandten Frameanalysen können für die auch sprachgeschichtlich interessierte Analyse des öffentlich-politischen Sprachgebrauchs hilfreich sein.

Aufgaben
1. Suchen Sie Beispiele für die alltagssprachliche und öffentlich-politische Verwendung des Wortes *Framing*.
2. Erläutern Sie die frameanalytischen Termini Frames (Wissensrahmen), Slots (Leerstellen), Filler (Füllwerte) und default values (Standardwerte) anhand eines aktuellen Beispiels. Nutzen Sie ggf. Ziem (2008) zur Vertiefung.

4.4 Metaphernfelder

Metaphern interessieren bei der Analyse öffentlichen Sprachgebrauchs weniger aufgrund ihrer stilistischen Funktion des Veranschaulichens von abstrakten Inhalten, sondern im Sinne der Theorie der konzeptuellen Metapher aufgrund ihres wirklichkeitskonstituierenden Charakters. Dieser zeigt sich besonders darin, dass mit Metaphern bestimmte Aspekte eines „Gegenstandes" oder „Sachverhalts" beleuchtet oder überzeichnet, andere aber verdeckt bzw. in den Hintergrund geschoben werden, was bei Lakoff/Johnson (1980) als *highlighting* und *hiding* bezeichnet wird.

Gemeinsam haben die Metapherntheorien, auf die sich diskurslinguistische Untersuchungen mit wissensanalytischen Erkenntnisinteressen berufen, „die Idee, dass alltagssprachliche Metaphern die Gegenstände, auf die sie referieren, mit gestalten und dass die Übertragung über die Einzelverwendung hinaus systematischen Charakter hat" (Kuck 2018: 69). Sowohl Richards (1983 [1936]) und Blacks (1983 [1954]) Interaktionstheorie als auch Triers (1934) und Weinrichs (1976 [1958]) Bildfeldtheorie der Metapher gehen davon aus, „dass erst durch die Interaktion zweier semantischer Bereiche bzw. Sinnbezirke das entsteht, was durch die Metapher Ausdruck findet" (Kuck 2018: 69). Um eine Metaphernanalyse als Methode der Wissensanalyse zu entwickeln, ist allerdings seit den 1990er Jahren die konzeptuelle Metapherntheorie in Anlehnung an Lakoff und Johnsons *Metaphors We Live By* von 1980 einflussreicher geworden. Darin werden Metaphern als kognitive Phänomene verstanden, als Konzepte im Sinne von umfassenden Denkschemata, mit denen insbesondere auch abstrakte Phänomene erfasst werden können. Unser „conceptual system" sei „fundamentally metaphorical in nature" (Lakoff & Johnson 1980: 3). Da wir keinen direkten Zugang zur Kognition haben, ist die Sprache der Weg zum Kognitiven. Konzeptuelle Metaphern sind demnach auch sprachliche Größen, durch die Teile dessen, was wir über den Herkunftsbereich einer solchen Metapher wissen, auf den Zielbereich projiziert, übertragen werden.

Kuck (2018) macht dies an dem Beispiel Wirtschaft als Maschine aus dem Wirtschaftskrisendiskurs deutlich. Konkrete Metaphernvorkommen (*token*) sind dabei z.B. *Der Konsum ist der Motor der Wirtschaft* oder *Konjunkturpakete kurbeln die Wirtschaft an*. Die Behauptung ist nun, dass wir erst durch das, was wir aus der Alltagserfahrung über Maschinen wissen, mit solchen Metaphern etwas über wirtschaftliche Prozesse und damit über das Abstraktum „die Wirtschaft" wissen können und dass wir insofern beständig mit solchen metaphorischen Konzepten die Wirklichkeit verstehen bzw. sie erst als das konstituieren, als was wir sie verstehen:

> [D]en Stellenwert des Konsums für die Wirtschaft [können wir] überhaupt [nicht] einschätzen […], ohne uns auf eine solche Metapher zu berufen. […] Die Motoren-Metapher macht es uns erst möglich, dem Konsum genau diesen Stellenwert beizumessen und die Wichtigkeit der entsprechenden wirtschaftspolitischen Maßnahmen zu bewerten. Diese Metapher ist also tatsächlich Wissen generierend.
>
> (Kuck 2018: 71)

Nachdem Liebert (1992) und Pielenz (1993) in der Germanistischen Linguistik die konzeptuelle Metapherntheorie systematisiert und verfeinert hatten, hat Karin Böke (1996c; 1997) diese theoretischen Überlegungen aufgegriffen und die konzeptuelle Metaphernanalyse als eine Methode der diachronen Analyse öffentlichen Sprachgebrauchs bzw. der linguistischen Diskursanalyse begründet. Neben der Operationalisierung der vorgefundenen theoretischen Ansätze für eine wissensanalytisch ausgerichtete Diskursanalyse, also eine Analyse, der es um das regelhafte, serielle Vorkommen von Metaphern zur Konstitution eines öffentlich ausgehandelten Themenfeldes und somit um das kollektive Wissen daran beteiligter Gruppen geht, systematisiert Böke die dafür notwendige Begrifflichkeit.

Unterschieden wird zwischen dem konkreten metaphorisch gebrauchten Ausdruck und dem abstrakten Metaphernkonzept, dem dieser zugehört. So können Metaphernvorkommen wie *Gastarbeiterstrom, Asylantenflut, Flüchtlingswelle* dem Herkunftsbereich ‚Wasser' zugeordnet werden. Dieser wird im Metapherngebrauch auf den Zielbereich ‚Zuwanderung' projiziert. Das konkrete Metapherntoken würde so dem Metaphernkonzept EINWANDERUNG ALS WASSERLAUF zugeordnet.

> Der Grundgedanke dabei ist, dass der Zielbereich, hier der Themenkomplex Migration, über den metaphorischen Gebrauch von Wörtern aus einem bestimmten Herkunftsbereich für den Adressaten kognitiv vorstrukturiert und interpretiert wird. Und zwar geschehe dies, indem das gesamte semantische Feld, aus dem das Wort stamme, beim metaphorischen Gebrauch mitassoziiert werde und sich als eine Art rasternde und sinnstiftende Folie, konkret betrachtet auf den kontextuellen Rahmen als die sprachliche Handlung, abstrakter gesehen auf den gesamten Zielbereich als die Menge aller zum Diskurs gehörigen Aussagen, lege.
>
> (Böke et al. 2000: 21)

Für eine systematische diskurslinguistische Metaphernanalyse müssen daher die je einzelnen Metapherntoken jeweils einem Metaphernkonzept zugeordnet werden.

Damit können als Ergebnis der Analyse Aussagen darüber getroffen werden, mit welchem Herkunftsbereich von welchen Akteur:innen welcher Zielbereich bevorzugt metaphorisch konzeptualisiert wird und wie auf diese Weise ein bestimmtes Wissen über den Gegenstand sprachlich geschaffen wird. Solche Metaphernkonzepte perspektivieren Sachverhalte, ihre Analyse verspricht Erkenntnisse über gewohnheitsmäßige Gedanken und Einstellungen zu einem Themenfeld in den sie äußernden Akteur:innengruppen. Für diskurslinguistisch interessante Aussagen sind dabei zum einen das gehäufte Vorkommen einzelner Metaphernlexeme (*Flüchtlingsstrom*), zum anderen aber auch die Relevanz, d.h. die Häufigkeit und die Qualität des Vorkommens von Metaphernbereichen bzw. -konzepten zu erfassen und zu interpretieren. Mit Qualität ist gemeint, welche Aspekte eines Metaphernkonzepts versprachlicht werden. Bei Militär-Metaphern z.B. werden mit *Flüchtlingsinvasion, stürmen, Tore zu!* jeweils andere Aspekte des Themas Fluchtmigration militärisch metaphorisiert.

Böke unterscheidet zunächst in Anlehnung an Pielenz (1993: 71) zwischen dem Metapherntoken („Der *Zustrom* von Flüchtlingen hält an") und dem übergeordneten konzeptuellen Metapherntyp (Zuwanderung als Wasser). In der Terminologie Max Blacks wird beim Token zwischen dem metaphorisierenden Fokus bzw. dem fokalen Wort (*der Zustrom*) und dem metaphorisierten Rahmen als dem Rest des Satzes unterschieden (Black 1983 [1954]: 69–72). Ersteres wird auch als Metaphernlexem bezeichnet, das eine Herkunftsseite/ein Herkunftslexem (bei *Geldquelle* z.B. das Wort *Quelle* mit der Bedeutung ‚Anfang eines Wasserlaufs') und eine Zielseite/ein Ziellexem (*Quelle* als ‚Objekt oder Wesen, von dem jemand regelmäßig Geld erhält') hat. „Auf der Type-Ebene soll zwischen Metaphernkonzept (MK) und Metaphernbereich (MB) unterschieden werden." (Böke 1997: 166) *Metaphernbereich* ist dabei ein anderes Wort für *Metapherntyp*, während *Metaphernkonzepte* unterschiedliche Aspekte dieses übergreifenden Bereichs bezeichnen: Zuwanderung als Wasserlauf und Zuwanderung als Wasserzyklus sind solche Konzepte des Bereichs Zuwanderung als Wasser. Angelehnt an Liebert (1992) können solche Konzepte auf einer „Strukturfolie" genauer betrachtet werden, die hier z.B. aus den Slots/Leerstellen ‚Anfang – Weg – Ende' bei Zuwanderung als Wasserlauf besteht und mit Metaphernlexemen wie *Quelle – Zustrom – Sammelbecken* gefüllt sein kann. Wie bei Herkunfts- und Ziellexem kann auch auf der Type-Ebene zwischen Herkunftsbereich und -konzept sowie Zielbereich und -konzept differenziert werden.

Während diese Begrifflichkeit ebenso für Einzeltextanalysen wie für Diskursanalysen brauchbar ist, spielt für Letztere der Gebräuchlichkeitsgrad, die Usualität einer Metapher die zentrale Rolle. Insofern stehen die sog. konventionellen Metaphern im Mittelpunkt diskurslinguistischer Untersuchungen, weil sie wegen ihres regelmäßigen Vorkommens Aufschlüsse über verbreitete Mentalitäten im o.g. Sinn geben können. Kreative Metaphern dagegen können zwar interessant für das Aufkommen neuer Konzeptualisierungen im Diskurs sein. Vor ihrer Konventionalisierung sind sie – im Hinblick auf sprachgeschichtlich relevante Verfestigungen – jedoch weniger erkenntnisreich, auch wenn sie als interaktionale Strategien natürlich untersuchenswert bleiben. Lexikalisierte oder tote Metaphern, die als Metaphern nicht mehr wahrgenommen werden, geben ebenfalls nur wenig Aufschluss über die angestrebten wissensanalytischen Erkenntnisse.

Um deutlich zu machen, wie diese metapherntheoretischen und terminologischen Überlegungen für Analysen öffentlichen Sprachgebrauchs genutzt werden können, werden kurz exemplarische Ergebnisse aus dem Migrations- und dem Wirtschaftskrisendiskurs dargestellt.

Karin Böke hat aus dem Zeitraum 1947 bis 1988 insgesamt 200 DER SPIEGEL-Artikel mit „diskursspezifische[m] Metapherngebrauch" (Böke 1997: 168) untersucht und dabei insgesamt fünfzehn Herkunftsbereiche von Metaphernkonzepten identifiziert. Die häufigsten waren ZUWANDERUNG ALS WASSERLAUF und ZUWANDERUNG ALS MILITÄRISCHER AKT – Konzepte also, die auch in den Diskursen um aktuellere Fluchtbewegungen wieder auftauchen (vgl. Kreußler & Wengeler 2017). Bei ersterem Konzept dominieren im DER SPIEGEL Handlungs- und Ereignisbezeichnungen. Zum Slot ‚Weg' zählen dabei Metapherntoken wie *stranden, anlanden, (herein)strömen, sich ergießen, überschwemmen, überfluten, sich stauen, einsickern, schleusen, verebben* und *abebben, ertrinken* und *ersaufen* (Agens sind bei Letzterem Berlin bzw. die BRD) (vgl. Böke 1997: 177).

> Am häufigsten werden die Zuwanderer über den Vorgang der Zuwanderung metaphorisiert. Dabei wird vornehmlich [...] die *Strom*-Metapher verwendet: *Strom, Zustrom* und *Flüchtlingsstrom* sind die konventionellsten Wasser-Metaphern für die Zuwanderungsbewegung [...].
> (Böke 1997: 178)

Ergänzt wird das Lexem *Strom* durch eine Vielzahl von Komposita mit *Welle, Flut* und *Schwemme* (*Fremdenwelle, Ausländerwelle, Asylantenwelle, Einwanderungswelle, Türkenschwemme, Ausländerschwemme, Flüchtlingsflut, Ausländerflut, Asylantenflut*), die alle über die einzelnen Teildiskurse hinweg und in jeweils etwas unterschiedlicher Intensität Zuwanderung bzw. die zuwandernden Menschen als Gefahr für die aufnehmende Gesellschaft konzeptualisieren. Und es zeigt sich, dass mit solchen Metaphernlexemen und dem analytisch erschlossenen Metaphernkonzept vorgefertigte Sprachmuster und Denkschablonen zur Verfügung stehen, die das Wissen, Denken und das sprachliche Handeln im Bereich Migration prägen und immer wieder abrufbereit sind. Zum Konzept ZUWANDERUNG ALS WASSERLAUF gehören zudem die Slots ‚Hindernis' und ‚Maßnahmen für die Zuwanderung als Ermöglichung des Hineinfließens', die mit den metaphorisch gebrauchten Ausdrücken *Eindämmung* und *eindämmen, kanalisieren* oder *abschotten* sowie mit *schleusen, einschleusen* und *(Ein)Schleusung* ausgedrückt werden.

Im zweithäufigsten Metaphernkonzept ZUWANDERUNG ALS MILITÄRISCHER AKT dominieren wiederum die Handlungsbezeichnungen. Von *einfallen, Invasion, Ansturm* und *Abwehr* ist die Rede in Komposita wie *Türkeninvasion, Masseninvasion, Ausländeransturm, Flüchtlingsansturm*; und auch in Sätzen/Phrasen wie *Die Türken kommen* oder *Zuwanderung von Ausländern abwehren* und *Front gegen Wirtschaftsflüchtlinge* (Böke

1997: 185–186) wird Einwanderung in einen militärischen und Kampf-Rahmen gesetzt, der sich heute i.d.R. nur bei rechtspopulistischen bis -extremistischen Gruppen wiederfindet. Das entsprechend vorgeformte, musterhafte Denken zur Zuwanderung wird zudem flankiert von einer Sprengstoff-Metaphorik, die ebenfalls dem Herkunftsbereich „Militär" zugeordnet werden kann: „Randgruppen mit *sozialer Sprengkraft*", „Ausländerkinder – ein *sozialer Sprengsatz*", Asylbewerber als *sozialer Sprengstoff*, *sozialer Zündstoff mit Zeitzünder* und als *soziale Zeitbombe* sorgen für eine Wirklichkeit, ein Wissen über Zuwanderung, das diese als gefährlich und daher als zu begrenzend bewertet. Gerade im dritthäufigsten Metaphernkonzept ZUWANDERUNG ALS WARENHANDEL (Beispiele: *Arbeitskräfte-Import, menschliches Frachtgut, Stückgut, verfrachten, Ware, moderne Sklaverei*) werden aber auch die Zuwandernden selbst als bedroht „durch Betrug und Ausbeutung" (Böke 1997: 191) konzeptualisiert, wie Böke resümiert.

Kuck greift für die diskurslinguistische Metaphernanalyse das Konzept der metaphorischen Szenarien auf, da

> das metaphorisch motivierte Wissen nicht im Herkunftsbereich, sondern in der Interaktion zwischen Herkunfts- und Zielbereich und in der Interaktion mehrerer Herkunftsbereiche und konzeptueller Metaphern untereinander [liege]. Jede konzeptuelle Metapher steht in Verbindung mit anderen konzeptuellen Metaphern.
>
> (Kuck 2018: 109)

Mit dem Konzept der metaphorischen Szenarien sind über Einzelmetaphern hinausgehende Interpretationen von Metaphernvernetzungen in einem Diskurs möglich, so dass die Strukturen ganzer, über längere Zeiträume verlaufender Diskurse im Sinne von Foucaults diskursiven Formationen erfasst werden können. Kuck beruft sich dabei auf die *conceptual blending*-Theorie der Metapher von Fauconnier & Turner (2002). Für ihre diskursanalytischen Zwecke fokussiert sie erstens

> das *conceptual integration network*, also die Aktivierung verschiedener Konzepte aus unterschiedlichen semantischen Bereichen. Diese bilden zweitens die Grundlage für die selektive Projektion. Ausschnitte und einzelne Aspekte der aktivierten Konzepte werden beleuchtet. Sie werden drittens Teil eines metaphorischen Szenarios.
>
> (Kuck 2018: 103)

Mit solchen Netzwerken können, was das Ziel der Analyse ist, vollständige Facetten von Diskurspositionen und indirekt auch Strukturen im kollektiven Wissen von Diskursakteur:innen rekonstruiert werden.

Die Analyse metaphorischer Szenarien wendet Kuck (2018) auf drei Krisendiskurse im Bereich Wirtschafts- und Sozialpolitik an. Sie kann dabei für die Zeiträume 1973, 1997 und 2003 jeweils vier bis sieben metaphorische Szenarien eruieren, die sich aus einer mehr oder weniger großen Anzahl und einer je spezifischen Kombination von Metaphernkonzepten zusammensetzen. Als ein Beispiel sei für die Diskussionen um den Wirtschaftsstandort Deutschland in den späten 1990er Jahren das metaphorische

Szenario „Das träge Deutschland" erwähnt, das aus Metaphernkonzepten wie REFORMEN ALS BEFREIUNG, REGELN ALS BEWEGLICHKEIT VERHINDERNDE ELEMENTE, VOLKSWIRTSCHAFTEN ALS KÖRPER, WIRTSCHAFTLICHE ENTWICKLUNG ALS FORTBEWEGUNG, REFORMFÄHIGKEIT ALS FÄHIGKEIT ZUR HERSTELLUNG VON SCHNELLER UND ZIELGERICHTETER FORTBEWEGUNG, KOSTEN ALS LASTEN und STAATSSCHULDEN ALS LASTEN besteht. Zusammen mit anderen metaphorischen Szenarien lässt es ein „neues Merkmal des Konzeptes Wirtschaft" hervortreten,

> das in dieser Deutlichkeit zuvor nicht thematisiert worden ist: DYNAMIK und FLEXIBILITÄT [...]. Sie nehmen den Stellenwert eines Bedürfnisses ein und entstehen aus der KÖRPER- und ORGANISMUS-Metaphorik im Zusammenspiel mit der FORTBEWEGUNGS-Metaphorik. [FLEXIBILITÄT] wird zu einem wenig hinterfragten, aber oft eingeforderten Wert der Wirtschaft, an dem sich der Standort Deutschland messen muss.
>
> (Kuck 2018: 212)

Auch wenn hier nicht an konkreten metaphorischen Beispielen aus dem Korpus gezeigt werden kann, wie solche Ergebnisse aus der Analyse einer Vielzahl von Metapherntoken, deren Zuordnung zu metaphorischen Konzepten sowie deren Interpretation in ihrer Kombination mit anderen Metaphernkonzepten zustande kommen, so sollte damit doch deutlich geworden sein, dass mit der Analyse von metaphorisch gebrauchten Ausdrücken, Metaphernkonzepten und metaphorischen Szenarien wissensanalytische Erkenntnisse gewonnen werden können. Mit ihnen kann deutlich werden, wie genau Wirklichkeiten, kollektive Wissenssegmente sprachlich im öffentlichen Diskurs konstituiert werden bzw. wie Sichtweisen auf die in öffentlichen Diskursen thematisierten Gegenstände erzeugt werden können.

Aufgaben
1. Inwiefern gibt die Analyse von Metaphern Aufschluss über sprachliche Wirklichkeitskonstruktionen?
2. Erläutern Sie den Unterschied zwischen Metaphernkonzept und Metapherntoken anhand eines geeigneten Beispiels.
3. Recherchieren Sie innerhalb eines aktuellen, öffentlich-politischen Diskurses gebräuchliche Metaphern. Ordnen Sie diese Herkunfts- und Zielbereichen zu und interpretieren Sie die Funktion der vorgefundenen Metaphernkonzepte.

4.5 Argumentationsmuster und Topoi

Befassen sich Sprachwissenschaftler:innen mit dem Wortschatz in öffentlichen Diskussionen und möchten sie Veränderungen kollektiven Wissens anhand von Gebrauchsveränderungen zentraler Wörter erfassen und beschreiben, so fällt schnell auf, dass diese Wörter zum einen eine Funktion in argumentativen Zusammenhängen haben. Zum anderen entdecken sie viele Textpassagen, in denen Wissenssegmente artikuliert werden, die nicht an einen bestimmten Wortgebrauch gebunden sind. Es wird für oder gegen Positionen argumentiert, um die eigene Weltansicht prominent zu machen, ohne dass dabei immer prägnante Schlüsselwörter, wiederkehrende Konstruktionen oder Kollokationen vorkommen. Und dennoch merken Analysierende, dass inhaltlich musterhaft Wiederkehrendes vorgebracht wird, das in der öffentlichen Aushandlung dessen, was „wahr" oder „richtig" ist, eine argumentative Funktion hat. Dies sowie der eingangs dargestellte emphatische Öffentlichkeitsbegriff im Sinne Habermas' legen es nahe, bei der sprachwissenschaftlichen Analyse öffentlichen Sprachgebrauchs die seit der antiken Rhetorik gelehrte altehrwürdige Kategorie der Argumentation bzw. der Argumentationsmuster bzw. Argumentationstopoi neben der lexikalischen Analyse hinzuzuziehen. Inwiefern damit eine linguistisch fundierte Wissensanalyse geleistet werden kann und welche analytische Terminologie dafür geeignet ist, soll in diesem Unterkapitel geklärt werden.

Im öffentlichen Sprachgebrauch, im öffentlichen Diskurs geht es, das sei noch einmal betont, zumindest in demokratisch verfassten, heterogenen Gesellschaften immer auch um das Legitimieren, Begründen und auch um das Durchsetzen von Überzeugungen, Entscheidungen, Maßnahmen, Vorhaben. Somit muss für diese und gegen konkurrierende Auffassungen, Vorschläge etc. argumentiert werden. Denn in Argumentationen geht es – wie es eine verbreitete Definition ausdrückt (vgl. W. Klein 1980 u.ö.) – darum, kollektiv Fragliches in kollektiv Geltendes (Wissen) zu überführen bzw. – um es an Habermas' Diskurstheorie anzuschließen – darum, zu einem gesellschaftlichen Konsens bezüglich einer Fragestellung zu kommen. Was sich als verbreitetes, von vielen oder den meisten anerkanntes Wissen dabei durchsetzt, muss mit Wahrheit oder Richtigkeit nichts zu tun haben, ist dementsprechend auch dynamisch und veränderbar und auch erst dadurch im Sinne eines epistemologischen, d.h. auf das Erfassen kollektiven Wissens gerichteten Erkenntnisinteresses untersuchenswert.

Unterstellt man dieses Erkenntnisinteresse und die erwähnte Relevanz von Argumentationen, so liegt erstens eine argumentationsanalytische Herangehensweise nahe und zweitens eine Begrifflichkeit bzw. ein Konzept vor, das es erlaubt, die „nur" plausiblen, überzeugungskräftigen, aber nicht unbedingt logisch wahren Argumente zu erfassen, mit denen in öffentlich-politischen Debatten Meinungen, Beschlüsse, Handlungen begründet werden. Solche Konzepte und Begriffe liefern die antike Rhetorik im Allgemeinen und die Tradition der Topik im Anschluss an Aristoteles im Besonderen (vgl. als Überblick zur Tradition Kienpointner 2017). Der Begriff des Topos (= Argumentationsmuster) erweist sich dabei im Anschluss an seine Wiederentdeckung durch die moderne Rhetorik als ein geeignetes Instrument, um transtextuell in öffentlichen Diskursen zum Ausdruck kommendes oder auch nur mitgemeintes ‚Wissen' erfassen und beschreiben zu können.

Der Toposbegriff geht auf Aristoteles' Ausarbeitung der antiken Redelehre zurück. Dieser wird im Rahmen der Erörterung der sog. Enthymeme eingeführt, welche von ihm auch als *rhetorische Syllogismen* bezeichnet werden. Der Begriff zielt sowohl auf Ähnlichkeiten wie auf Unterschiede zum sog. *wissenschaftlichen Syllogismus*: Syllo-

gismus verweist darauf, dass auch diese Schlussverfahren die Struktur eines wissenschaftlichen Syllogismus haben, das Attribut *rhetorisch* darauf, dass es nicht um formallogisch strenge, auf Wahrheit zielende Schlüsse geht, sondern um quasi-logische oder alltagslogische Schlussverfahren, die auf Wahrscheinlichkeiten, auf Plausibilitäten zielen. Das macht den Toposbegriff für auf Diskurse zielende Analysen attraktiv. In der Neuen Rhetorik wird er im 20. Jahrhundert wieder aufgegriffen, differenziert und für sprachwissenschaftliche Analysen nutzbar gemacht. Manfred Kienpointner setzt sich in seiner *Alltagslogik* von 1992 intensiv mit Topos-Typologien seit der Antike auseinander und entwirft eine eigene Typologie von kontextabstrakten Argumentationsmustern, die den Anspruch erhebt,

> die in geschriebenem und gesprochenem Standard-Deutsch der Gegenwart anzutreffenden Argumentationsschemata annähernd vollständig zu erfassen und damit für die Untersuchung von Argumentationsschemata in anderen Varietäten des Deutschen (und anderen Sprachen) eine Grundlage zu liefern.
>
> (Kienpointner 1992: 47)

Mit seinen insgesamt sechzig kontextabstrakten Argumentationsmustern geht es Kienpointner also vor allem um Topoi, die „für das Argumentieren großer Subgruppen der deutschen Sprechgemeinschaft typisch sind, insbesondere in der politischen Argumentation" (Kienpointner 1992: 235), und die „somit zum ‚kollektiven Wissen' einer Sprachgemeinschaft gehören" (Kienpointner 1982: 181). In einer linguistischen Untersuchung öffentlichen Sprachgebrauchs geht es weitergehend auch darum, die Unterschiede in der Verwendung typischer Topoi zwischen verschiedenen Gruppen zu einem Zeitpunkt und zu verschiedenen Zeitpunkten in einem Themenbereich herauszufinden.

Kienpointners Typologie kontextabstrakter Muster des Argumentierens ist eine gute Grundlage und Orientierung für eine diskursgeschichtlich ausgerichtete Argumentationsanalyse. Bei Letzterer geht es aber, weil sie an Inhalten interessiert ist, um kontextspezifische, d.h. inhaltlich „gefüllte" Topoi. Diese Differenzierung zwischen kontextabstrakten und kontextspezifischen Mustern ist ebenfalls bereits bei Aristoteles angelegt. Aristoteles unterscheidet zwischen allgemeinen und besonderen Topoi, was von Kopperschmidt (1991) mit den Begriffen der *formalen* und der *materialen Topik* wieder aufgegriffen wird. Beim ersten Begriff dieser Gegenüberstellungen – wie auch bei Kienpointners kontextabstrakten Mustern – geht es um die allgemeinen, unabhängig von jeglicher inhaltlichen Spezifizierung verwendbaren Schlussregeln einer Argumentation.

Beispiele dafür sind das *a-minore-/a-maiore*-Schema, der Kausalschluss und das Einordnungsschema Genus/Spezies. Das *a-minore*-Schema ist wie folgt definiert: „Wenn sogar p, und d.h.: wenn sogar das weniger Plausible gilt, dann gilt erst recht q bzw. das mehr Plausible" (Kopperschmidt 1989: 182–183), Beispiel für eine normative Variante des Schemas: „Wenn sogar das arme Griechenland Tausende Flüchtlinge aufnimmt, dann sollte doch erst recht das reiche Deutschland Flüchtlingen Zuflucht gewähren". Das *a-maiore*-Schema lautet: Wenn schon p, d.h. das mehr Plausible nicht gilt, dann gilt erst recht nicht q, d.h. das weniger Plausible (vgl. Kopperschmidt 1989: 179–180), zum Beispiel: „Wenn schon Bayern München nicht mehr mit den in England gezahlten Spielergehältern mithalten kann, dann kann das erst recht kein anderer Bundeligaverein".

Als ein Unterschema des Kausalschemas sei das normative Grund-Folge-Schema genannt: Handlung A führt zu Folge B. B ist positiv/negativ zu bewerten. Also: Handlung A ist positiv/negativ zu bewerten und daher zu vollziehen/zu unterlassen (vgl. Kienpointner 1996: 149). Beispiel: „Arbeitszeitverlängerungen (resp. -verkürzungen) tragen zum Rückgang der Arbeitslosenzahlen bei. Eine geringe Arbeitslosigkeit ist gut. Daher sollten Arbeitszeitverlängerungen (resp. -verkürzungen) durchgeführt werden." Um das Einordnungsschema vom Ganzen auf seine Teile bzw. von der Gattung auf die Spezies – dieses Mal in Anlehnung an das Toulmin'sche Argumentationsmodell bestehend aus These/Konklusion, Datum/Argument und Schlussregel (vgl. Toulmin 1975) – zu illustrieren, kann als Beispiel die zu rechtfertigende Aussage „Felix Klaus ist kein herausragender Fußballspieler" genommen werden. Als Argument dafür könnte vorgebracht werden: „Er hat nie in der deutschen Nationalmannschaft gespielt". Als Schlussregel, die die Überzeugungskraft dieser Aussage für die Konklusion sichern soll (die – wie jede andere Schlussregel – ihrerseits aber auch bestritten werden kann), fungiert dabei die Äußerung: „Nur diejenigen Deutschen, die es schaffen, in der Nationalmannschaft zu spielen, sind herausragende Fußballspieler". Klaus ist kein Teil dieses Ganzen, keine Spezies aus dieser Gattung. Daher gilt der Schluss, dass er kein herausragender Fußballspieler ist.

Mit dem zweiten der o.g. Bezeichnungen (*besonderer Topos, materialer Topos, kontextspezifisches Argumentationsmuster*) ist die inhaltlich gefüllte Herstellung konkreter Sachverhaltszusammenhänge gemeint. Bei Aristoteles geht es um verschiedene wissenschaftliche Disziplinen wie Ethik oder Physik, der Gedanke ist aber übertragbar auf nichtwissenschaftliche Bereiche, auf öffentlich diskutierte Themenfelder. Die seit der Antike geführte Diskussion, ob Topoi eher formalen Charakter haben oder ob sie eher inhaltlich bestimmt sind, kann für die Zwecke der Analyse öffentlichen Sprachgebrauchs dahingehend entschieden werden, dass ‚Topos' als eine eher inhaltlich bestimmte Kategorie aufgefasst wird. Die Analyse und evtl. die Auszählung der Häufigkeit solcher Topoi können Aussagen liefern über typische, wichtige oder dominante Denkweisen, Sichtweisen, Wahrnehmungsmuster von Gruppen in einem bestimmten Zeitraum bezogen auf ein bestimmtes Thema.

Diese Behauptung kann auch untermauert werden mit den vier Strukturmerkmalen des Topos, die der Literaturwissenschaftler Lothar Bornscheuer (1976) in Auseinandersetzung mit Aristoteles' Topikschrift herausgearbeitet hat (vgl. zusammengefasst Bornscheuer 1976: 208). Sie lassen seine Nutzung als diskurslinguistische Analysekategorie zur Untersuchung sprachlich konstituierter Mentalitäten besonders geeignet erscheinen. Laut Bornscheuer ist ein Topos habituell, das heißt gewohnheitsmäßig und kollektiv verbreitet und abrufbar (vgl. Bornscheuer 1976: 96–97). Topoi können aufgrund ihrer relativen Abstraktheit als Denk- und Argumentationsmuster jeweils für und gegen eine in Frage stehende Position eingesetzt werden. Das nennt Bornscheuer *Potenzialitätsmerkmal* (vgl. Bornscheuer 1976: 98–99). Das *Intentionalitätsmerkmal* betont, dass die sprechenden Individuen mit ihren Interessen und Intentionen die vorhandenen Denkmuster, Topoi, Bedeutungen zwar auch perpetuieren (*Habitualitätsmerkmal*), sie aber gleichzeitig mit jeder sprachlichen Handlung modifizieren (vgl. Bornscheuer 1976: 101). Durch dieses Merkmal sind auch die einzelnen sprachlichen Handlungen mit ihren Akteur:innen im Fokus des Toposbegriffs. Das *Symbolizitätsmerkmal* (vgl. Bornscheuer 1976: 103) hebt darauf ab, dass Topoi in verschiedener Weise sprachlich/symbolisch realisiert werden können, was die in der neueren Diskurslinguistik so stark gemachte Multimodalität, also die Analyse von Bildern, Grafiken, Tabellen auch mit dem Toposbegriff ermöglicht (vgl. dazu insbes. Meier 2014). Diese Merkmale weisen den Toposbegriff als geeignetes Instrument für solche diskursgeschichtlichen Analysen aus, die einerseits davon ausgehen, dass sprachlich Handelnde Bedeutungen/gesellschaftliches Wissen mit ihren einzelnen individuellen Handlungen konstituieren und in jeder einzelnen Sprechhandlung auch minimal verändern (*Intentionalitätsmerkmal*), die andererseits aber auch annehmen, dass sie dies nur im Rahmen des geschichtlich, sozial, diskursiv im Moment der Sprachhandlung Denk- und Sagbaren tun (*Habitualitätsmerkmal*).

Zur Veranschaulichung dieser Analysekategorie seien hier zwei Beispiele dargestellt. Die untenstehenden drei Zitate aus Zeitungsartikeln sind in ganz unterschiedlichen Jahren erschienen. Es geht jeweils darum, dass die wirtschaftliche Lage in Deutschland als schlecht angesehen wurde. In solchen Presseartikeln wird i.d.R. nicht nur berichtet, sondern auch argumentiert. In allen Beispielen wird – wie es auch im Herbst 2024 beim Schreiben dieses Kapitels wiederum problemlos in ähnlicher Weise ergänzt werden könnte – eine düstere Zukunft prognostiziert. Das dient im weiteren Zusammenhang dazu, Gegenmaßnahmen einzufordern/zu legitimieren, damit diese Prognose nicht eintrifft. Das Argumentationsmuster bzw. dieser Argumentationstopos kann nach Römer (2017: 165) als Topos der düsteren Zukunftsprognose definiert werden: „*Weil die zukünftige Lage ausgesprochen schlecht sein wird, muss dringend etwas Bestimmtes getan werden (um noch Schlimmeres zu verhüten).*" Wofür oder wogegen im weiteren Verlauf argumentiert wird, ist aus den Belegen nicht erkennbar (diese Teile wurden nicht mitabgedruckt):

> Willy Brandts Perspektive ist düster. Der Westen, so prophezeite der Kanzler am letzten Freitag am Rande der EG-Gipfelkonferenz in Kopenhagen, stehe „vor der größten Belastungsprobe seit der Weltwirtschaftskrise".
>
> (Der Spiegel 17. Dezember 1973)

> Stehen wir am Vorabend einer ähnlichen Wirtschaftskrise, wie sie Anfang der dreißiger Jahre die ganze Welt erschütterte? Gewisse Parallelen sind nicht zu übersehen: Überall steigende Arbeitslosenzahlen, weltweit stockende Wirtschaftstätigkeit, allenthalben anschwellende Pleitewellen.
>
> (Süddeutsche Zeitung 03. September 1982)

> Rezessions-Alarm in Deutschland! [...] Für das laufende Jahr sieht es ähnlich düster aus. Das DIW rechnet für das 1. Quartal mit „Stagnation" (Stillstand). „Gegenwärtig ist die wirtschaftliche Entwicklung in Deutschland kraftlos und droht in eine Rezession abzugleiten", so die Experten.
>
> (BILD 20. Februar 2003)

Drei weitere Pressetexte aus verschiedenen Jahrzehnten betreffen das Thema Einwanderung/Migration. Es wird hier jeweils dafür plädiert, Zuwanderung gutzuheißen oder hinzunehmen, weil sie nützlich für die deutsche Wirtschaft oder Gesellschaft sei. Es handelt sich um Beispiele für ein Argumentationsmuster, das Wengeler (2003: 346) den TOPOS VOM WIRTSCHAFTLICHEN NUTZEN genannt und wie folgt definiert hat: *Weil eine Handlung unter wirtschaftlichen Gesichtspunkten einen / keinen Nutzen bzw. Schaden erbringt, sollte sie ausgeführt / nicht ausgeführt werden.*

> Ausländische Arbeitskräfte sind heute für viele Betriebe, für unsere ganze Wirtschaft unentbehrlich geworden. Ohne sie könnte die Leistung der Industrie wie der verschiedensten Dienstleistungsbereiche nicht erhalten werden.
>
> (DIE WELT 22. April 1964)

> Es scheint sich immer noch nicht herumgesprochen zu haben, daß unser Lebensstandard ohne ausländische Arbeitskräfte nicht zu halten wäre. [...] Oder wie sähe es im Dienstleistungsgewerbe ohne die vielen Ausländer aus?
>
> (DIE ZEIT 23. April 1971)

> Wer durch menschliche und moralische Appelle nicht zu überzeugen ist, sollte wenigstens auf wirtschaftliche Argumente hören. Nichts läuft mehr ohne die Gastarbeiter in den Betrieben. Setzt man sie vor die Tür, gehen ganze Wirtschaftszweige baden [...].
>
> (KÖLNER STADT-ANZEIGER 10. September 1980)

Auch diese Texte könnten aktuell vor dem Hintergrund des Fachkräftemangels in ähnlicher Weise aus dem öffentlichen Diskurs ergänzt werden. Solche Argumentationsmuster oder Topoi geben Aufschluss über in einer bestimmten Zeit oder in einem längeren Zeitraum vorhandene Denkmuster zu einem Thema, über Gewohnheiten des Denkens, Fühlens und Wollens hinsichtlich eines Themas, die mit Hermanns (2012 [1995]) als Mentalitäten bezeichnet werden können und eben das Ziel sprachgeschichtlicher Analysen des öffentlichen Sprachgebrauchs darstellen.

Es gibt daneben noch zwei weitere methodische Möglichkeiten, öffentlichen Sprachgebrauch mit dem Toposkonzept zu analysieren. Von der bis hier präsentierten „diskursinhaltsbezogenen Argumentationsanalyse" (Römer 2017: 144) ist die „diskursstrukturbezogene Argumentationsanalyse" (Römer 2017: 150) Josef Kleins zu unterscheiden. Sie orientiert sich an handlungstheoretischen Kategorien und erarbeitet „komplexe topische Muster" (Klein 2000) aus der Analyse ganzer Parlamentsdebatten (vgl. Klein 1995), aber auch von politischen Reden zu verschiedenen Themen (vgl. Klein 2003) oder eines begrenzten Textkorpus des deutschen Kolonialdiskurses aus dem Kaiserreich (vgl. Klein 2002). Es handelt sich um „inhaltliche Schemata" (Klein 1995: 34), um „diskurs- oder textsortenspezifisch [...] feste Kombinationsschemata"

(Klein 2002: 168), die in der Lage sind, komplexe Argumentationen zu erfassen, und von denen es in der öffentlich-politischen Sprache nur eine begrenzte Anzahl gibt.

Zunächst spricht Klein bei seiner Analyse des parlamentarischen Diskurses um eine Einschränkung des Grundrechts auf Asyl im Jahr 1992 nur von einer „Topik instrumenteller Orientierung" (Klein 1995: 34) bzw. der „zweckorientierten komplexen Argumentation" (Klein 1995: 45) der Parteien CDU/CSU und SPD gegenüber der „Topik der normativen Orientierung" (Klein 1995: 41) bzw. der „normenorientierten komplexen Argumentation" (Klein 1995: 45) der Grünen. Erst in späteren Arbeiten verwendet er den Toposbegriff für die einzelnen Positionen in diesen komplexen Argumentationen. Verwendet würden

> (1) bei Begründung durch Situationsdaten der ‚Datentopos', (2) bei Begründung durch Prinzipien (Normen/Werte) der ‚Prinzipientopos', (3) bei Begründung durch Situationsbewertungen der ‚Motivationstopos', (4) bei Begründung durch Ziele/Zwecke der ‚Finaltopos' und (5) bei Begründung durch Hinweis auf Folgen/Auswirkungen der ‚Konsequenztopos'.
>
> (Klein 2002: 168)

Dieses Muster des Argumentierens sieht Klein als so grundlegend für politische Argumentation an, dass es in einem „polytextuellen öffentlichen Diskurs" (Klein 2002: 170) (wie dem von ihm untersuchten Kolonialdiskurs des Kaiserreiches) ebenso erwartbar sei wie in Parlamentsdebatten (wie der von ihm untersuchten Asyldebatte von 1992) oder in den Begründungsteilen von Gesetzentwürfen. Wenn dem aber so ist, dann ist es interessant, wenn in Einzeltexten oder bei einzelnen Gruppen bestimmte Positionen des Schemas nicht oder vermehrt gefüllt werden (s. die eben angeführten Topiken der Parteien), mit welchen thematischen kontextspezifischen Inhalten im Einzelfall die Topoi, die Positionen des Schemas gefüllt werden sowie ob und inwiefern in anderen inhaltlichen Feldern oder in anderen Textsorten andere topische Muster gebraucht werden. Letzteres zeigt Klein an christlichen Verkündigungstexten bzw. Predigten von der Bergpredigt bis zu einer Katholikentagspredigt, bei denen „stets *Autoritäts-*, *Analogie-* und *Final-* und/oder *Konsequenz*-Topos verwendet werden" (Klein 2000: 646), sowie an zeitgenössischen „populären Lebenshilfebüchern" (Klein 2000: 647), die nur mit dem EXEMPLUM- und dem AUTORITÄTS-TOPOS arbeiten.

Römer (2017) hat in seiner Analyse von Wirtschaftskrisendiskursen beide Ansätze, den inhaltsbezogenen und den strukturbezogenen, miteinander verbunden:

> Mir scheint, dass so neben dem sprachlichen Konstruktionsaspekt das Organisiert-Sein der Wirklichkeit, im Falle der vorliegenden Arbeit des Diskursgegenstandes „Krise", besser erklärbar ist. Unter Einbeziehung der diskursstrukturorientierten Argumentationsanalyse Josef Kleins kann außerdem eine stärkere methodische Konvergenz zu Foucaults theoretischer Bestimmung von Diskursen als Formationssystem von Aussagen erreicht werden.
>
> (Römer 2017: 123)

Er kommt dadurch für die untersuchten Wirtschaftskrisendiskurse auf der Makroebene zu einem „komplexen Argumentationsmuster", das er „topologische Diskursformation" (Römer 2017: 154) nennt. Es besteht – in Anlehnung an Josef Klein – aus vier „Basistopoi" (Datentopos, Topos der Ursache, Finaltopos, Topos der Maxime), mit denen zeit- und themenübergreifend Krisen etabliert und erklärt werden, mit denen Lösungswege aus der Krise aufgezeigt und mit denen Leitbilder, Prinzipien, Werte angeführt werden, um krisenüberwindende Handlungen zu legitimieren (s. zu einer konkreten Anwendung des Konzepts das Kap. 6.5.3). Schematisch sieht das wie folgt aus:

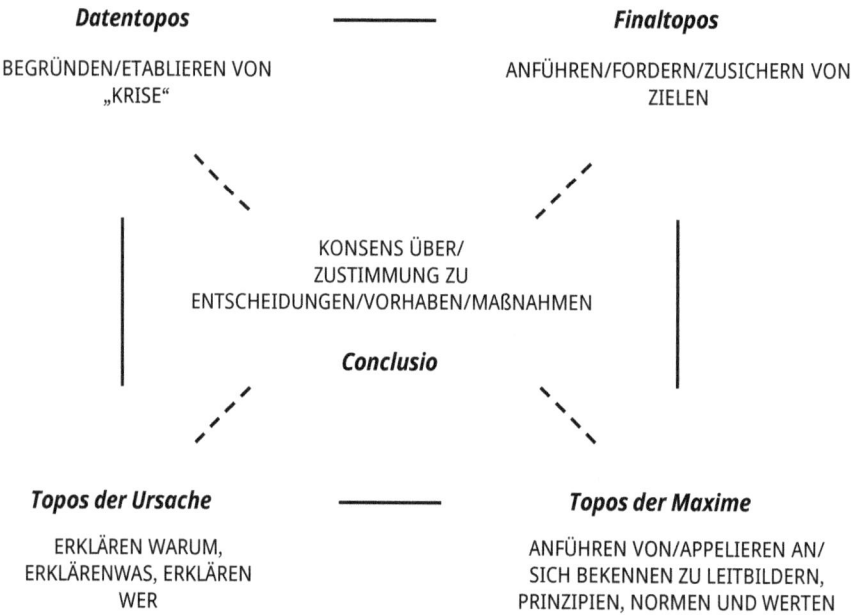

Abb. 2: Topologische Formation des Krisendiskurses (Römer 2017: 155)

Die vier abstrakten „Basistopoi", gemeint sind damit unterschiedliche Typen von Gründen, aus denen zum Zweck der Argumentation geschöpft wird, lassen sich auch als Leerstellen verstehen, die in zeitlich und thematisch eingegrenzten Diskursen gefüllt werden mit inhaltlich spezifischen Argumentationsmustern. Römer (2017) nutzt dieses Modell für den historischen Vergleich verschiedener Krisendiskurse, indem er die für jeden Untersuchungszeitraum gewonnenen inhaltlichen Argumentationsmuster in dieses Schema einsetzt und miteinander vergleicht. So lassen sich Kontinuitäten oder Veränderungen innerhalb der krisendiskurstypischen argumentativen Grundstruktur beobachten. Deren Beschreibung mündet in eine umfassende Argumentations-historiographie des sozial- und wirtschaftspolitischen Krisendiskurses in der BRD zwischen 1973 und 2003 (s. hierzu Kap. 6.3).

Aufgaben
1. Erklären Sie den Begriff des kontextspezifischen Argumentationstopos. Gehen Sie dabei auf die beiden folgenden Fragen ein: Was ist der Unterschied zu abstrakten Basistopoi? Inwiefern ist die Toposanalyse eine geeignete Methode, gesellschaftliches Wissen zu einem Diskurs zu erschließen?
2. Bestimmen Sie für einen aktuellen öffentlich-politischen Diskurs anhand eigener Recherche von Online-Medien zwei Argumentationstopoi. Erörtern Sie diese anhand von Beispielen und versuchen Sie, deren Relevanz für den gewählten Diskurs darzulegen.

5 Narrative Sprachgeschichtsschreibung

5.1 Sprachgeschichte als Mentalitäts- und Diskursgeschichte

Auch in diesem Kapitel stellen wir zunächst den Bezug zum *Kontroverse Begriffe*-Band von 1995 her, um daran anknüpfend das Ziel der Forschung zum öffentlichen Sprachgebrauch, eine Sprachgeschichte als Diskurs- und/oder *Zeitgeschichte* zu schreiben, näher zu erläutern. Denn anders als in vielen Einzeldarstellungen historisch-semantischer Entwicklungen, von Bedeutungsveränderungen einzelner Wörter, von Wortfeldern oder grammatischen Feldern wie Modalverben (vgl. dazu die vielen interessanten Beispiele in Fritz 1998; 2005; 2020) ist für diese Form der Sprachgeschichte der Bezug zur allgemeinen Geschichte konstitutiv, so dass diese in die Darstellung der Ergebnisse zwingend einfließen muss. Erst dadurch wird diese Form der Sprachgeschichte zur Wissens- und/oder Mentalitätsgeschichte und sie knüpft dabei eng an die Begriffsgeschichte (vgl. Koselleck 1972; 1979) und die *intellectual history* (vgl. Skinner 1969) der Geschichtswissenschaft an (vgl. als Überblicke dazu Müller & Schmieder 2016; 2020). In der Einleitung von *Kontroverse Begriffe* umreißt Stötzel die Idee einer narrativen Sprachgeschichtsschreibung wie folgt:

> Eine besondere Schwierigkeit besteht für die Sprachgeschichtsschreibung darin, sehr verschiedenartige Sprachwandelerscheinungen in einen Zusammenhang mit der allgemeinen Geschichte zu bringen. Veränderung in Lautung und Flexion, Wandel in Wortbildung und Satzbau vollzieht sich zum Teil in sogenannten geschlossenen Systemen, die relativ indifferent sind bezüglich geschichtlicher Ereignisse. In Abkehr von dieser mikrosystematischen Ebene versucht dies Buch, die Bedeutsamkeit des öffentlichen Sprachgebrauchs in der jüngeren deutschen Geschichte plausibel zu machen. Um dies zu erreichen, setzen wir den Gebrauch lexikalischer Mittel und kommunikativer Strategien in Beziehung zu anderen wichtigen Faktoren der Geschichte.
>
> (Stötzel 1995a: 1)

Was hier noch recht vage klingt, kann als Bezug und Vorverweis auf die Zielsetzung verstanden werden, Sprachgeschichte als soziopragmatische Sprachgeschichte und als Mentalitäts- und Wissensgeschichte zu schreiben. Einleitend zu seiner umfassenden Sprachgeschichte des Deutschen seit dem Frühneuhochdeutschen hatte von Polenz (1991: 17) bereits Sprachgeschichtsschreibung von „bloße[r] historische[r] Linguistik" abgegrenzt. Diese habe „die Aufgabe, frühere Sprachzustände als Systeme und als Inventare von Einzelfakten möglichst umfassend zu beschreiben" (Polenz 1991: 17) und sei damit vor allem eine Hilfswissenschaft für Textphilologie, Literaturgeschichte oder die prähistorische Forschung. Sprachgeschichtsschreibung sei dagegen eine „auswählende und in historischen Zusammenhängen erklärende Synthese" (Polenz 1991: 18). Das entspreche „einem modernen politischen Geschichtsbegriff" (Polenz 1991: 19), der sich u.a. durch Folgendes auszeichne: „‚für den weiteren Gang der Entwicklung bedeutsam', ‚für die Handelnden bzw. Betroffenen wichtig, wesentlich, schicksalhaft'" (Polenz 1991: 19). Dazu müssen Schreibende aus den Einzelfakten „[a]uswählen und [e]rklären

[...] mit dem Wagnis des Bewertens, Hervorhebens, Gewichtens und des Behauptens oder Wahrscheinlichmachens kausaler Zusammenhänge zwischen Sprache und außersprachlichen Faktoren" (Polenz 1991: 18). Es habe sich auf dieser Grundlage und im Rahmen der pragmatischen Wende der Linguistik „eine sozialgeschichtlich und kommunikationsgeschichtlich orientierte Sprachgeschichtsschreibung" (Polenz 1991: 21) entwickelt, die von Polenz (1991: 22) „soziopragmatische Sprachgeschichtsschreibung" nennt und die er in seinem dreibändigen Werk durchgehend praktiziert, indem er sprachliche Entwicklungen in Medien-, Bildungs-, Sozial- und auch politische Geschichte einordnet. In dieser Tradition sieht sich auch diese Einführung in den öffentlichen Sprachgebrauch, wenn sie Sprach- als Diskurs- und Mentalitätsgeschichte zu schreiben lehren möchte.

Fritz Hermanns hat schon 1995 auf eine Lücke in diesem Programm der soziopragmatischen Sprachgeschichte hingewiesen. Es geht ihm um einen neuen, anderen Akzent, er entwirft das Programm einer „Sprachgeschichte als Mentalitätsgeschichte". Er versteht sie als „Komponente" einer „als Gesellschafts- und Sozialgeschichte aufgefaßten Sprachgeschichte" (Hermanns 2012 [1995]: 6). Sie biete der Sprachgeschichtsschreibung die Chance, mehr zu sein als *„nur Wort- und Formgeschichte"* (Hermanns 2012 [1995]: 7). Worin genau besteht dieses Mehr? Es sei das, was auch die Geschichtswissenschaft an Sprache interessiere, nämlich

> daß sich in ihrem Sprachgebrauch, in ihrer Sprache zeigt, wie Menschen in verschiedenen historischen Epochen und verschiedenen sozialen Gruppen unterschiedlich *denken, fühlen, wollen* und wie umgekehrt der Sprachgebrauch ihr Denken wie ihr Fühlen und ihr Wollen mitprägt; kurz: ihre *Mentalität* im Sinne der Mentalitätsgeschichte. [...] Sprachgebrauch zeigt kollektives Denken, Fühlen, Wollen einer Sprachgemeinschaft. Daher ist Beobachtung von Sprachgebrauch ein Königsweg der wissenschaftlichen Erkenntnis von Mentalität.
>
> (Hermanns 2012 [1995]: 7)

Über das bisher hier skizzierte Interesse hinaus, öffentlich-politischen Sprachgebrauch daraufhin zu untersuchen, welche kollektiven Wissenssegmente bezüglich eines Themas sich über die Zeit verändern oder gleichbleiben, betont der Begriff der Mentalitäten neben den Kognitionen auch die Emotionen und Intentionen, neben dem Denken/Wissen das Fühlen und Wollen von sozialen Gruppen, die durch Sprachanalyse zu erforschen sind. Eine zu untersuchende Mentalität im Sinne der Mentalitätsgeschichte ist dann definiert als „1) die Gesamtheit von 2) Gewohnheiten bzw. Dispositionen 3) des Denkens und 4) des Fühlens und 5) des Wollens oder Sollens in 6) sozialen Gruppen." (Hermanns 2012 [1995]: 13)

Neben dem Ziel, durch eine Analyse öffentlichen Sprachgebrauchs Wissensgeschichte erforschen und schreiben zu wollen, was auch als *Linguistische Epistemologie* (Busse 2013 u.ö.) bezeichnet wird, ist also auch das Ziel einer Mentalitätsgeschichte im definierten Sinn wichtig. Als Bezeichnung für diese Art von Sprachgeschichtsschreibung hat sich – daher der Titel unseres Buches – auch *Linguistische Diskursgeschichte* (Römer 2017) eingebürgert.

5.2 Sprachgeschichte und Zeitgeschichte

Linguistische Diskursgeschichte fokussiert also auf die Bedeutsamkeit von Sprache für geschichtlich-gesellschaftliche Prozesse im Sinne der in Kap. 1 begründeten realitätskonstitutiven Kraft der Sprache, erzählt Wort- oder Argumentationsmuster-Geschichten, um Kontinuitäten und Veränderungen im Denken, Fühlen und Wollen gesellschaftlich relevanter sozialer Gruppen zu präsentieren. Und sie zeigt im besten Fall, welche Denkweisen und Bewertungen zu gesellschaftlich umstrittenen Problemfeldern sich durchgesetzt haben, welche denk- und sagbar waren oder an den Rand gedrängt wurden und kaum noch denk- und sagbar waren. Im Vorgriff auf das nächste Kapitel seien zwei Beispiele dafür genannt, wie sich aus dieser Perspektive Geschichtsschreibung, die diese Relevanz von Sprache verkennt, von einer Sprachgeschichtsschreibung, die Diskurse mit dem genannten Fokus untersucht, unterscheidet:

Zeithistoriker:innen beschreiben, dass und wie der Sozialstaat seit Beginn der 1980er Jahre *überfordert* gewesen sei, dass es zu hohe Sozialausgaben und zu hohe Steuern für Unternehmen gegeben habe und dass daher *Reformen* der Sozialsysteme und des Steuersystems notwendig gewesen seien, die dann in die Agenda 2010 mit Hartz IV, Riester-Rente etc. gemündet seien (vgl. z.B. Recker 2005: 106–108). Die Diskursgeschichtsschreibung zeigt demgegenüber auf, dass die soeben als *Fakten* genannten Dinge im Sprechen über diese Themen, im gesellschaftlichen Diskurs von zu benennenden Gruppen mit bestimmten Intentionen, Interessen und Weltanschauungen als Tatsachen geschaffen worden sind, dass es ihnen gelungen ist, dies als „wahre" oder „richtige" Beschreibung der gesellschaftlichen Lage zu etablieren und auf dieser Grundlage die entsprechenden politischen Maßnahmen durchzusetzen (vgl. dazu Römer 2017; Kap. 6.3 in diesem Buch).

Auch beim Thema Migration könnten Zeithistoriker:innen erzählen, dass in den Jahren 1992/93 und 2015/16 eine hohe Zahl von flüchtenden Menschen, die in Deutschland ankamen, den Staat *überlastet* und ihn dazu gebracht hätten, das Asylrecht und die Möglichkeit legaler Zuwanderung zu erschweren und dass dadurch die Zahl der aufzunehmenden Menschen zurückgegangen sei. Sprachhistoriker:innen hätten zu erforschen und zu beschreiben, mit welchen sprachlichen Mitteln (z.B. argumentativ mit dem BELASTUNGS- oder KULTUR-TOPOS, begrifflich mit Wörtern wie *Scheinasylanten, Wirtschaftsflüchtlinge* oder *Flüchtlingskrise*, metaphorisch mit Wasser- und Militärmetaphorik: *Flüchtlingswelle* und *Ansturm der Armen*) das Ankommen der Menschen als Problem bewusst von Diskursakteur:innen mit dem Ziel konstruiert worden ist, darauf aufbauend entsprechende restriktivere Einwanderungsregelungen durchzusetzen (vgl. dazu Wengeler 2003; Kap. 6.2 in diesem Buch).

Deutlich soll mit diesen Beispielen werden, dass es bei der sprachgeschichtlich interessierten Untersuchung des öffentlichen Sprachgebrauchs um gesellschaftlich bedeutsame Phänomene geht, für deren Darstellung zwar auch auf die Sachgeschichte zurückzugreifen ist, die bei der Sprachgeschichtserzählung auch mitzuerzählen ist, dass der Fokus aber immer auf der Relevanz der Sprache liegt, d.h. wie mit ihr die gesellschaftliche Wirklichkeit überhaupt erst als Realität für uns heterogen, in Konkurrenz verschiedener Sichtweisen konstruiert wird und sich eine Sichtweise als „wahre" und „richtige" Interpretation durchsetzt. Beantwortet werden können damit Fragen wie:

> Was verrät uns die Verwendung von Sprache in verschiedenen Themenfeldern [...] über das in diesen Bereichen verbreitete gesellschaftliche Wissen und kollektive Wirklichkeitsbewusstsein? Welche Denk- und Bewertungsmuster werden in der alltäglichen Praxis der sprachlichen Verhandlung von Gegenständen in öffentlichen Diskursen auf diese angewendet [...]?
> (Römer 2017: 9)

Während mit den in Kap. 4 behandelten Methoden solche Fragen beantwortet werden sollen, ist das Ziel solcher Untersuchungen des öffentlichen Sprachgebrauchs eine erzählende bzw. narrative Darstellung von Sprachgebrauchsentwicklungen über einen mehr oder weniger langen Zeitraum und somit die Vermittlung von Veränderungen im kollektiven Denken sozialer Gruppen.

5.3 Sprachgeschichtserzählungen

Angesichts vielfältiger Möglichkeiten der Darstellung sprachgeschichtlicher Forschungsergebnisse (vgl. Fritz 2020) wird also hier der Fokus auf die Erzählung gerichtet, auch wenn diese z.B. mit Wortverlaufskurven oder Darstellungen von Kollokationen wichtiger Wörter oder vom Zusammenspiel verschiedener Argumentationsmuster zusätzlich gestützt werden kann. Statt eines Referats der vielfältigen Diskussion über die Rolle des Erzählens in der Geschichtswissenschaft schließen wir uns hier einem Historiker an, der eine umfassende Geschichtserzählung des Mittelalters vorgelegt hat:

> Das unterscheidet meines Erachtens die Historiker von allen anderen Wissenschaftlern. Es geht bei uns nicht nur um Analyse und Kritik, sondern auch um die Darstellung des Erkannten. [...] Jede Geschichtserzählung bedarf einer historischen Deutungsabsicht. [...] Die Geschichte kennt kein Ziel. Aber die Geschichtserzählung braucht eines. [...] Ich halte sie [die Geschichtserzählung] für die unverwechselbare und wichtigste Leistung historischer Wissenschaft.
> (Michael Borgolte im Interview mit der FRANKFURTER RUNDSCHAU 29. Juli 2022: 23)

Bezüglich der Darstellung von Sprachgeschichte(n) hat Gerd Fritz' umfangreiche Reflexionen der Möglichkeiten des Beschreibens, Erzählens und Erklärens semantischer Entwicklungen, also vor allem von Bedeutungsveränderungen von Wörtern und Wortfeldern vorgelegt. In verschiedenen Zusammenhängen kommt er dabei auch auf die hier interessierende gesellschaftlich relevante, öffentlich umstrittene und sich dadurch verändernde Lexik zu sprechen und betont, dass diese nur im Rahmen von Erzählungen der geschichtlichen Zusammenhänge angemessen vermittelt werden kann. Als Beispiele bevorzugt er Wortgeschichtserzählungen aus Matthias Jungs Arbeit (1994) über den Atomenergiediskurs, z.B. über *Restrisiko* (Fritz 2020: 42–43), und er fügt eine eigene

„Erweiterung der Minimalgeschichten" (Fritz 2020: 38), wie er solche Erzählungen nennt, hinzu. Systematisch gehören nach Fritz (vgl. 2020: 38–50) zu einer Wortgeschichtserzählung:
1. Beschreibung von Formen und Kontexten der Innovation
2. Hinweis auf eine bestimmte Verwendungsweise als Ausgangspunkt der Innovation
3. Angabe einer Verwendungsweise als *missing link*
4. Angabe von Kontexten der Innovation
5. Hinweise auf Verfahren der Innovation
6. Hinweise zur Verbreitungsgeschichte von Innovationen.

Jungs Geschichte von *Restrisiko* ordnet er den „Angaben von Kontexten der Innovation" zu. Fritz' Kapitel kulminiert in zwei Beispielen für „Bedeutungsgeschichten und Diskurse", in denen er die Geschichte des Ausdrucks *Pietisten* als kontroversen Begriff um 1700 erzählt (vgl. Fritz 2020: 51–53) und Storjohanns (2007) Darstellung von *Globalisierung* referiert (vgl. Fritz 2020: 54–55); dessen Geschichte wird allerdings bei Hermanns (2003) im Sinne dieses Einführungsbuches weitaus interessanter und geschichtlich umfassender erzählt. Eine weitere kurze Diskursgeschichte schließt Fritz (2020: 161–166) mit der Erzählung zum *Ausstieg* (aus der Kernenergie) an.

Hier wird also die Ebene der Entwicklung von Schlüsselwörtern, auf der in dieser Einführung Sprach- als Wissens- und Mentalitätsgeschichte beschrieben wird, im Rahmen allgemeinerer Überlegungen zu Darstellungsformen für historisch-semantische Entwicklungen exemplarisch als Vorbild für Sprachgeschichtserzählungen vorgeführt. Dass dieses Darstellungsformat für den öffentlich-politischen Sprachgebrauch besonders geeignet ist und dass es in *Kontroverse Begriffe* zumindest teilweise gelungen umgesetzt ist, wird von Fritz resümierend betont, und seine eigenen Beispiele schließen darstellerisch auch daran an:

> Wie wir am Beispiel *Restrisiko* schon gesehen haben, ist es zum Verständnis der Einführungs- und Gebrauchszusammenhänge mancher Ausdrücke nötig, Ausschnitte aus ganzen Diskursen zu präsentieren, in denen diese Ausdrücke eine (zentrale) Rolle spielen. Das gilt insbesondere für Ausdrücke, die als Themenkennzeichnung für (Teil-)Diskurse verwendet werden, beispielsweise *Globalisierung*, *Ausstieg* oder sogar *Beton*. [...] Im Falle von *Restrisiko* war es der Diskurs über die Atomenergie in Deutschland, von dem ausschnittsweise erzählt wurde. Wie dieses Beispiel schon zeigt, sind es häufig gerade Kontroversen, die Anlass geben, bestimmte Ausdrücke prominent und manchmal kontrovers zu verwenden.
>
> (Fritz 2020: 51)

> Muster für die Art der Geschichten, wie sie als Erweiterung von Minimalgeschichten erzählt werden können, finden sich beispielsweise in den Beiträgen zum Band „Kontroverse Begriffe" von Stötzel/Wengeler (1995) [...] In manchen Artikeln gewinnt passagenweise die politisch-historische Darstellung das Übergewicht gegenüber dem sprachgebrauchshistorischen Erzählen, ein Balanceproblem, das nicht immer leicht zu lösen ist.
>
> (Fritz 2020: 53)

Dass das Darstellungsproblem einer erzählenden Sprachgeschichte als Diskurs-, Wissens- oder Mentalitätsgeschichte für die Untersuchungskategorien Metaphernfelder und Argumentationsmuster noch schwieriger zu lösen ist, zeigen die Arbeiten von Böke (1997), Kuck (2018), Wengeler (2003) und Römer (2017). Erst nach umfassenden systematischen Darstellungen unterschiedlicher Zeitschnitte des sich wandelnden oder gleichbleibenden Gebrauchs von Metaphern und Argumentationstopoi werden in den jeweiligen Schlusskapiteln die sprach- und wissenshistorischen Entwicklungen erzählend zusammengefasst. Dazu als Beispiel ein Ausschnitt aus dem Resümee von Kucks (2018: 370–371) Metaphernanalyse zu Wirtschaftskrisendiskursen:

> Während im Ölkrisendiskurs [1973] der Staat bzw. Politiker als STEUERNDE INSTANZEN konzeptualisiert wurden, die für den richtigen Weg der Volkswirtschaft verantwortlich waren, so wurde in den Standort-Debatten [1997] und den Debatten um die Agenda 2010 [2003] der Staat als störende Instanz für die sich globalisierende Wirtschaft und die sich daraus entwickelnden WIRTSCHAFTSKRÄFTE dargestellt. Sie wiesen den Politikern Mitte der 1990er Jahre die Aufgabe zu, der Wirtschaft die größtmögliche BEWEGUNGSFREIHEIT zu verschaffen. In den Metaphern der Wirtschaftsliberalen war es ein Befreien aus den FESSELN der Regulierung. Diese Sichtweise setzte sich in den darauffolgenden Jahren zunehmend durch. Anstatt eine GESTEUERTE war die Wirtschaft nun eine sich eigenständig (FORT-)BEWEGENDE Entität.

Fritz benennt für solche sprachgeschichtlichen Erzählungen einige allgemein gefasste Kriterien, die hier als Anregung für die Beurteilung fremden und eigenen Forschens präsentiert seien: „Historisch-semantische Geschichten sollten [außer dass sie ‚ausreichend [d]etailliert' zu sein haben] *zutreffend, glaubwürdig, widerspruchsfrei, kohärent, übersichtlich, plausibel, interessant* und *lehrreich* sein." (Fritz 2020: 25)

5.4 Periodisierungen, Umbrüche, Zäsuren

Betrachtet man Geschichte und Sprachgeschichte Einzelthemen und Einzelwörter übergreifend und will z.B. eine Geschichte des öffentlichen Sprachgebrauchs für das 20./21. Jahrhundert schreiben bzw. erzählen, so stellt sich die Frage und damit auch die Aufgabe der Periodisierung, also der Möglichkeit, Umbruchphasen, Zäsuren zu erkennen und sie nach begründeten, nachvollziehbaren Kriterien festzulegen und zu beschreiben. Während die Geschichtswissenschaft sich dabei oft an Ereignissen orientiert, um z.B. mit dem Beginn der europäischen Eroberung Amerikas das Mittelalter enden und die Neuzeit beginnen zu lassen oder mit der Wiedervereinigung eine Epoche der deutschen Geschichte enden und eine neue beginnen zu lassen, kann die Sprachgeschichtsschreibung sich zwar einerseits auch an solch einschneidenden Ereignissen orientieren. Sie muss andererseits aber auch weitere, für die Entwicklung der Sprache möglicherweise genauso wichtige Aspekte wie die Medien- und Textsortengeschichte einbeziehen, um einschneidende Veränderungen zu erkennen und somit Phasen, Epochen, Zäsuren zu benennen und zu beschreiben.

So gibt es neben von Polenz' (1983) Idee, „aufgrund der allgemeinen Verbreitung des Fernsehens und des Telefonierens [...] eine Zäsur um 1960 anzusetzen" (Stötzel 1995a: 5) – als einem mediengeschichtlich motivierten Vorschlag für eine neue Phase der jüngeren Sprachgeschichte – weitere Vorschläge, bezüglich der Grobeinteilung der deutschen Sprachgeschichte in 300 Jahre-Schritte (Althochdeutsch von 750 bis 1050, Mittelhochdeutsch von 1050 bis 1350, Frühneuhochdeutsch von 1350 bis 1650, Neuhochdeutsch seit 1650) mit der Zeit seit etwa 1950 eine neue Epoche zu bestimmen. Dafür werden Bezeichnungsvorschläge wie *Spätneuhochdeutsch* (Weber 1979), *Gegenwartsdeutsch* (Elspaß 2008), *E-Deutsch* (Bär 2000) oder *Normdeutsch* (Ernst 2007) gemacht. Für den hier interessierenden öffentlichen Sprachgebrauch des 20./21. Jahrhunderts ist diese Zäsursetzung allerdings einerseits zu grob und andererseits berücksichtigt sie zu wenig allgemeingeschichtliche Aspekte, die dafür mitverantwortlich sind, dass Sprache in ihrer hier im Mittelpunkt stehenden realitätskonstitutiven Funktion relevant wird (eine alternative, themenabhängige sprachgeschichtliche Zäsursetzung wird im folgenden Kapitel vorgeschlagen).

Ebenso stark auf die Medienentwicklung bezogen ist Josef Kleins Plädoyer, bezüglich der politischen Sprache die jeweils neu aufkommenden Techniken des Lautsprechers, des Radios (seit 1923 in Deutschland) und des Fernsehens (seit 1951/52 in Deutschland) als wichtige Einflussgrößen für Veränderungen in der politischen Rede zu beachten (vgl. Klein 2003: Sp. 1498–1500). Hinzuzufügen wäre dann das Aufkommen des Internets seit etwa der Jahrtausendwende.

Sehr eng an die allgemeine Geschichte angelehnt sind Heidrun Kämpers Vorschläge für eine Sprachgeschichte als Umbruchgeschichte insbesondere des 20. Jahrhunderts. Sprachgeschichte habe „die Aufgabe, zeitgeschichtlich relevanten, auf unsere Gegenwart in spezifischer Weise bezogenen Sprachgebrauch zu erklären und zu beschreiben vor dem Hintergrund der jeweiligen gesellschaftlichen und politischen Gegebenheiten" (Kämper 2007b: 430), denn eine „historische Semantik [sei] ohne sozialhistorische Fundamentierung und Zielsetzung schlechterdings undenkbar" (Busse 2003: 10). Der oder die sprachgeschichtlich Analysierende muss aber entsprechend nicht nur über die sach- und ereignisgeschichtlichen Zusammenhänge des Sprachgebrauchs, der in den Blick genommen wird, viel wissen, sondern dieses Wissen vor allem auch in die Analyse einbringen – allerdings vor allem im Hinblick darauf, wie der Sprachgebrauch selbst das zeitgenössisch Wahrgenommene mitkonstruiert und nicht in der Weise, dass Sprache als etwas angesehen wird, worin sich diese Zusammenhänge spiegeln.

Aus dieser engen Verzahnung von Geschichte und Sprachgeschichte leitet Kämper ihre Umbruchphasen ab. Umbrüche seien synchronisch zu untersuchen und darzustellen: „Ein sprachlicher Umbruch ist der Beginn von sprachlichen Veränderungen, die, wenn sie von der Ereignis- auf die Zeitebene übergehen, Sprachwandel zur Folge haben können." (Kämper 2007b: 431) Kollektive Umbruchsituationen seien „im Rahmen einer pragmatischen, sozialgeschichtlich angelegten Sprachgeschichte [...] plötzliche gesellschaftliche oder politische Veränderungen" (Kämper 2007b: 431). „Sprachlich manifeste Umbruchphänomene" seien ohne den Bezug „auf Daten der politischen Geschichte, der

Gesellschaftsgeschichte nicht zu denken" (Kämper 2007b: 431) und folglich auch nicht zu beschreiben. Auf Grundlage dieses engen Konnexes zwischen Sprach- und allgemeiner Geschichte benennt Kämper (2007b: 423) acht „Zäsuren der Umbruchgeschichte seit 1870/71", von denen sie inzwischen die Zeiten 1918/19, 1945 und 1968 umfassend untersucht und vor allem diskurslexikographisch, d.h. in Form von Diskurswörterbüchern (vgl. Kämper 2007a; 2013) dokumentiert hat, aber auch in diese begleitenden, eher die Sprachgeschichte erzählenden Monographien (vgl. Kämper 2005; 2012). Die übrigen Zäsuren sind 1870/71, 1900, 1914, 1933 und 1989/90 (vgl. Kämper 2007b: 432).

Im Buch *Politische Leitvokabeln in der Adenauer-Ära* (Böke, Liedtke & Wengeler 1996) wird ausdrücklich auf die Sattelzeit-Hypothese des zentralen Referenzwerks zur Begriffsgeschichte der Historiker *Geschichtliche Grundbegriffe* (GG) (Brunner, Conze & Koselleck 1972–1997) zurückgegriffen und der untersuchte Zeitraum 1945 bis 1961 als „,Sattelzeit' für bundesrepublikanische Diskussionen und Begrifflichkeiten" (Wengeler, Böke & Liedtke 1996: V) bezeichnet:

> In diesem Zeitraum entstehen in vielen Themenfeldern, allein schon bedingt durch die neuen innen- und weltpolitischen Konstellationen, neue Wörter oder Wortbedeutungen, die zumindest bis zur Vereinigung der beiden deutschen Staaten im Jahre 1990 auch über den Zeitraum bis 1961 hinaus die politischen Debatten geprägt haben.

Andererseits hat die Untersuchung der „Diskursgeschichte der Weimarer Republik" (Eitz & Engelhardt 2015) gezeigt, dass viele Diskurse der Bundesrepublik ihre sach- und sprachgeschichtlichen Vorläufer mit ähnlichen Themen, Argumentationsmustern und Begrifflichkeiten schon in der Weimarer Republik hatten. Als Beispiele dafür können der wirtschafts- und sozialpolitische Diskurs (Eitz & Engelhardt 2015: Bd. 1, 228–326), der Diskurs um den Paragraphen 218 (Eitz & Engelhardt 2015: Bd. 2, 115–164) oder der Bildungsdiskurs (Eitz & Engelhardt 2015: Bd. 2, 313–338) genannt werden.

Von „Zäsuren" im öffentlich-politischen Sprachgebrauch ist auch in *Kontroverse Begriffe* die Rede: „Eine Sprachgeschichte, die 1945 beginnt, setzt das Ende der nationalsozialistischen Gewaltherrschaft als sowohl politisch wie auch sprachhistorisch bedeutsame Zäsur." (Stötzel 1995b: 19) Auch hier ist also der enge Zusammenhang von Ereignis- und Sprachgeschichte ausschlaggebend für die Zäsursetzung, denn „der *demokratische Neuanfang* in den Westzonen [ist] ein tiefgehender Einschnitt in der öffentlichen, durch Sprache vermittelten Bewußtseinsbildung" (Stötzel 1995b: 19). Dies wird von Stötzel (1995b: 19) gesetzt „trotz aller Kontinuität der nationalsozialistisch geprägten Welt- und Wertorientierung im alltäglichen Sprachgebrauch", durch die es ja auch möglich ist, die Zäsur 1945, so wie es von Polenz (1978) getan hat, in Frage zu stellen. Der nun wieder (wie in der Weimarer Republik) entstehende öffentliche „Sprachmarkt" (Stötzel 1995a: 7, übernommen von Steger 1989), auf dem konkurrierende Gruppen ihre heterogenen Weltansichten zu Markte tragen und dabei auch aushandeln, welcher Sprachgebrauch passend/angemessen ist sowie für und gegen bestimmte Problemlösungen argumentieren, ist allerdings ebenso ein guter Grund, 1945 auch als sprachgeschichtliche Zäsur zu setzen, wie dafür, 1933 als eine solche zu nehmen.

„Sicherlich werden die Jahre 1989/90 als Zäsur, die ‚das Ende der Nachkriegszeit' markiert, anerkannt werden", vermutet Stötzel (1995a: 5) schon kurz nach der Wiedervereinigung. Diese gesellschaftlich, politisch, kulturell und ökonomisch weitreichende Zäsur besteht in ihrem ereignisgeschichtlichen Kern in der Beendigung der Ost-West-Konfrontation als Kaltem Krieg und im staatsrechtlichen Beitritt der DDR zum Geltungsbereich des bundesrepublikanischen Grundgesetzes. Der Diskurs über die *innerdeutschen* Verhältnisse, über Ost- und Westdeutsche, die *Einheit der Nation* und die je nach Perspektive mehr oder minder erfolgreiche Beseitigung der *Mauer in den Köpfen* hat im öffentlichen Raum seit den 1990er Jahren einen festen Platz und stellt schon daher in verschiedenen Bereichen auch einen diskursgeschichtlichen Einschnitt dar. In vielfältiger Weise (vgl. z.B. die Beiträge und diesbezüglichen Zusammenfassungen in Roth & Wienen 2008 sowie in Roth & Pappert 2024) sind seither auch diskurssemantische und auf öffentlichen Sprachgebrauch bezogene Studien durchgeführt worden, die zeigen, wie Ost- und Westdeutschland als unterschiedlich konstruiert werden und die eine solche Zäsursetzung plausibel machen.

Expliziter diskutiert worden ist in der Sprachgeschichtsschreibung der Gegenwart die Zäsur „1968", die Wengeler, angestoßen durch Stimmen im öffentlichen Raum, damit begründet hat, dass es seither zu „einer verstärkten Kritik am *herrschenden* Sprachgebrauch" und so – vor allem in den sog. Neuen Sozialen Bewegungen wie der Frauen-, Umwelt- und Friedensbewegung – „zur verstärkten Sensibilität gegenüber sprachlichen Phänomenen" (1995a: 384) gekommen sei. Die Sprachkritik der konservativen Seite seit 1972 an der angeblichen Sprachherrschaft der Linken habe zudem insgesamt zu einem „verstärkten öffentlichen Streit um die Sprache" (Wengeler 1995a: 384) geführt, so dass gelte,

> daß sich seit 1968 ein wichtiger Einschnitt ereignet hat, der nicht zu der von der referierten Sprachkritik befürchteten Sprachherrschaft der Linken und zur Herrschaft des linken Wortschatzes geführt hat, aber zu erhöhter Sprachsensibilität in vielen politischen Bereichen und zu einem erhöhten auch sprachlichen Einfluß nicht-traditioneller, nicht-konservativer Strömungen, wie es ihn in den ersten 15 bis 20 Jahren in der bundesrepublikanischen Gesellschaft nicht gegeben hat.
> (Wengeler 1995a: 401)

Auch Kämper betrachtet 1968 als eine der Umbruchphasen des 20. Jahrhunderts und hat sie diskurslexikographisch intensiv untersucht. Mattheier (2001) und Scharloth (2010; 2012) setzen sich ebenfalls sprachgeschichtlich intensiv mit dieser Phase auseinander und zeigen differenziert, in welchen kommunikativen Bereichen „1968" zu spürbaren Neuerungen und Veränderungen geführt hat. So beobachtet schon Mattheier eine „Verumgangssprachlichung" der öffentlichen Kommunikation und dass mit „1968" neue Bevölkerungsgruppen, insbesondere junge Menschen, öffentlichen Gebrauch von der Standardsprache gemacht hätten (vgl. Mattheier 2001: 82), und Scharloth zeigt an instruktiven Beispielen eine Informalisierung und Emotionalisierung in der öffentlichen Kommunikation. Dies lasse sich als ein neuer Kommunikationsstil im öffentlichen Sprachgebrauch charakterisieren (vgl. Scharloth 2012: 52).

5.5 Themenabhängige sprachgeschichtliche Zäsuren nach 1945

Statt solcher Grobzäsuren ist es aber möglicherweise sinnvoller, bei Erzählungen der Sprachgeschichte als Zeitgeschichte, die sich an Themen orientieren, für diese Themen jeweils Phasen und Zäsuren zu erkunden, festzulegen und zu beschreiben. Dies wird im Folgenden, auch als Vorgriff zum folgenden Kapitel, an drei Themen illustriert.

Das Themenfeld Äußere Sicherheit wurde als öffentlich intensiv geführte Debatte in der Zeit des Kalten Krieges auf rüstungspolitische Fragen zugespitzt. Nach 1990 konzentrierten sich die Auseinandersetzungen auf die Frage von Militäreinsätzen weltweit, mit Russlands Überfall auf die Ukraine im Jahr 2022 wendeten sie sich wieder den Verteidigungsfähigkeiten Westeuropas zu. Dabei wurden solche Fragen in sicherheitspolitischen Fachkreisen sicherlich durchgängig thematisiert und diskutiert, öffentlich brisante Diskussionen um diese Fragen haben sich aber auf bestimmte Zeitphasen mit konkreten Fragestellungen konzentriert. So stellte 2016 eine Politikwissenschaftlerin fest: „Außen- und Sicherheitspolitik ist generell kein Thema, das die Deutschen besonders bewegt." (Kunz 2016: 90) Die Aussage stimmt gegebenenfalls für den Zeitraum, in dem sie getätigt wurde, aber nicht generell. So kann für die Jahre 1948 bis 1955 mit der Wiederbewaffnungsdiskussion (vgl. dazu Wengeler 1992; 1995b) eine erste Phase öffentlich brisanter und breiter sicherheitspolitischer Debatten festgemacht werden, die mit der Gründung der Bundeswehr und dem NATO-Beitritt der BRD endete. Demgegenüber war die zweite Phase mit der Idee, die Bundeswehr mit eigenen Atomwaffen auszurüsten, mit der *Kampf dem Atomtod!-Bewegung* und entsprechenden Diskussionen in den Jahren 1957/58 weitaus kürzer. Die folgenden zwanzig Jahre waren mit den *Ostermärschen* gegen Aufrüstung, mit Rüstungskontrollverhandlungen oder mit Diskussionen um die sog. *Neutronenbombe* zwar auch sicherheitspolitisch durchaus relevant, aber in der öffentlichen Diskussion kein sehr breit diskutiertes Themenfeld. Debatten um den Vietnamkrieg waren ein wichtiges internationales Thema mit Folgen für Diskurse in Deutschland (Studentenbewegung, „linker" Terrorismus etc.), hatten aber keine Auswirkungen auf in Deutschland anstehende Entscheidungen und können insofern nicht zu sicherheitspolitischen Diskursen gerechnet werden.

Breite öffentliche Aufmerksamkeit erhielten sicherheitspolitische Fragen erst wieder mit dem sog. *NATO-Doppelbeschluss* von 1979, durch den für die kommenden etwa fünf Jahre bis zur Stationierung neuer Atomraketen in Westeuropa eine sehr breite außerparlamentarische Opposition entstand, die bald *Friedensbewegung* genannt wurde und für eine der intensivsten Debatten um ein Thema in der Geschichte der Bundesrepublik sorgte. Ob die wiederkehrenden Diskussionen um eine Beteiligung der Bundeswehr an Militäreinsätzen außerhalb der Landesgrenzen (*out of area*) nach dem Ende des Kalten Krieges von den Jugoslawien-Kriegen in den 1990er Jahren bis zum Einsatz in Mali Anfang der 2020er Jahre als eine mit Unterbrechungen mehr oder weniger intensiv geführte Phase sicherheitspolitischer Diskurse betrachtet oder z.B. in mindestens zwei Phasen der Diskussionen um Bundeswehreinsätze bezüglich Ex-Jugoslawien bis zur Jahrtausendwende einerseits, bezüglich Afghanistan ab 2001 andererseits unterteilt werden sollten, müsste die auch sprachgeschichtliche Forschung (vgl. Happ 2024; Wengeler & Kuck 2022) noch erweisen. Die jüngeren Debatten um das *Zeitenwende*-Aufrüstungsprogramm und die wiederherzustellende Verteidigungsfähigkeit Deutschlands und des Westens stellen vom Gegenstand her und damit wohl vermutlich auch sprachlich-argumentativ eine eigene sicherheitspolitische Diskursphase dar.

Auch die sprach- und diskursgeschichtlichen Untersuchungen zum Migrationsdiskurs lassen vier Diskursphasen erkennen, für die sowohl der mentalitätsgeschichtlich relevante Wortschatz (Schlüsselwörter) als auch Metaphernfelder und Argumentationsmuster eruiert und verglichen werden können (vgl. Wengeler 1995c; 2003; Böke 1996c; 1997). Zunächst wurde bis in die späten 1950er Jahre über die Menschen diskutiert, die aus den ehemals deutschen Gebieten Polens, der Sowjetunion und anderer Staaten nach Deutschland gekommen waren, die selbst *Heimatvertriebene* heißen wollten und deren *Eingliederung* intensiv öffentlich verhandelt wurde. Zwar waren durch Anwerbeabkommen schon ab 1955 südeuropäische Arbeitskräfte nach Deutschland gekommen, was auch öffentlich schon registriert und worüber berichtet wurde. Ein brisantes öffentliches Thema stellten ihre Anwesenheit und die Möglichkeiten ihrer *Integration* aber erst seit dem Erstarken der NPD 1967/68 und dann insbesondere in den 1970er Jahren in der Folge des Anwerbestopps von 1973 dar. Ab etwa 1980 wurde die *Gastarbeiter*-Diskussion dann durch öffentlich zunehmend kontrovers geführte Debatten um das Asylrecht, um sog. *Asylanten* und als deren Höhepunkt um die Einschränkung des GG-Art. 16 „Politisch Verfolgte genießen Asyl" 1992/93 zunächst überlagert und dann abgelöst. Letzteres stand auch im Zusammenhang mit der Zunahme von Flüchtlingen vor den Balkankriegen der 1990er Jahre, die sich nicht auf das Asylrecht berufen können sollten.

Nachdem der GG-Art. 1993 geändert worden war, verschwand die Migrationsdebatte über lange Zeit aus dem Zentrum öffentlicher Diskurse, auch wenn die Diskussionen um die doppelte Staatsbürgerschaft und um die Arbeit der Zuwanderungskommission um Rita Süssmuth mit ihren nicht-restriktiven und verschiedene Interessen der Fachkräftezuwanderung und des politischen Asyls berücksichtigenden Vorschlägen um die Jahrtausendwende herum das Thema in Fachkreisen aktuell hielten und es auch schon einmal in Wahlkämpfen (Unterschriftenaktion der CDU gegen die Möglichkeit der doppelten Staatsangehörigkeit im Hessen-Wahlkampf 1999) instrumentalisiert wurde. Es war aber öffentlich weniger präsent und brisant als in den Phasen zuvor. Dennoch wäre zu überlegen, diese Zeit als eine eigene Phase des Migrationsdiskurses zu untersuchen (vgl. etwa Krieger 2005). Auch wenn später das Sterben von Bootsflüchtlingen im Mittelmeer wie bei der Katastrophe vor Lampedusa im Oktober 2013 ab und zu die öffentliche Aufmerksamkeit auf sich zog, begann eine neue Phase des Migrationsdiskurses doch wohl erst mit dem „Sommer der Migration" von 2015, für den der Ausdruck *Flüchtlingskrise* sehr verbreitet ist. Die anfängliche *Willkommenskultur* wurde schnell von Debatten um weitere Asylrechtsbeschränkungen (*Asyl-Pakete*) und um *Obergrenzen* der Zuwanderungszahlen abgelöst, und die rechtsextreme Partei AfD nutzte das Thema für Stimmungsmache gegen Migrant:innen und für ihre rassistischmenschenfeindlichen Positionen und hatte damit Erfolg. Die entsprechenden Debatten seither können als eigene Phase des Migrationsdiskurses mit den vorherigen Phasen verglichen werden und halten wohl ebenso interessante Gemeinsamkeiten und Unterschiede auf den Ebenen der Lexik wie der Metaphern und der Argumentationen (vgl. dazu z.B. Belosevic 2022) zu den vorangehenden Phasen bereit. Als ein Nebenstrang oder ein Teildiskurs dieser Phase könnte auch der real und diskursiv von vorangehenden Debatten und Handlungen auffällig abweichende Umgang mit Flüchtlingen aus der von Russland überfallenen Ukraine gesondert betrachtet werden. Im besten Fall hätte die politisch und medial unaufgeregte und akzeptierende Stimmung gegenüber ukrainischen Migrant:innen eine neue, eigene Phase eines sich durch Toleranz, Willkommenskultur und Aufnahmebereitschaft auszeichnenden Diskurses einleiten können. Das erweist sich allerdings seit dem Sommer 2023 erneut als Illusion, da der Abwehrdiskurs gegenüber Fluchtmigration im Gegenteil wieder neu, vergleichbar mit früheren Phasen und inzwischen sogar verschärft eingesetzt hat.

Auch Wirtschaftskrisendiskurse und ihre eigene Chronologie sind für die Bundesrepublik Deutschland diskursgeschichtlich recht gut untersucht (vgl. insbes. Römer 2017; Kuck 2018). Während die Anfangsjahrzehnte der Bundesrepublik als Zeit stetigen Wirtschaftswachstums, der Vollbeschäftigung und des „Booms" erlebt worden sind, was in der Zeitgeschichtsschreibung für die Industrieländer auch als *Trentes Glorieuses* bezeichnet wird,[16] sind die Jahrzehnte seit der sog. Ölkrise 1973, wenn nicht von immer wiederkehrenden dramatischen Wirtschaftskrisen, so doch zumindest von wiederkehrenden Wirtschaftskrisendiskursen gekennzeichnet. D.h. es gibt Zeitphasen, in „denen wirtschafts- und sozialpolitische Themen die Agenda des öffentlichen Diskurses bestimmt haben" (Wengeler & Ziem 2010: 341), und zwar in einer Weise, wie wir das auch in den letzten Jahren wieder erlebt haben, also in Form von Krisendiskursen.[17] Noch während des „Booms" wurde in den Jahren 1967/68 ein kurzfristiger Wirtschaftswachstums-Rückgang als erste Wirtschaftskrise der Bundesrepublik wahrgenommen und diskutiert. „Nach dem Boom" (Doering-Manteuffel & Raphael 2012) sind die Zeiten 1973/74 und 2008/09 auch von den zeitgenössischen Bezeichnungen her (*Ölkrise, Finanzkrise*) eindeutig als gut abgrenzbare und somit diskursgeschichtlich untersuchbare Phasen von Wirtschaftskrisendiskursen anzusehen. In der Zeit dazwischen haben wirtschafts-

---

16 Von 1945 bis 1975; „Der Begriff geht auf den französischen Wirtschaftswissenschaftler Jean Fourastié zurück, dessen 1979 unter dem gleichnamigen Titel erschienenes Buch die sozioökonomischen Umwälzungen Frankreichs seit Ende des Zweiten Weltkriegs unter die Lupe nahm und die französische Wahrnehmung von den Nachkriegsjahrzehnten nachhaltig prägte" (https://www.hsozkult.de/conferencereport/id/fdkn-119498; abgerufen am 30.07.2024).
17 Auch die Themen Corona-Pandemie und Ukraine-Krieg werden in weiten Teilen als jeweils aus diesen Ereignissen folgende Wirtschaftskrisen wahrgenommen und öffentlich hinsichtlich Lösungen für wirtschafts- und sozialpolitischen Themen verhandelt, so dass beide aufgrund ihrer unmittelbaren Aufeinanderfolge als eine weitere Phase von Wirtschaftskrisendiskurs oder als zwei einander ablösende Krisendiskurse verstanden und untersucht werden könnten.

und sozialpolitische Themen die öffentliche Agenda immer wieder beherrscht und jeweils einen diskursiven Krisenmodus etabliert, ohne dass wie 1973 und 2008 ein klar zu bestimmendes Ereignis als Auslöser der Krisendiskurse zu bestimmen wäre. Es lassen sich aber gute Gründe anführen, die drei folgenden Phasen zusätzlich heuristisch anzunehmen (s. Kap. 6.3). Die darauf bezogenen diskursgeschichtlichen Untersuchungen bundesdeutscher Leitmedien haben diese Phasen bestätigt oder sie modifiziert: Während zunächst die sog. zweite Ölpreiskrise in den Jahren 1979/80 als Untersuchungszeitraum angesetzt worden war, hat sich gezeigt, dass sie diskursiv eher in ihren Langzeitfolgen relevant ist. Aufgrund wirtschaftlicher Wachstumsprobleme kam es – eingeleitet durch das sog. Lambsdorff-Papier von 1982 – zum Regierungswechsel von einer SPD/FDP- zu einer CDU/FDP-Regierung. Dieses Papier aber markiert vor allem den Beginn eines „bedeutenden diskursiven und ideologisch-politischen Umbruch[s]" (Römer 2017: 145), der mit der „Agenda 2010" aus dem Jahre 2003 zu sozial- und wirtschaftspolitisch bedeutenden Konsequenzen führte. Während Römer den Krisendiskurs-Zeitraum Mitte der 1990er Jahre aufgrund von diskursiven Gemeinsamkeiten mit den Debatten vor der Verabschiedung dieser „Agenda 2010" als eine „Krise langer Dauer" (Römer 2017: 145) aus seiner Untersuchung ausklammert, lässt es sich mit Kuck (2018: 201–271) auch rechtfertigen, aufgrund der Verzahnung mit dem Globalisierungsdiskurs und der Zuspitzung der Klagen über einen *Reformstau* mit dem Höhepunkt der sog. *Ruck-Rede* des Bundespräsidenten Roman Herzog für die Jahre 1996/97 eine eigene Untersuchungsphase des Wirtschaftskrisendiskurses anzunehmen. Mit dieser Phase zusammen oder als eine eigenständige Phase kann jedenfalls der diskursive Höhepunkt der Debatten um sog. Sozialstaats-*Reformen* im Frühjahr 2003 angesetzt und untersucht werden.

Die Bestimmung solcher Phasen inhaltlich bestimmter Diskurse aufgrund von vorgängigem sach- und diskursgeschichtlichem Wissen kann nicht nur für die forschungspraktische Machbarkeit diskurslinguistischer Untersuchungen wichtig sein, sie kann in der Untersuchung auch entweder bestätigen, dass es themenbezogene sprach- und diskursgeschichtliche Umbrüche und Phasen gegeben hat oder diese modifizieren. Für eine linguistische Diskursgeschichte zeigt sich an diesen Beispielen, dass themenbezogene Phasen und Umbrüche dem untersuchten sprachgeschichtlichen Wandel besser gerecht werden als allgemeine Periodisierungen, die oft allzu allgemeine und vage Zusammenfassungen sehr heterogener Aspekte liefern.

Aufgaben
1. Lesen Sie den Aufsatz von Hermanns (2012 [1995]) zur „Sprachgeschichte als Mentalitätsgeschichte". Erläutern Sie den zugrundeliegenden Mentalitätsbegriff in seinem Nutzen für die Sprachgeschichtsschreibung.
2. Erläutern Sie den Beitrag, den die Sprachgeschichtsschreibung zur Zeitgeschichtsforschung leisten kann. Zeigen Sie am Begriff der Zeitenwende auf, inwiefern der Fokus auf sprachliche Konstruktionen von Wirklichkeit zur kritischen Erweiterung zeitgeschichtlicher Erzählungen beitragen kann.

3. Erörtern Sie Probleme der Zäsursetzung für die jüngere und jüngste Sprachgeschichte.
4. Diskutieren Sie, inwiefern es sinnvoll ist, themenbezogene Phasen und Zäsuren der Sprachentwicklung anzusetzen und geben Sie Beispiele.

6 Exemplarische Sprachgeschichten

In diesem Kapitel präsentieren wir Diskursgeschichten zu ausgewählten Themenfeldern. Die Auswahl orientiert sich an der Forschungslage, sprich daran, für welche Themen linguistische, mit den bisher dargestellten Methoden erarbeitete, auch diachrone Ergebnisse vorliegen sowie an den Forschungsinteressen der Autoren dieser Einführung. Dadurch fällt die Wahl auf Diskurse um Außen-, Sicherheits- und Militärpolitik (Kap. 6.1), um Migration (Kap. 6.2), Wirtschaftskrisen (Kap. 6.3) sowie auf drei gesellschaftlich und politisch relevante Auseinandersetzungen um Sprache, die wir unter der Überschrift „Diskurse um *political correctness*" (Kap. 6.6) zusammenführen. Zudem werden die Geschichte eines themenübergreifend zentralen politischen Schlüsselwortes, von *Solidarität* (Kap. 6.4), und wesentliche Ergebnisse der diskurslinguistischen Forschung zuerst in den beiden letzten Jahrzehnten stärker öffentlich wahrgenommenen und diskutierten „Verschwörungstheorien" (Kap. 6.5) dargestellt.

Viele andere Themen, die ebenso darstellenswert sind, konnten nicht berücksichtigt werden. Dazu gehören z.B. Umwelt- bzw. Klimadiskurse (vgl. Jung 1995a; Tereick 2016; Reisigl 2020b), Ethik-Diskurse etwa zur Stammzellenforschung/Gendiagnostik (vgl. Spieß 2011; Domasch 2007) oder zur Abtreibungsdiskussion (vgl. Böke 1995a), sozialpolitische (vgl. programmatisch Bubenhofer & Schröter 2022) und Gleichstellungsdiskurse (vgl. Böke 1995b), Bildungs- (vgl. Hahn 1995a) sowie Diskurse zur Inneren Sicherheit (vgl. Musolff 1995; 1996), zu Europa (vgl. Jung & Wengeler 1995) und zu innerdeutschen Ost-West-Differenzen (vgl. Hahn 1995b; Roth 2004b; Roth & Wienen 2008; Roth & Pappert 2024). Weitere sprach-fokussierte Diskurse sind die um Anglizismen bzw. Fremdwörter (vgl. Jung 1995b; Spitzmüller 2005) und um die lange Zeit auch öffentlich-medial umstrittene Rechtschreibreform (vgl. Stenschke 2005; Schimmel-Fijalkowytsch 2016). Öffentlich breiter diskutiert wird zudem in den letzten Jahren der wieder zunehmende Antisemitismus im Allgemeinen und der antisemitische Sprachgebrauch im Besonderen (vgl. Bernstein 2023; Schwarz-Friesel 2022).

6.1 Außen-, Sicherheits- und Militärpolitik

Zum Zeitpunkt, zu dem wir dieses Kapitel schreiben, ist der Überfall Russlands auf sein Nachbarland Ukraine zweieinhalb Jahre her, der Krieg geht weiter und bestimmt trotz ab und an behaupteter „Kriegsmüdigkeit" der deutschen Öffentlichkeit weiterhin Teile des öffentlichen Diskurses, ganz entgegen der im vorigen Kapitel zitierten politikwissenschaftlichen Einschätzung von 2016, dass Außen- und Sicherheitspolitik keine die Öffentlichkeit interessierenden Themen seien. Und wie schon erwähnt, reiht sich dieser außen- und sicherheitspolitische Diskurs in eine Reihe von Zeitphasen ein, in denen Aufrüstung, Bundeswehreinsätze u.Ä. die öffentlichen Diskurse über diese Themen dominiert haben und folglich kollektives Wissen zu diesen Themen medial und kontrovers konstruiert worden ist – im Streit um Wörter und mit Schlüsselwörtern, die im Rahmen bestimmter Argumentationsstrukturen „funktioniert" haben oder auch metaphorisch geprägt waren (*Wettrüsten, Gleichgewicht*). Dabei finden sich aktuell auf der Ebene des Wortschatzes Leitvokabeln wieder, die auch in anderen Phasen genutzt wurden, die erneut wichtige argumentative Funktionen haben und umstritten sind. So werden wieder einmal die Ausdrücke *Pazifismus/Pazifist:in* diskreditierend für Diskurspositionen verwendet, die als weltfremd, defätistisch und den Interessen Russlands dienend betrachtet werden. Die so abgewerteten Diskurspositionen widersprechen der Mehrheitsposition, man müsse Waffen an die Ukraine liefern und selbst aufrüsten, um der Bedrohung durch Putins Russland *Verteidigungsbereitschaft* entgegenzusetzen: „Der deutsche Pazifismus sei ein Verbrechen", „wer [...] bei Friedensdemonstrationen mitläuft, sei die fünfte Kolonne von Wladimir Putin", Gegner von Waffenlieferungen seien „Lumpenpazifisten" (alles zitiert in einem Interview mit Margot Käßmann in DER FREITAG 21. September 2022).[18] Die Außenministerin rede von „„modernstem Kriegsmaterial"", als hätten die Grünen „schon immer ein inniges Verhältnis zu mörderischen Waffen gepflegt", die „Kalte Kriegs-Mentalität ist knallhart zurückgekehrt" (Bascha Mika in FRANKFURTER RUNDSCHAU 23. September 2022).[19] *Pazifismus, moderne Waffen* und *Kalter Krieg* sind solche Ausdrücke, die auch für andere Phasen der Sprach- als Diskursgeschichte in diesem Feld wichtig gewesen sind und auf die nun eingegangen werden soll.

6.1.1 Die 1950er Jahre

Die dominante öffentliche Stimmung der frühen Nachkriegsjahre drückt sich vielleicht am prägnantesten in einem oft von Rüstungsgegner:innen zitierten Satz des späteren CSU-Verteidigungsministers Franz Josef Strauß aus, der 1947 sagte: „Jedem Deutschen, der wieder ein Gewehr anfaßt, soll die Hand abfallen." (vgl. Wengeler 1995b: 129) Dieser beinahe biblisch klingende Satz wurde von Josef Klein (2014b) als salienter politischer Satz (wie etwa auch die Gorbatschow zugeschriebene Äußerung *Wer zu spät kommt, den bestraft das Leben* oder Klaus Wowereits *Ich bin schwul, und das ist auch gut so*) eingestuft. Auch solche prägnanten Äußerungen könnten eine Kategorie sein, die sprach- und mentalitätsgeschichtlich genauer zu untersuchen es sich lohnt. Die Äußerung drückt als salienter politischer Satz eine gesellschaftliche Stimmung aus, die sich auf der Wortebene in der Parole *ohne mich* und den Komposita *Ohne mich-Haltung* und

---

[18] https://www.freitag.de/autoren/jaugstein/theologin-margot-kaessmann-im-gespraech-mit-jakob-augstein (abgerufen am 01.04.2025).
[19] https://www.fr.de/kultur/gesellschaft/stell-dir-vor-es-ist-krieg-gewesen-91805646.html (abgerufen am 01.04.2025).

Ohne mich-Bewegung sowie in einem positiven Verständnis von *Pazifismus* niederschlug. Relevant wurde diese Begrifflichkeit, weil seit 1948 in der Öffentlichkeit Pläne zu einer „Aufrüstung eines künftigen deutschen Staates" (RHEINISCHE POST 7. März 1948) bekannt wurden. *Wiederaufrüstung, Aufrüstung* und *Remilitarisierung* waren dann zum Jahreswechsel 1948/49 Bezeichnungen, mit denen auch in der Presse eine ablehnende Haltung gegenüber der von den Westalliierten geplanten Bewaffnung des westdeutschen Staates geäußert wurde.

Die daran anschließende Diskussion vor allem vom Beginn des Korea-Krieges im Juni 1950 bis zum NATO-Beitritt der BRD 1955 kann als die erste öffentlich breit geführte Diskussion in diesem Themenfeld gelten, auf die heute zumeist mit der historischen Vokabel *Wiederbewaffnungsdiskussion* referiert wird. *Wiederbewaffnung* aber war nur eines der verwendeten Schlüsselwörter in einem antagonistischen Diskurs, in dem vor allem die beiden Ausdrücke *Remilitarisierung* und *Verteidigungsbeitrag* für die beiden sich diametral gegenüberstehenden Diskurspositionen stehen. Beide wurden zur Bekämpfung vs. zur Legitimation der geplanten Gründung einer neuen deutschen Armee und des geplanten NATO-Beitritts verwendet. Ihre zentrale Stellung und ihren diskurs- und mentalitätsgeschichtlich indexikalischen Charakter für diese Positionen erhielten sie gerade durch ihre explizite Thematisierung, aber auch durch ihren rekurrenten Gebrauch im entsprechenden argumentativen Zusammenhang.

Zu Beginn der öffentlichen Diskussionen war es insbesondere Bundeskanzler Adenauer, der für einen deutschen *Beitrag zur Verteidigung Europas* warb und gleichzeitig eine *Remilitarisierung* ablehnte, indem er diese Bezeichnung für die Schaffung einer eigenständigen deutschen Armee unabhängig von einer bündnispolitischen Einbindung (in eine *Europäische Verteidigungsgemeinschaft* (*EVG*) oder in die NATO) reservierte, während Wiederbewaffnungsgegner jegliche Form einer neuen deutschen Armee mit *Remilitarisierung* bezeichneten.

> In der Folgezeit und vor allem in den parlamentarischen Debatten vermeiden Adenauer und die Regierungsparteien bei der Bezeichnung ihres eigenen Vorhabens diese Negativvokabel konsequent und bekämpfen sie auch explizit sprachkritisch. Als eigene Fahnenwörter benutzen sie vor allem die Ausdrücke *Wehrbeitrag* und *Verteidigungsbeitrag*, die auch die SPD zunehmend übernimmt, da sie nicht mehr prinzipiell gegen deutsches Militär, sondern nur noch gegen die Adenauerschen Modalitäten der Aufstellung deutscher Truppen ist. Nur in der außerparlamentarischen Gegnerschaft werden die Negativbezeichnungen *Remilitarisierung* und *Aufrüstung* beibehalten.
> (Wengeler 1995b: 132)

> Das defensive Vokabular von *Wehrbeitrag, Verteidigungsbeitrag* und *Beitrag zur Europäischen Verteidigungsgemeinschaft* setzte sich parlamentarisch wohl auch deshalb durch, weil das konkrete Projekt, das diskutiert wurde, bis 1954 die sogenannte *Europäische Verteidigungsgemeinschaft* war. [...] Die Verwendung der Legitimationsvokabeln *Wehr* und *Verteidigung* als Bestimmungswörter der Komposita kann allerdings auch als Reaktion auf das weiter verbreitete Unbehagen in der Bevölkerung gegen neues Militär angesehen werden.
> (Wengeler 1995b: 134)

Weitere mentalitätsgeschichtlich interessante Kontroversen um Begriffe betreffen die eingangs erwähnte Pejorisierung des Ausdrucks *Pazifismus* durch von Liedtke (1989) so genannte spezifische Kontextualisierung, sprich negative Adjektivattribute zum Nomen *Pazifismus* oder abwertende Nomen zum Adjektiv *pazifistisch* wie *illusionärer* und *zersetzender Pazifismus* sowie *pazifistische Sekte* und *pazifistisches Gequackele* oder die auch sprachkritisch gestützte Abwertung des Konzepts *Neutralität* bzw. *Neutralisierung*, das der favorisierten Westintegration entgegenstand: „Wer Neutralisierung und Demilitarisierung hier bei uns will, ist entweder ein Dummkopf allererstes Ranges oder ein Verräter". (Konrad Adenauer am 24. Juni 1951 auf einer Landesversammlung der CSU in Bad Reichenhall; zit. nach v. Schubert 1970: 140).

Der Streit um die Namengebung der neuen deutschen Armee – es ging darum, sie schließlich *Bundeswehr* und nicht wiederum *Wehrmacht* zu nennen – gibt ebenfalls Aufschluss über typische Denkweisen in unterschiedlichen gesellschaftlichen Gruppen, wenn die fortwirkende Verdrängung nationalsozialistischer Eroberungs- und Vernichtungspolitik in Vorschlägen von FDP und Deutscher Partei noch 1956 zum Ausdruck kommt: Die neue Armee solle *Wehrmacht* heißen, da dieser Name doch keine Erfindung der nationalsozialistischen Zeit gewesen sei. Dem entgegen stehen die Diskurspositionen, die mit dem Namen *Bundeswehr* gerade mit der Tradition der Nazi-Armee brechen wollen und von denen auch weitere Bemühungen ausgehen, der neuen Armee einen zivileren, demokratischeren Charakter zu verleihen (vgl. dazu Wengeler 1992: 138–146). Diese schlagen sich in den auch öffentlich diskutierten Konzepten der *Inneren Führung* und des *Staatsbürgers in Uniform* nieder (vgl. Wengeler 1992: 173–185).

Auf der argumentativen Ebene ist insbesondere die Konstruktion des Feindbildes Sowjetunion diskurs- und mentalitätsgeschichtlich interessant, womit ein großes Sicherheitsbedürfnis in der Bevölkerung und die Angst vor *Sowjetrußland*, wie der von konservativer Seite bevorzugt gebrauchte Name der UdSSR war, geschaffen wurde. „Militärische Stärke sei nötig gegen den ‚Ansturm der Tatarenhorden'" (Vizekanzler Blücher (FDP) im August 1950, zit. nach Wengeler 1995b: 134). Sieht man sich die Argumentationen von Bewaffnungs- bzw. Armeebefürworter:innen und -gegner:innen an, fällt auf, dass das mit der Konstruktion dieses Feindbildes einhergehende Bedrohungs-Argument so dominant war, dass weitere Argumentationen zwar erwähnenswert, aber mentalitätsgeschichtlich vernachlässigbar sind. Dass die Bewaffnung im Sinne einer *Politik der Stärke* (s.u.) die *Wiedervereinigung* befördern könne, dass die europäische Integration durch eine gemeinsame Armee gefördert werde und dass man mit einer Armee besser zur *Gleichberechtigung* mit den westeuropäischen Staaten und zur *Souveränität* finde (vgl. Wengeler 1992: 91–95) – wobei auch umstritten war, was diese Ausdrücke genau beinhalteten –, spielte zwar eine Rolle, aber „die *Bedrohung* durch die Sowjetunion, die *große Gefahr,* die darin bestand, daß die BRD oder ganz Westeuropa unter den Einflußbereich der Sowjetunion, *des Kommunismus* geraten könne" (Wengeler 1992: 85), war zentral und sorgte sicher auch mit für die Durchsetzung der Adenauer'schen Bewaffnungspolitik.

Interessant wären auch hier Bezüge zu aktuellen Diskursphasen oder Debatten, also z.B. zu untersuchen, inwieweit sich die Bedrohungs-Argumentation hinsichtlich Putins Russland sowohl terminologisch wie argumentativ wiederholt oder was sich gegebenenfalls daran geändert hat, nachdem etwa 30 Jahre lang die Bedrohung durch verfeindete benachbarte Staaten kein Argument mehr für Rüstungs- und Streitkräfteausgaben gewesen war. In den 1950er Jahren wurde das Bedrohungs-Argument vor allem durch vier „Fakten" gestützt: Die Politik der Sowjetunion seit 1945, der Aufbau von paramilitärischen Volkspolizeieinheiten in der DDR, die behauptete Parallele zwischen dem geteilten Deutschland und dem geteilten Korea, wo im Juni 1950 das westlich orientierte Südkorea überfallen worden sei, sowie die System-Ähnlichkeit von Bolschewismus = Sowjetkommunismus und Nationalsozialismus, die vermittelt über den Begriff des *Totalitarismus* die expansiven Handlungen des NS-Staates auf diejenigen der Sowjetunion übertrug.

Über die Wiederbewaffnungsdiskussion hinaus geht der außen- und sicherheitspolitische Diskurs bezüglich der Leitvokabeln *Kalter Krieg*, *Entspannung* und *Politik der Stärke*, die auch in der Ende der 1950er Jahre folgenden Diskussion um Atomwaffen für die Bundesrepublik Deutschland relevant sind. Sie sind auch Beispiele für die im vorangehenden Kapitel erwähnte These, dass die 1950er Jahre eine „Sattelzeit" bundesdeutscher Begrifflichkeiten darstellen, in der Wörter und Konzepte geprägt wurden, die anschließend lange Zeit die Diskussionen bestimmten. Während z.B. das Wort *Entspannung(spolitik)* als historische Vokabel mit der Ostpolitik der SPD/FDP-Regierungen der 1970er Jahre verbunden wird und aktuell eher im Vorwurfsmodus auf die Politik gegenüber Russland in den letzten zwanzig Jahren angewandt wird, hat es auch eine vergessene Geschichte in den 1950er Jahren. Und auch *Kalter Krieg*, was heute eindeutig die Zeit der Blockkonfrontation spätestens von der Gründung der Militärbündnisse Warschauer Pakt und NATO 1955 bis zum Mauerfall 1989 bezeichnet, hat eine Verwendungsgeschichte in den 1950er Jahren, die z.B. das *Ende des Kalten Krieges* des Öfteren bereits in dieser Zeit verortet hat. Auf die wichtigsten mentalitätsgeschichtlich relevanten Aspekte dieser drei Wortgeschichten soll hier kurz eingegangen werden.

„Russia is waging a cold war against us." (Bernard M. Baruch, amerikanischer Präsidentenberater, im Juni 1947)[20]. Mit dieser Einführung des Schlagworts schon kurz nach dem Zweiten Weltkrieg ist bereits eine von drei in den 1950er Jahren verbreitete Verwendungsweise gegeben: der Gebrauch als Vorwurfsvokabel gegenüber dem sowjetischen Machtblock, der unterhalb der Schwelle eines „heißen" Krieges das „westliche Europa im Kalten Krieg eines Tages für sich zu vereinnahmen" (Kiesinger im Bundestag (BT) 07. Oktober 1954) gedenke. Damit gehört dieses Schlagwort und der mit ihm ausgedrückte Vorwurf zur eben beschriebenen Bedrohungs-Konstruktion und -Argumentation, die für die 1950er Jahre mentalitätsgeschichtlich charakteristisch ist: „Der kalte

---

[20] In einer Rede im Washingtoner *Industrial College of the Armed Forces*, zit. nach Lades (1969), Sp. 466.

Krieg wird von Sowjet-Rußland mit aller Kraft gegen uns geführt." (Adenauer schon auf dem CDU-Parteitag 1950; zit. nach Flechtheim 1963: 79)

Allerdings wurde der Vorwurf mit dem Gebrauch dieser Leitvokabel auch – dies ist die zweite Verwendungsweise – von Beginn an gegen die Politik des Westens und innenpolitisch von den Oppositionsparteien gegen die Politik Adenauers bzw. der CDU-Regierung gerichtet. Schon die Schrift *The Cold War. A Study in US Foreign Policy* von Walter Lippmann aus dem Jahr 1947 richtete sich gegen die Politik der US-Regierung, mit dem Konzept des *Containments*, also der *Eindämmung* gegenüber der Sowjetunion einen *Cold War* zu führen. Während diese Variante in der innenpolitischen deutschen Diskussion naheliegenderweise am schärfsten von der KPD und der SED verwendet wird („Den Kalten Krieg wünschen die Herren aus der Wallstreet und wünschen einige Politiker in Deutschland": KPD-Abgeordneter Rische im BT 09. Dezember 1949: 668), wird sie auch von SPD- und FDP-Politikern genutzt. Die SPD „wirft sowohl der Sowjetunion die Führung eines ‚Kalten Krieges' vor als auch, zumindest nach 1955, der Bundesregierung das Verfolgen einer ‚Politik des Kalten Krieges'" (Wengeler 1996b: 287).

Im Rückblick besonders interessant ist allerdings auch, dass für die Zeitgenoss:innen der *Kalte Krieg* teilweise schon in dieser Zeit beendet war. Denn eine weitere – dritte – Gebrauchsvariante von *Kalter Krieg* ist die Behauptung, dass dieser oder dass er gerade noch nicht beendet sei. Das ist deshalb interessant, weil wir heute „wissen", dass es also zur Gebrauchskonvention von *Kalter Krieg* gehört, dass er mit dem Mauerfall 1989 beendet war. Diese zeitgenössische Diskussion findet sich auch in der Geschichtsschreibung wieder, in der in den Jahren 1979/80 die Zeiträume 1948 bis 1953 (Schwarz 1979: 156) oder der Zeitraum von 1947 bis 1962 (Loth 1980: 333) als „die Periode des Kalten Krieges" (Schwarz 1979: 156) gekennzeichnet werden. Insbesondere im Jahr 1956 scheint für viele Zeitgenoss:innen der *Kalte Krieg* zu Ende zu sein, was vielfach in Äußerungen eher präsupponiert als explizit prädiziert („Der Kalte Krieg ist zu Ende": DIE WELT 09. Juni 1956) wird: „Der verlorene Kalte Krieg" (SAARBRÜCKER NEUESTE NACHRICHTEN 04. August 1956), ein „Rückfall in den Kalten Krieg" (FRANKFURTER NEUE PRESSE 08. November 1956) wird befürchtet, die Deutschen müssten aufpassen, dass sie nicht „die letzten Mohikaner des Kalten Krieges bleiben" (SPD-Vorsitzender Ollenhauer im WIESBADENER KURIER 24. September 1955). Zur gleichen Zeit wird das Ende des *Kalten Krieges* aber auch explizit in Frage gestellt: „Kalter Krieg noch nicht aufgetaut" (Kiesinger laut WESTFALENPOST 30. Juni 1956) oder „Ist der Kalte Krieg vorbei?" (DEUTSCHE ZEITUNG und WIRTSCHAFTSZEITUNG 16. Juni 1956). Und 1958 gibt es z.T. von den gleichen Akteursgruppen Stellungnahmen, die die Weiterexistenz des Kalten Krieges präsupponieren: Es müsse gelingen, „den Kalten Krieg zu überwinden" (Protokoll des SPD-Parteitages vom 18.–23. Mai 1958: 484), der Ostblock starte „Stör- und Propagandamanöver im Kalten Krieg" (Adenauer laut HESSISCHE NACHRICHTEN 22. Januar 1958).

In ähnlicher Weise überrascht aus heutiger Sicht die Verwendung von *Entspannung* in den 1950er Jahren. Wie erwähnt wird in aktuellen Diskussionen um Ukraine-Krieg und Russland-Politik mit *Entspannungspolitik* häufig auf die „Wandel durch Handel"-Politik gegenüber Putins Russland der letzten etwa zwanzig Jahre referiert und dabei auch immer wieder auf die Willy Brandt'sche Ostpolitik der 1960er/70er Jahre als *Entspannungspolitik* zurückgegriffen. Gestritten wird angesichts des Überfalls Russlands auf die Ukraine und der empfundenen Bedrohung durch Russland, ob diese Entspannungspolitik erfolgreich oder naiv und falsch gewesen sei, weil sie Putin zu kriegerisch-expansiven Handlungen ermutigt habe. Dass *Entspannung* aber bereits in den 1950er Jahren ein von allen politischen Seiten genutztes Fahnenwort war, dürfte weniger bewusst sein, ebenso wie, dass es – wie später die Entspannungspolitik der 1970er Jahre mit Wörtern wie *Entspannungseuphorie* – von konservativer Seite auch am Ende des Zeitraums (1960) schon zu pejorisieren versucht wurde:

> Wo in der Geschichtsschreibung jeweils das Ende des „Kalten Krieges" angesetzt wird, wird auch der Beginn der „Entspannung" gesehen: 1953 mit dem Tode Stalins, 1955 nach Abschluß der institutionellen Konsolidierung der Blöcke oder 1962 nach der Kuba-Krise.
> (Wengeler 1996b: 288)

Einen frühen Beleg für seine regierungsoffizielle Verwendung als Fahnenwort gibt es in einer Adenauer-Rede im Bundestag: „Da die Teilung Deutschlands ein Ergebnis des Ost-West-Konflikts ist, setzt die Wiedervereinigung die Entspannung dieses Konflikts voraus." (BT 01. Juli 1953: 13873) Das als verblasste Metapher anzusehende Fahnenwort, bei dem Vorgänge aus dem seelisch-körperlichen individuellen Bereich (,sich entspannen, Zustand psychischer und körperlicher Gelöstheit') auf den abstrakten politischen Bereich übertragen werden, wird vor allem als programmatische oder deontisch gebrauchte Vokabel benutzt. Mit ihm wird also etwas bezeichnet, das es noch nicht gibt, das erreicht werden soll und anzustreben ist. Es wird anfangs noch regelmäßig mit Attributen verwendet wie *allgemein*, *international* und *weltweit*, die benennen, worauf sich der anzustrebende Zustand bezieht, bevor es ab 1955 auch isoliert als darauf referierendes Fahnenwort, oft in der Verbindung *Politik der Entspannung*, genutzt wird. Die ebenfalls häufig verwendeten Zusätze *echte* oder *wirkliche Entspannung* verweisen darauf, dass umstritten ist, mit welchen politischen Handlungen das Anzustrebende erreicht werden kann. Das geht bis dahin, dass von konservativer Seite *Entspannung* auch als „sowjetischer Propagandatrick" (Adenauer im BT 15. Dezember 1954: 3121) kritisiert wird, was im Jahr 1960 dazu führt, dass von dieser Seite *Entspannung* nun nicht mehr als allgemeines Fahnenwort anerkannt und genutzt, sondern zunehmend stigmatisiert wird. Am drastischsten wird dies damit explizit sprachthematisierend ausgedrückt, dass Entspannung ein „Begriff" sei, „der den Sowjets im Kalten Krieg bessere Dienste geleistet hat als ganze Panzerarmeen" (WESTFÄLISCHE NACHRICHTEN 02. Juli 1960) – wie gesagt, ein Vorläufer der Diffamierung der sozialdemokratischen Entspannungspolitik der 1970er Jahre als *Entspannungseuphorie* u.Ä. In der Zeit zuvor aber war es eine Trias aus drei Fahnenwörtern, *Entspannung*, *Abrüstung* und *Wiedervereinigung*, die nicht nur von der SPD-Opposition, sondern auch von der CDU-Regierung genutzt wurden, um außen- und sicherheitspolitische Ziele zu charakterisieren. Dabei

> ist im Geflecht der Verwendung dieser drei Fahnenwörter zum Teil undurchschaubar, [...] welches der drei genannten politischen Ziele jeweils Voraussetzung oder Folge eines der beiden anderen sein soll, [...] so dass man den Eindruck gewinnt, es gehe vor allem um die Nennung dieser drei Hochwertwörter,
>
> (Wengeler 1996b: 292)

um Zustimmung beim Publikum zu erheischen.

In engem Zusammenhang mit diesem Hochwertwort der 1950er Jahre steht auch ein weiteres Schlagwort, *Politik der Stärke*, mit dem weniger eindeutig auf etwas Positives, Anzustrebendes referiert wird, das von einigen Akteur:innengruppen auch eher als Antonym zu *Entspannung* verwendet wird und das auch im Gebrauch in den aktuellen Debatten zumindest in seiner argumentativen Deontik (dass *der Westen* bzw. die NATO stark sein müsse, um Bedrohungen abwehren zu können) – wenn auch kaum als diese Phrase – wieder aufgegriffen wird. So eröffnet die Webseite der Konrad-Adenauer-Stiftung zum Thema „Sicherheit und Verteidigung" ihre sicherheitspolitischen Ausführungen mit einem Zitat Konrad Adenauers zur *Politik der Stärke*, ohne im Folgenden selbst die Phrase als Fahnenwort zu nutzen.[21] Das folgende Kiesinger-Zitat soll prototypisch die positive Verwendungsweise der Wortverbindung auf Seiten der Regierungsparteien der 1950er Jahre zeigen, in der *Politik der Stärke* als Antonym zu *Politik der Entspannung* gelten kann:

> „Politik der Stärke": nun ja, man wirft sie uns vor. Das ist ein Schlagwort, das in manchen Zirkeln nicht schlecht wirkt. Aber es ist doch einfach die Wahrheit! Haben wir nicht in den letzten Jahren gelernt, daß es einzig die Stärke ist, die den Sowjetrussen imponiert und die sie dazu bringt, Zugeständnisse zu machen?!
>
> (Kiesinger im BT 15. Dezember 1954: 3152)

Auch wenn es Nuancen bezüglich dessen, worauf genau referiert wird, bei dieser zitierten Verwendung als Fahnenwort gibt (vgl. Wengeler 1996b: 296–300), ist es doch bemerkenswert, wie offensiv die Wortverbindung, die von dieser Seite z.T. auch als Vorwurfsvokabel an die Adresse der *Sowjetrussen* gerichtet wird, als Fahnenwort verwendet wird, da sie gleichzeitig beim politischen Gegner eine (s. Zitat) eindeutig pejorative Funktion hatte. Dieser Vorwurfscharakter, den die Wortverbindung im innenpolitischen Diskurs vor allem auch im Gebrauch der SPD-Opposition gegen die Regierungspolitik hat, ist zumindest so stark, dass Unionspolitiker:innen und konservative Presse mit expliziten Sprachthematisierungen versuchten, dem Ausdruck „harmlosere" Bedeutungsgehalte zu geben als das in den Vorwürfen unterstellte ‚Überlegenheit anstreben durch militärische Aufrüstung, um die Sowjetunion unter Druck setzen zu können, auf westliche Forderungen einzugehen':

---

21 https://www.kas.de/de/sicherheit-und-verteidigung (abgerufen am 30.07.2024).

> Politik der Stärke wurde zum Schlagwort, stiftete Verwirrung und wurde mißbraucht. [...] Der Westen meinte mit Politik der Stärke auch keine aggressive Gewaltanwendung, sondern nur die Bereitschaft zu einer Gewaltabwehr, falls der Osten angreifen oder seine Expansionspolitik weitertreiben sollte.
>
> (FRANKFURTER NEUE PRESSE 29. März 1956)

Der Vorwurf des „Missbrauchs" geht eben einerseits gegen den außenpolitischen Gegenspieler, die Sowjetunion und ihre Statthalter in der DDR, die die westliche Politik mit dem Stigmawort *Politik der Stärke* bekämpften, andererseits aber auch gegen die SPD-Opposition, die mit dem Wort einerseits beständig präsupponierte, dass die so bezeichnete Politik Wiedervereinigung, Abrüstung und Entspannung verhindere, dies andererseits auch ausdrücklich behauptete, z.B. der SPD-Vorsitzende Ollenhauer im Bundestag 1956: „Die Politik der Stärke als Politik der Wiedervereinigung ist gescheitert." (BT 29. Juni 1956: 8517) „[D]ie pejorative Kraft dieses Ausdrucks wird als so stark empfunden, daß schon die bloße Nennung dieses Stigmaworts ausreicht, um die Politik des Gegners abzuwerten" (Wengeler 1996b: 299).

Wie schon gegenüber der Politik der Wiederbewaffnung seit 1954, so nutzte die SPD das Stigmawort auch gegen die Versuche der Bewaffnung der Bundeswehr mit Atomwaffen in den Jahren 1957/58. Die Diskussionen um dieses Vorhaben stellen die zweite antagonistische sicherheitspolitische Diskursphase dar, auf die hier nicht eingegangen wird (vgl. dazu Wengeler 1992: 186–218; 1995b: 137–142). Sie war mit der außerparlamentarischen *Kampf dem Atomtod!*-Bewegung und dem Versuch verbunden, die für die Bundeswehr vorgesehenen Atomwaffen als *Weiterentwicklung der Artillerie* (Adenauer) und als *kleine* und *leichte Atomwaffen* zu verharmlosen. Wie die zuletzt erzählten Wort- als Diskursgeschichten sind zudem die mehr oder weniger stark umstrittenen Leitvokabeln *Koexistenz, Abrüstung, Wettrüsten, Abschreckung* und *Gleichgewicht* für diese Zeit brisant und mentalitätsgeschichtlich aufschlussreich (vgl. Wengeler 1996: 300–322).

6.1.2 Die 1980er Jahre

Wir machen einen chronologischen Sprung und gehen zu der sicherheitspolitischen Diskursphase über, die die zahlenmäßig größte außerparlamentarische Oppositionsbewegung der Bundesrepublik hervorgebracht hat und die mit den Stichworten – und gleichzeitig Schlüsselwörtern der Zeit sowie historischen Vokabeln – *Nachrüstung* und *Friedensbewegung* zu kennzeichnen ist. Im Sinne der schon genannten These, dass nach 1968 weniger sprachkritische, sprachthematisierende Stimmen aus dem konservativen bzw. Regierungslager (wie bei *Remilitarisierung, Politik der Stärke* oder *Kampf dem Atomtod!*, das als dramatisierend kritisiert wurde) als aus der Diskursposition der Neuen Sozialen Bewegungen und damit der eher linken Opposition(en) zu vernehmen gewesen sind (s. Kap. 5.4), sind diese Debatten um *Nachrüstung* das prototypische Beispiel für diese These, bei dem die Friedensbewegung sprachkritisch besonders umtriebig und auch erfolgreich gewesen ist.

Nachdem es – wie oben zum Begriff *Entspannung* schon angedeutet –

> der SPD Anfang der siebziger Jahre gelungen war, die erfolgreiche Brandtsche Ostpolitik als *Friedenspolitik* darzustellen und diese Jahre angesichts der Rüstungskontrollvereinbarungen zwischen USA und UdSSR und der KSZE-Konferenz und -Vereinbarung (1975) als Zeit der außenpolitischen *Entspannung* empfunden wurden, wurden diese politischen Bemühungen seit Mitte der siebziger Jahre durch Meldungen über sowjetische Rüstungsmaßnahmen und Menschenrechtsverletzungen als *Entspannungseuphorie* diffamiert
>
> (Wengeler 1995b: 145)

– und es begann eine neue Phase einer Aufrüstungsdiskussion, die 1977 mit der Entdeckung von *Disparitäten* zwischen Warschauer Pakt und NATO und einer *Raketenlücke* eingeleitet wurde, die laut SPD-Regierungsvertretern eine „angemessene kompensatorische Gegenrüstung" (Verteidigungsminister Leber; vgl. Wengeler 1992: 243) verlangten und seit dem *NATO-Doppelbeschluss* vom Dezember 1979 öffentlich kontrovers und breit diskutiert wurden. Sprachkritisch stand dabei insbesondere der für diese *Gegenrüstung* geprägte Ausdruck *Nachrüstung* im Zentrum der Diskussionen, aber auch *Doppelbeschluss, Frieden(sbewegung)* oder später *Null-Lösung* waren nicht nur von der Sache her, sondern auch sprachlich umstritten.

Nachrüstung war zuvor lediglich im technischen Sinn als ‚Nachbesserung eines veralteten Geräts' verwendet worden, was auch nach der Rüstungsdebatte der 1990er Jahre und bis heute wieder seine Hauptbedeutung ist. Kurz nach dem genannten *Doppelbeschluss* – *doppel* bezog sich darauf, dass die NATO dem Warschauer Pakt androhte, neue atomare Mittelstreckenraketen in Westeuropa zu stationieren, gleichzeitig aber auch anbot, in Verhandlungen einzutreten mit dem Ziel, auf diese Stationierung dann zu verzichten, wenn der Warschauer Pakt eine entsprechende Waffengattung ebenfalls nicht weiter aufstelle – wurde für das gerade genannte Vorhaben der Ausdruck *Nachrüstung* geprägt und als Legitimationsvokabel gebraucht, mit der auf argumentative Wissensbestände zurückgegriffen wurde, die man folgendermaßen rekonstruieren kann: „Wir rüsten nach, weil die anderen vorgerüstet haben."

> Damit wird ein Begründungszusammenhang für Rüstungsmaßnahmen aufgegriffen, der zwar schon immer zugrunde gelegt wurde, der sich aber hier erstmals in einer Wortprägung niederschlägt: „Offenbar glaubte man, es jetzt doch nötig zu haben, das Drehen an der Rüstungsschraube als Nachrüstung zu bagatellisieren" (Eppler 1981, S. 86). Die hier implizierte Sprachkritik an der Vokabel *Nachrüstung* gehört in diesen Jahren zu einem der wesentlichsten Argumentations-Topoi der Diskussion. *Nachrüstung* sei eine „fragwürdige Zweckbehauptung, die der geschichtlichen Realität nicht standhält" (Guha 1980, S. 150), und „eines der skandalträchtigsten Wörter mit epochaler Bedeutung" (Schau 1985, S. 99).
>
> (Wengeler 1995b: 146)

Die Opposition gegen dieses Rüstungsvorhaben sprach stattdessen von *Aufrüstung*, *Hochrüstung* oder *Stationierung von Massenvernichtungsmitteln*, allerdings wurde *Nachrüstung* auch zunehmend zu einem Ereignisnamen/Praxonym (vgl. Nübling, Fahlbusch & Heuser 2012: 316–325), mit dem sich neutral auf ein – in diesem Fall allerdings nur zu erwartendes, ab 1984 aber auch stattfindendes – Ereignis bezogen werden konnte. Bei den Akteur:innen der *Friedensbewegung* stand allerdings dieser Name so sehr im negativen Argumentationskontext, d.h. er wurde immer in Zusammenhängen genutzt, in denen das so Bezeichnete abgelehnt bzw. abgewertet wurde, dass das Wort im kollektiven Wissen von einer Legitimationsvokabel zu einem Stigmawort wurde. Dazu trugen auch die zahlreichen sprachkritischen Stellungnahmen wie die eben zitierten bei. Diese Entwicklung zeigt sich auch besonders plastisch in späteren sprachbezogenen Äußerungen, wenn Ende der 1980er Jahre Befürworter einer weiteren Aufrüstungsmaßnahme warnen, diese wiederum *Nachrüstung* zu nennen, weil dies ein „vorbelasteter Begriff" sei (Verteidigungsminister Wörner in DER SPIEGEL vom 27. Oktober 1986, zit. nach Wengeler 1992: 259). Die geplante Stationierung neuer nuklearer Kurzstreckenraketen wurde von Befürworter:innen als *Modernisierung* zu plausibilisieren versucht, was sprachkritische Stimmen dann in ähnlicher Weise wie bei *Nachrüstung* als beschönigend, verharmlosend etc. bezeichneten (vgl. Wengeler 1991; 1995b: 153).

Mentalitätsgeschichtlich besonders interessant dürfte die sprachreflexive/sprachkritische Auseinandersetzung um den Ausdruck *Friedensbewegung* sein. Sie zeigt einerseits, wie sehr in diesen Jahren das öffentlich konstruierte kollektive Wissen vom Thema Frieden dominiert war, wenn sich alle darum streiten, wer denn am konsequentesten und am ‚richtigsten' *für den Frieden* eintrete. Sie zeigt andererseits den Einfluss einer außerparlamentarischen Bewegung auf dieses Wissen, wenn es ihr gelingt, das Hochwertwort *Frieden* schon in der Selbstbezeichnung für sich zu besetzen. Dafür war neben *Friedensbewegung* auch die – mit den heutigen Namengebungen im Klimadiskurs *xy* (z.B. *scientists*) *for future* vergleichbare – Namengebung zahlreicher Aktivistengruppen z.B. aus beruflichen Zusammenhängen als *xy für den Frieden*, z.B. *Sprachwissenschaftler für den Frieden* (vgl. dazu Burkhardt 2022) charakteristisch. Aber

> [a]m deutlichsten läßt sich die zentrale Bedeutung des Wortes *Frieden* an den zahlreichen Versuchen ablesen, die Bezeichnung *Friedensbewegung* für andere Gruppen als *die Friedensbewegung* zu reklamieren, wobei die Notwendigkeit, dabei den unbestimmten Artikel *eine* verwenden zu müssen, zeigt, daß das Referenz-objekt des Ausdrucks *die Friedensbewegung* eindeutig war. US-Präsident Reagan, Bundeskanzler Kohl, Außenminister Genscher, Bundespräsident Carstens und DDR-Staatschef Honecker bezeichneten in verschiedenen Zusammenhängen die NATO, das deutsche Volk, die „jungen Polizeibeamten" vor dem Bundestag während der Nachrüstungsdebatte, die „Soldaten der Bundeswehr", den Deutschen Turnerbund und die Nationale Volksarmee der DDR als „eine" oder „die größte Friedensbewegung". Der spätere Verteidigungsminister und NATO-Generalsekretär Manfred Wörner erklärte schon vor der ersten Großdemonstration der Friedensbewegung am 9. Oktober 1981 im Bundestag: „Wir alle sind Mitglieder der Friedensbewegung".
>
> (Wengeler 1995b: 150)

Im gleichen Zusammenhang steht auch der erfolgreiche Versuch, den Ausdruck *Pazifismus* (s. Kap. 6.1.1 zu den 1950er Jahren) in dieser Zeit seines Stigmacharakters zu entkleiden und ihn als Fahnenwort der Aktivist:innen der Friedensbewegung zu gebrauchen. Das zeigt sich besonders deutlich in den empörten Reaktionen auch von SPD-Mitgliedern im Bundestag (vgl. dazu Wengeler 1992: 278–279; Keller 1985) auf den Diffamierungsversuch auch des Wortes durch den CDU-Generalsekretär Heiner Geißler im Bundestag am 15. Juni 1983, „der Pazifismus der 30er Jahre [... habe] Auschwitz erst möglich gemacht" (BT 15. Juni 1983: 755): „[... I]ch sage, daß es diesem Lande gutgetan hätte, wenn es in früheren Jahrzehnten mehr Pazifisten als Nazis und Militaristen in Deutschland gegeben hätte." (Scheer (SPD) im BT 15. Juni 1983: 764)

Argumentativ stellen die Rüstungsgegner:innen wie schon in der *Kampf dem Atomtod!*-Bewegung Ende der 1950er Jahre die Gefahren eines Atomkriegs in den Vordergrund, der drohe, wenn die geplante Stationierung von Atomwaffen in Westeuropa vollzogen werde. Bilder von Opfern der Atombombenabwürfe in Hiroshima und Nagasaki sowie der Slogan *Die Überlebenden werden die Toten beneiden* führen dazu, dass ihnen *Atompanik* und Bundeskanzler Helmut Schmidts salienter Satz *Angst ist ein schlechter Ratgeber* (vgl. dazu die entsprechende Gegner:innenschaft gegen die Klimabewegung heute mit Stigmawörtern wie *Klimahysterie*) entgegengehalten wird. Daneben beschäftigten sich aber auch viele in der Friedensbewegung mit militärstrategischen Details und führten als Folge davon Argumente an wie die, dass das *Gleichgewicht* der Militärblöcke gestört würde, dass ein Atomkrieg *führbar* gemacht würde oder dass die neuen Waffen als *Erstschlagwaffen* geeignet seien. Aber auch ethische (Nachrüstung sei unmoralisch), demokratietheoretische (die *Mehrheit* (vgl. dazu Liedtke 1989) sei dagegen) und juristische (die Nachrüstung sei verfassungs- oder völkerrechtswidrig) Argumente waren nicht nur in kleinen Fachleutezirkeln, sondern auch öffentlich verbreitet (vgl. dazu Wengeler 1992: 229–242).

Auch auf Seiten der Befürworter:innen ist die von ihnen gleichzeitig diffamierte „Angst" ein Motor ihres sprachlichen Handelns, die Angst nämlich vor den Raketen der Sowjetunion, die ein *Bedrohungsgefühl* und *Verteidigungsbereitschaft* konstituieren hilft, und wiederum die Konstruktion des Feindes Sowjetunion, die aber anders als in den 1940er/50er Jahren nicht mehr die konkrete „Grausamkeit" des *Iwan* („Und ein Hundsfott, wer Frau oder Tochter oder Schwester dem Iwan zu überlassen bereit wäre" (F.A. Kramer im Rheinischen Merkur 13. November 1948)), sondern eher stereotype Züge aus dem intellektuellen und sozio-ökonomischen Bereich vermittelt. Die Russen seien unehrlich und unberechenbar, weshalb man sich gegen sie wappnen, also weiter bewaffnen müsse: Die *Abschreckung* müsse daher gewahrt werden, man müsse verhindern, dass die USA von Westeuropa *abgekoppelt* würden, nur mit neuen Waffen könne man den *Frieden in Freiheit*, ein zentrales Fahnenwort der Rüstungsbefürworter:innen, bewahren, die NATO müsse *handlungsfähig* bleiben und das *Gleichgewicht* werde nur mit Nachrüstung erhalten (vgl. Wengeler 1992: 219–229).

Mit dem Bundestagsbeschluss vom Oktober 1983, die Nachrüstung zu verwirklichen, nachdem es kurz zuvor die bis dato zahlenmäßig größten Demonstrationen in der

Geschichte der Bundesrepublik Deutschland gegen diesen geplanten Beschluss gegeben hatte, ist die Diskussion zwar noch nicht beendet, sie verliert aber ihren zuvor zentralen Stellenwert in der öffentlichen Diskussion und wird in weniger öffentlichkeitswirksamer Form im Hinblick auf Verhandlungslösungen zum wechselseitigen Abbau von Atomwaffenarsenalen fortgeführt. Sprachlich dreht sich die entsprechende Diskussion schon seit Herbst 1981 um das Fahnenwort *Null-Lösung*, das in dieser frühen Zeit u.a. als *Schlagwortknüppel* und *magischer Begriff* bezeichnet wird und das als *doppelte Null-Lösung* dann auch 1987 für das Ergebnis der Abrüstungsverhandlungen zwischen den Supermächten USA und UdSSR (*INF-Vertrag*) genutzt wird. Diese Diskussion ist aber mentalitätsgeschichtlich weniger relevant und wird daher hier nur erwähnt.

6.1.3 Nach dem Kalten Krieg

Als deutliche Zäsur nicht nur in der allgemeinen Geschichte und in der Geschichte Deutschlands dürfte der Mauerfall von 1989, die Vereinigung der deutschen Staaten und der Zusammenbruch der Sowjetunion und des Warschauer Pakts gelten können. All das wird heute auch als das „wirkliche" *Ende des Kalten Krieges* angesehen, auf den man sich bezieht, wenn aktuell mit der auch militärischen Gegnerschaft zwischen Russland und den westlichen Ländern ein *neuer Kalter Krieg* befürchtet wird. Die vorangehende *Entspannung* im Verhältnis zu Russland wird – wie erwähnt – nun oft als verhängnisvoller Fehler betrachtet, der u.a. eine fehlende *Verteidigungsbereitschaft* und *-fähigkeit* des Westens allgemein und Deutschlands im Besonderen zur Folge gehabt habe, denen nun eine *Zeitenwende* mit einem 100 Milliarden Euro-Aufrüstungsprogramm entgegengesetzt wird.

Die Diskussionen um die Osterweiterung der NATO und das Verhältnis zu den osteuropäischen Staaten begannen schon in den Jahren 1992/93 mit den Konzepten einer *Partnerschaft für den Frieden* bzw. einer *Friedenspartnerschaft* (vgl. Wengeler 1995b: 160), gehören aber zu den gemeinten Debatten, von denen Politikwissenschaftler:innen (s. Kap. 5.5) sagen, dass sie kaum breite öffentliche Diskussionen auslösen, was wohl auch noch für die Situation nach der russischen Annexion der Krim und der Besetzung zweier Regionen im Donbass 2014 gilt. Das damalige Plädoyer von Bundespräsident Gauck aus dem Jahr 2014 auf der Münchner Sicherheitskonferenz, Deutschland müsse als „global vernetzte Wirtschaftsmacht"[22] mehr internationale Verantwortung übernehmen, wobei auch der Ausdruck *Verantwortung* reflektiert wurde, führten auch nicht zu einer breiten öffentlichen Debatte, reihen sich aber ein in entsprechende öffentliche Stellungnahmen in die gleiche inhaltliche Richtung, die es bereits seit 1992/93 mit dem Zweiten Golfkrieg und den Kriegen in Ex-Jugoslawien und Somalia gibt. Auch damals

---

22 https://www.bundesregierung.de/breg-de/service/bulletin/rede-von-bundespraesident-dr-h-c-joachim-gauck-800928 (abgerufen am 02.04.2025).

wurden schon *die neue Verantwortung* und die *außenpolitische Handlungsfähigkeit* Deutschlands als Legitimationsmuster für Militär und Auslandseinsätze der Bundeswehr nach dem Wegfall unmittelbarer *Bedrohung* an den Grenzen genutzt (vgl. Wengeler 1995b: 157). Inwieweit diese Diskussionen öffentlich das kollektive Wissen bezüglich Sicherheitspolitik bestimmt haben, wäre noch zu untersuchen und ist u.a. Thema eines Forschungsprojekts zum außen- und sicherheitspolitischen Diskurs nach 1990 (vgl. Wengeler & Kuck 2022).

Was diesen aber zumindest phasenweise stärker bestimmt hat, sind die Debatten um Deutschlands Beteiligung und Nicht-Beteiligung an internationalen Militäreinsätzen, an *out of area*-Einsätzen, die entweder als eine eigene, seit dreißig Jahren andauernde Phase des sicherheitspolitischen Diskurses betrachtet oder in die drei Phasen Balkankriege, Afghanistan-Einsatz und Ukraine-Krieg unterteilt werden können. Auch wenn es hierzu inzwischen eine umfangreiche sprachwissenschaftliche Argumentationsanalyse (Happ 2024) sowie einige politik-, medien- und sozialwissenschaftliche Untersuchungen gibt, seien hier zuletzt nur ein paar sprachbezogene Schlaglichter angeführt.

Schon vor Ende des Kalten Krieges 1989/90 gab es besorgte Stimmen dazu, dass in der Bevölkerung keine *Bedrohung* mehr empfunden werde und daher die *Verteidigungsbereitschaft* nachlasse (vgl. Wengeler 1995b: 156). Mit dem Zweiten Golfkrieg 1990/91, in dem der Irak Kuwait besetzt hatte und Anfang 1991 eine internationale Koalition unter Führung der USA gegen den Irak eingriff, wurde in Deutschland erstmals der Einsatz deutscher Streitkräfte außerhalb der Bündnisverteidigung diskutiert. Die Positionen pro und contra wurden mit den Begriffen *Bellizismus* und wiederum *Pazifismus* diskutiert, die *Bedrohung* durch *islamischen Fundamentalismus* wurde in Gestalt des irakischen Diktators Saddam Hussein konstruiert, und der *Nord-Süd-Konflikt* schien den *Ost-West-Konflikt* abzulösen. Während bezüglich international koordinierter Einsätze – ab 1992/93 vor allem bezüglich der Balkankriege – von *friedensschaffenden Maßnahmen* und *Friedensmissionen* legitimierend die Rede war, setzten Stimmen aus der Friedensbewegung dem die aus ihrer Sicht „richtigeren" Ausdrücke *Kampfeinsätze* und *Kriegseinsätze* entgegen, was auch sprachkritisch reflektiert und als passend deklariert wurde:

> Soldaten sollen Frieden schaffen, Frieden erhalten, Frieden durchsetzen, Menschenrechte und humanitäre Hilfe schützen. Mit diesen Zauberworten wird seit Monaten die Tatsache zu verschleiern versucht, daß unser Land sich an religiösen Kriegen beteiligen soll […]. Wahr bleibt: Der Einsatz von bewaffneten Streitkräften ist Krieg. Krieg ist Krieg.
> (Aufruf der Friedensbewegung zum Antikriegstag am 01. September 1993, zit. nach FRANKFURTER RUNDSCHAU 01. September 1993)

Die Ausdrücke *Interventionsarmee* und *Militarisierung* waren die Stigmawörter, mit denen von militärkritischer Seite bis hinein in die SPD gegen Bundeswehreinsätze und sonstige Kriegsbeteiligungen Deutschlands Stellung genommen wurde (vgl. Wengeler 1995b: 159).

Mit den Diskussionen um die Bosnien-Kriege Mitte der 1990er Jahre und um den NATO-Einsatz im Kosovokrieg von 1999 gegen u.a. die serbische Hauptstadt Belgrad sowie mit der Deklaration des Bundeskanzlers Schröder der *uneingeschränkten Solidarität* mit den USA nach den Anschlägen vom 11. September 2001 und der darauf folgenden Beteiligung der Bundeswehr am Afghanistan-Einsatz bis zum Jahr 2021 sind weitere markante Punkte der Debatte benannt, die auch in der Öffentlichkeit geführt wurde und in der es u.a. weiterhin um solche Bezeichnungen wie *Friedensmission* und *Krieg* ging. Vor allem in wiederkehrenden öffentlichen Debatten zur Verlängerung des Afghanistan-Einsatzes stand zur Diskussion, ob dieser Krieg ein *Krieg* ist oder doch eher eine *Friedensmission* oder ob auch in *kriegsähnlichen Zuständen* getötete deutsche Soldaten *gefallen* sein können. In den Jahren 2008 bis 2010 erreichten diese öffentlichen Diskussionen ihre vor allem auch sprachreflexiven Höhepunkte, in deren Zuge mehr und mehr Presseorgane und auch Politiker:innen von *Krieg* sprachen, in dem sich die Bundeswehr befinde (vgl. dazu Borchert & Wengeler 2015): „Wenn der Außenminister quasi den Krieg erklärt" (STUTTGARTER ZEITUNG 12. Februar 2010); „Was in Afghanistan passiert, ist Krieg" (BERLINER MORGENPOST 03. April 2010); „Krieg ist Krieg. Guttenbergs semantische Verschleierungstaktik" (AACHENER NACHRICHTEN 06. April 2010). Als Folge dieser am Ende der Nullerjahre breiter geführten öffentlichen Debatte um den Afghanistan-Einsatz wagen Borchert & Wengeler (2015: 279) die mentalitätsgeschichtliche These von der „Enttabuisierung des Militärischen" im öffentlich-kollektiven Wissen, die u.a. damit aufgezeigt werden kann, wie sich der Ausdruck *Krieg* in Konkurrenz zu *Friedensmissionen* und zu *kriegsähnlichen Zuständen* in dieser Zeit durchsetzt. Weitere und z.T. intensivere Analysen von Legitimationsdebatten zu deutschen Beteiligungen an verschiedenen Formen von Militäreinsätzen liegen insbesondere aus der Politikwissenschaft und der Wissenssoziologie vor, in denen z.T. auch der legitimierende Wortgebrauch und insbesondere Argumentationsmuster und -strukturen betrachtet werden (vgl. zusammenfassend-referierend dazu Wengeler & Kuck 2022). Dass die Putin-Strategie, seinen Krieg gegen die Ukraine nicht *Krieg*, sondern *Sonderoperation* zu nennen, sprachstrategisch nichts Besonderes ist, sondern in einer auch im westlichen und internationalen Sprachgebrauch üblichen Tradition steht, sei somit als letzter aktualisierender Bezug des außen- und sicherheitspolitischen Diskurses festgehalten, ohne dass damit der besondere Zynismus in dieser Wortwahl angesichts eines brutalen Angriffskrieges relativiert werden soll.

Aufgaben
1. Geben Sie wieder, in welche Phasen Diskurse über Außen-, Sicherheits- und Militärpolitik in Deutschland seit 1945 eingeteilt werden können. Erörtern Sie, um welche Fragen/Problemverhalte es dabei jeweils ging und welche sprachlichen Mittel in den Auseinandersetzungen von zentraler Funktion waren.

2. Vergleichen Sie den sprachwissenschaftlichen Aufsatz von Borchert & Wengeler (2015) mit dem politikwissenschaftlichen Beitrag von Maurer & Rink (2020). Erläutern Sie Gemeinsamkeiten und Unterschiede in der Darstellung der Geschichte der Bundeswehr.

6.2 Migration

Auch beim Thema Migration können problemlos aktuelle Bezüge zur Sprach-, Diskurs- und Wissensgeschichte dieses Themas hergestellt werden: „OECD erwartet Rekordzuwanderung durch den Ukraine-Krieg" schreibt etwa die FRANKFURTER RUNDSCHAU[23] im Herbst 2022 und vergleicht im Artikel die Zahl der Zuzüge mit der aus dem Jahr 2015, die nun übertroffen würde. Ein Jahr später stehen wieder einmal Änderungen des Asylrechts auf der politischen Agenda, die in der Wochenzeitung DER FREITAG mit folgender Überschrift kritisch betrachtet wird: „Alle auf das Asylrecht: Wie die Migrationsdebatte verroht" (DER FREITAG 26. Juli 2023). Diskursgeschichtlich interessant ist nicht nur der Vergleich mit dem Jahr 2015, auch weitere Zeiträume mit hohen Zuwanderungszahlen wie die Jahre 1992/93 aufgrund der Kriege in Ex-Jugoslawien oder die Nachkriegszeit mit vielen Millionen „Vertriebenen" stellen interessante Diskursphasen dar. Verglichen werden können zum ersten lexikalische Besonderheiten, die jeweils unterschiedliche Perspektiven auf die Sachverhalte Flucht, Migration und zuwandernde Personen indizieren und konstruieren (z.B. *Vertreibung, Gastarbeiter, Integration, Asylmissbrauch, Flüchtlingskrise*); zum anderen sind gerade in diesem Themenbereich auch metaphorische Konstruktionen der Problemlage relevant (z.B. *Flüchtlingsstrom, Ansturm der Armen*); und zum dritten zeigen vor allem auch argumentative Muster Formen des Denkens, Fühlens und Wollens zu diesem Thema, die einerseits große Kontinuitäten aufweisen und andererseits zeitweise abweichen und innovativ sind (z.B. HUMANITÄTS-TOPOS, BELASTUNGS-TOPOS, TOPOS VOM WIRTSCHAFTLICHEN NUTZEN). So war im Jahr 2022 im öffentlichen Diskurs auffällig, dass die Vielzahl ukrainischer Flüchtlinge nicht zum großen Problem gemacht worden ist, dass Topoi aus vergangenen Diskussionen um Migration wie etwa der BELASTUNGS- und der MISSBRAUCHS-TOPOS (s.u.) dabei so gut wie nicht verwendet wurden (was sich Ende 2024 allerdings wieder geändert hat) und dementsprechend die Flucht-Migration (in diesem Fall aus der Ukraine) im öffentlich vermittelten Wissen (zum oben genannten Zeitpunkt) auch nicht zu dem Problem wurde, zu dem sie z.B. 1992/93 oder 2015/16 gemacht wurde. Für die letztgenannte Zeitphase etwa hat sich der Begriff *Flüchtlingskrise* beinahe eingebürgert, während flüchtlingsfreundliche Diskursakteur:innen diesem die Phrase *langer Sommer der Migration* (Hess u.a.

---

[23] Freitag, 11. Oktober 2022: https://www.fr.de/politik/oecd-erwartet-rekord-zuwanderung-durch-den-ukraine-krieg-zr-91842056.html (abgerufen am 30.07.2024).

2017) oder *langer Sommer der Flucht* (Becker 2022) entgegenzusetzen versuchen. Im Folgenden werden verschiedene Phasen des Migrationsdiskurses seit den 1950er Jahren in ihrer diskursgeschichtlichen Entwicklung dargestellt.

6.2.1 Der Vertriebenen-Diskurs der 1950er Jahre

Die diachronische Darstellung von Schlüsselwörtern, Metaphernfeldern und Argumentationsmustern kann sich auf recht umfassende Forschung stützen und versucht, die wissensgeschichtlich zentralen Aspekte in den Vordergrund zu stellen.

> Eine Fluchtbewegung großen Ausmaßes prägte auch nachhaltig die deutsche Nachkriegsgesellschaft. *Flüchtlingspolitik* wurde zu einem zentralen Thema der westzonalen und bundesdeutschen Innenpolitik.
>
> (Böke 1996b: 131)

Es geht dabei um etwa 12 Millionen Menschen, die ab 1944/45 durch „Flucht, Zwangsausweisung und Umsiedlung" (Kleßmann 1986: 40) nach Westdeutschland gekommen waren. Einen Streit um Wörter bzw. explizite sprachliche Thematisierungen gab es dabei bezüglich der Bezeichnungen für die (Zu)Wanderungsbewegungen und bei programmatischen Vokabeln für die z.T. nur als vorläufig gedachte Einbindung der Zuwandernden in die Gesellschaft bzw. das neue Wirtschafts- und Sozialgefüge Westdeutschlands. Außerdem sind es die Personenbezeichnungen, die oft als identitätsstiftend aufgefasst werden und entsprechend umkämpft sind.

Für den Vorgang der Flucht und Zwangsauswanderung von so genannten „Reichs-, Volks- und Auslandsdeutschen" aus den ehemals deutschen Ostgebieten bzw. aus von der Wehrmacht besetzten Gebieten waren mit den Vorgangsbezeichnungen *Ausweisung*, *Austreibung* und *Vertreibung* ähnliche, aber im Einzelfall doch vor allem emotiv unterschiedliche Bezeichnungen im Gebrauch, wobei das anfänglich zumeist genutzte *Ausweisung* von den stärker den Vorgang stigmatisierenden Vokabeln *Austreibung* und *Vertreibung* abgelöst wurde. *Aussiedlung* und *Umsiedlung* waren demgegenüber verharmlosende Konkurrenzvokabeln, die vor allem in der DDR und bei der KPD verwendet wurden. Im Westen wurden sie sprachkritisch zurückgewiesen („die euphemistisch als ‚Umsiedlung' bezeichnete Massenaustreibung oder -ausweisung der Deutschen" (Rogge 1959: 181, zit. nach Böke 1996b: 140)) und erst später in der BRD für die freiwilligen *Familienzusammenführungen* aus den Ostblockländern in die Bundesrepublik benutzt. Für die Wanderungsbewegung waren auch die eher dramatisierenden Bezeichnungen *Massenflucht* und *Massenaustreibung* und die metaphorisch geprägten Bezeichnungen *Völkerwanderung* und *Flüchtlingsstrom* im Gebrauch. Mit dem Ausdruck *Völkerwanderung* wurde ein historischer Bezug konstruiert und explizit behauptet oder implizit mitgemeint, dass das Ausmaß der Völkerwanderung in der Spätantike von den aktuellen Wanderungsbewegungen übertroffen (vgl. dazu die Belege in Böke 1996b: 147–148) würde.

Die Wasser-Metaphorik zur Kennzeichnung des Umfangs und z.T. auch des bedrohlichen Ausmaßes der Zuwanderung ist nicht nur in *Flüchtlingsstrom* realisiert, sondern wird – wie in späteren Phasen – mit weiteren Metaphern ausgebaut, wie etwa *Flutwelle, überschwemmender Flüchtlingsstrom, reißendes Hochwasser, infektiöse Flut, überschwemmen* und auch *einschleusen* (vgl. dazu Böke 1996b: 144–146). Gerade diese Metaphorik in zeitgenössischen Stellungnahmen zeigt, dass schon in den 1950er Jahren die später gerne als Erfolgsgeschichte erzählte Einbindung der Vertriebenen in die Nachkriegsgesellschaft mit ähnlichen Ressentiments gegen die *Neubürger* (ein Ausdruck, der im Westen eher nur in den unmittelbaren Nachkriegsjahren verwendet wurde und später als DDR-Vokabel von den Betroffenen abgelehnt wurde, vgl. Böke 1996b: 176–179) verbunden war, wie dies später bei den sog. Gastarbeitern, Asylbewerbern und weiteren Zuwandernden zu beobachten ist. Und auch die Thematisierung der problematischen Implikationen der Bedrohlichkeit in der Wasser-Metaphorik ist so alt wie ihr Gebrauch und keine neue wissenschaftliche Erkenntnis. Unangenehmerweise findet man sich dabei sogar in der Tradition eines in der Nachkriegszeit offenbar weißgewaschenen überzeugten Nationalsozialisten, denn es ist Lutz Mackensen[24], der 1959 die Wasser-Metaphorik in ihrer Bedrohlichkeit in sehr ähnlicher Weise thematisiert:

> Das Entsetzen der Einheimischen über die Größe und Plötzlichkeit der Binnenwanderung malen die häufigen Zusammensetzungen mit *Strom-*, mit denen der elementare Vorgang gern bildhaft gekennzeichnet wurde. *Flüchtlings-* oder *Vertriebenenstrom* – solche Fügungen lassen die Schrecken einer Hochwasserkatastrophe anklingen; […] weil die Gedanken, einmal ans Wasserbild gewöhnt, auf Folgerungen verfielen, die besser unausgesprochen geblieben wären. Es entstand das böse Wort *Strandgut* […]; es bürgerte sich wieder einmal das nicht bessere Bild von der *Schleuse* ein, das den Heimatlosen zum Objekt eines mechanischen Vorganges, der *Einschleusung* oder *Durchschleusung* machte und ihm bewies, daß er von den „anderen" als Bedrohung empfunden wurde.
>
> (Mackensen 1959: 268)

Auch bezüglich der Personenbezeichnungen lassen sich für die frühe Nachkriegszeit interessante mentalitätsgeschichtliche Beobachtungen machen. Wortgeschichtlich ist vor dem Hintergrund, dass aktuell einige Diskursakteur:innen aus verschiedenen Gründen die Bezeichnung *Flüchtlinge* durch *Geflüchtete* ersetzen und in den 1980er/90er Jahren *Flüchtling* eine eher positiv konnotierte Alternative zu *Asylant* u.Ä. darstellte, die Verwendung von *Flüchtlinge* in den 1940er/50er Jahren, die damalige Pejorisierung und der Ersatz durch *(Heimat)Vertriebene* relevant.

---

24 Zu Mackensen vgl. Henne (2010).

> Zweifellos war die Vokabel *Flüchtlinge* im gesamten Untersuchungszeitraum [1945–1961] der dominierende Ausdruck, mit dem die verschiedenen Zuwanderergruppen bezeichnet wurden. Zahlreiche Komposita im behördlichen und öffentlich-politischen Sprachgebrauch dokumentieren seine zentrale Stellung im flüchtlingspolitischen Diskurs.
>
> (Böke 1996b: 149)

Dabei ist die sachgeschichtlich und für die Betroffenen durchaus bedeutsame Festlegung der Referenz von *Flüchtling* – und der konkurrierenden Bezeichnungen *Vertriebener, Heimatvertriebener, Ausgewiesener* etc. – in juristischen Zusammenhängen zwar wichtig (vgl. dazu Böke 1996b: 151–167), mentalitäts- und diskursgeschichtlich interessanter ist aber der Streit um die Wörter und die Thematisierung der mit den Ausdrücken verbundenen Bewertungen. Auch wenn in den ersten Nachkriegsjahren „*Flüchtling* die gängige Bezeichnung und Selbstbezeichnung" (Böke 1996b: 153) der aus dem Osten unfreiwillig nach Westdeutschland Zugewanderten war, wurde doch zur gleichen Zeit gerade in Textsorten, die an die Betroffenen gerichtet waren, sowie in juristischen Texten schon *Vertriebene* und *Heimatvertriebene* verwendet, so z.B. auf CDU-Wahlplakaten, in den Parteiprogrammen von CDU und SPD sowie z.B. im Flüchtlingsgesetz des Landes NRW von 1948 (vgl. dazu Böke 1996b: 155). Auch in den Namen von Interessenverbänden wurden die Ausdrücke schon früh verwendet: *Arbeitsgemeinschaft der Ostvertriebenen, Zentralverband der vertriebenen Deutschen* oder *Landesverband der Heimatvertriebenen* (vgl. Böke 1996b: 154–155). 1950 wurde die auch bei Bundestagswahlen erfolgreiche Partei *Bund der Heimatvertriebenen und Entrechteten (BHE)* gegründet, im gleichen Jahr die *Magna Charta der Heimatvertriebenen* verkündet, die später immer wieder als das *Grundgesetz* dieser Flüchtlingsgruppe bezeichnet wurde.

Die zahlreichen Sprachthematisierungen in öffentlichen Textsorten, die den pejorativen Charakter von *Flüchtlinge* behaupteten und *(Heimat-)Vertriebene* als nicht nur angemessenere, sondern eben auch die Fluchtgründe/-motive herausstellende Ausdrücke favorisierten und dazu führten, dass Letztere zunehmend zum offiziellen öffentlichen Sprachgebrauch wurden, zeigen einerseits das Selbstbewusstsein und die politischen Einflussmöglichkeiten der betroffenen Gruppen, andererseits die offenbar verbreiteten Vorbehalte von Einheimischen gegenüber den Zugezogenen, wie sie sich später auch gegenüber nicht-deutschen Zuwandernden finden. Zwei prototypische Thematisierungen aus einer Buchveröffentlichung von 1959 seien zur Veranschaulichung angeführt:

> In Wort und Begriff des „Vertriebenen" wird das Unrecht der Vertreibung mitgedacht. Dieser Ausdruck gibt eine andere Würde als der Name Flüchtling.
>
> (Rogge 1959: 190)

> Die Bezeichnung „Flüchtling", die sich zunächst selbstverständlich einstellte und anwurzelte, [...] schien auch anzudeuten, daß der Abschied von der alten Heimat zwar ungern und unter äußerem Druck, aber doch durch eigene Entscheidung vollzogen sei. Wer flieht, tut das nach einem neuerdings wirksamen Gedankenbezug heimlich und meist vorbedacht; in diesem Sinne waren wir keine „Flüchtlinge".
>
> (Mackensen 1959: 264)

Böke (1996b: 159–160) fasst die Gründe, die über diese im öffentlich-politischen Raum auch strategisch motivierten Sprachpolitik hinaus in den 1950er Jahren für die emotive Abwertung des Ausdrucks *Flüchtling* wirksam waren, wie folgt zusammen:

> *Flüchtlinge* war als Leitvokabel der ersten Nachkriegsjahre nicht nur wegen seiner semantischen Breite [als Bezeichnung für ganz unterschiedliche Zuwanderungsgruppen] „verbraucht", sondern hatte durch die Spannungen zwischen Einheimischen und Flüchtlingen auch eine latente Pejorisierung erfahren und damit an werbender Kraft verloren. Wie zeitgenössische Dokumente und Presseberichte zeigen, war das Verhältnis zwischen der einheimischen und der zugewanderten Bevölkerung aus verschiedenen Gründen gestört. Die Zuwanderer wurden als „Fremdlinge" und als asoziale Lagerbewohner wahrgenommen, die wirtschaftlich und sozial auf unterster Stufe standen.

Kritisch wurde die Durchsetzung von *(Heimat-)Vertriebener*[25] als Bezeichnung für die Flüchtlinge von ganz links, von KPD-Abgeordneten im Bundestag begleitet, die historisch in etwa korrekt feststellten, *Flüchtling* und *Ausgewiesene* seien bis 1949 „in allen Behörden" für die Zugewanderten üblich gewesen. Nun (1953) aber habe man die Bezeichnungen geändert:

> Mit der Bezeichnung „Vertriebener" oder „Heimatvertriebener" soll der Revanchegedanke geweckt werden, sollen die Revisionsbestrebungen psychologisch untermauert werden.
> (KPD-Abg. Kohl am 25. Februar 1953 im BT: 11977)

Gemeint ist die Revision der durch den Sieg der Alliierten im Weltkrieg gezogenen deutschen Grenzen und somit die „Rückeroberung" der im Osten verlorenen deutschen Gebiete. Dieser „linke" Vorwurf richtete sich vor allem und in ähnlicher Weise gegen die von den Vertriebenen und den deutschen Bundesregierungen programmatisch gebrauchten Konzepte und Vokabeln *Heimat* und *Recht auf (Rückkehr in die alte) Heimat*, deren positive Aufladung ebenfalls bekämpft wurde. Auch hier sind aktuelle Bezüge interessant. Gerade im Gefolge der Wanderungsbewegungen von 2015/16 wurde der Heimatbegriff (vgl. dazu z.B. Ebermann 2019) wieder neu diskutiert und das Innenministerium 2018 zu einem *Bundesministerium des Innern, für Bau und Heimat* umbenannt. In den 1950er Jahren wurde *Heimat* wie folgt thematisiert:

---

[25] Vgl. dazu auch eine Stimme aus den 1960er Jahren, in der der Philosoph Hermann Lübbe das Wort als Beispiel dafür anführt, dass es sich lohnt, in der Politik um Worte zu streiten (vgl. dazu Kap. 4.2.1): „In der Bundesrepublik Deutschland hat es sich durchgesetzt, von Heimatvertriebenen zu sprechen. Uns ist dieses Wort so sehr geläufig, daß wir nicht mehr das Bewußtsein haben, etwas Politisches zu tun, wenn wir es gebrauchen. Gerade darin aber besteht die politische Leistung derjenigen, die das Wort ‚Heimatvertriebene' erfolgreich durchgesetzt haben. Dieses Wort hat unverkennbar einen präzisen politischen Sinn. Es verbindet die Erinnerung an die Heimat mit der Betonung der illegitimen Gewaltsamkeit des Exodus, und es konserviert so in Verbindung mit dem politischen Neologismus ‚Heimatrecht' den Anspruch auf Rückkehr in die genannten Gebiete" (Lübbe 1967: 360).

> Das Wort „Heimat" war früher ein unpolitisches Wort. Man verstand darunter die kleine nahe Umwelt, in der das Kind sich geborgen wußte, [...] in der der Mensch [...] sich ganz und gar zu Hause fühlte. [...] Heute hat das Wort „Heimat" zwar seinen innigen Klang behalten, aber es klingen auch politische Töne an: Ansprüche auf Rückkehr in die verlorene Heimat und Ansprüche auf eine neue Heimat.
>
> (Walter Dirks in NEUE RHEIN-ZEITUNG 21. September 1957)

Das *Recht auf (die) Heimat*, das, was bei Dirks nur anklingt, wurde seit der erwähnten *Charta der Heimatvertriebenen* von 1950 zur zentralen programmatischen Vokabel bei den Vertriebenen und auch bei den Bundestagsparteien mit Ausnahme der KPD, die entsprechend auch in vielen öffentlichen Stellungnahmen vorkam. Flankiert wurde die damit verbundene Forderung sprachlich von *Heimattreffen*, einem *Tag der Heimat* und dem emotiv wirksamen Attribut der *verlorenen* Heimat. Die Wortverbindung *Recht auf (die) Heimat* steht mentalitätsgeschichtlich symptomatisch für die gerade in den 1950er Jahren von auch politisch einflussreichen Diskursakteur:innen wie den sog. Vertriebenenverbänden verbreitete Vorstellung, die aus den ehemals deutschen Gebieten Zugewanderten könnten irgendwann als einzelne oder als ganze Bevölkerungsgruppen in die nun zu Polen, zur Sowjetunion oder Rumänien gehörigen Gebiete zurückkehren.

Diesen in den 1950er Jahren nur von der KPD und kleineren linken Gruppen bestrittenen und als *revanchistisch* gebrandmarkten Ansprüchen, die erst im Zuge der Neuen Ostpolitik Willy Brandts ab 1969 öffentlich leiser wurden, stand als weitere wichtige programmatische Vokabel das Wort *Eingliederung* entgegen; das Bezeichnete wurde in der späteren Gastarbeiterdiskussion eher von *Integration* (vgl. dazu Jung, Niehr & Böke 2000: 109–111) ausgedrückt:

> [A]uch im Interesse eines neuen Wirtschafts- und Gesellschaftssystems wollte man ein praktikables Konzept, das diese Zuwanderer am Neuaufbau aktiv teilnehmen ließ. *Eingliederung* wurde zur Zielvokabel dieses Konzepts, [... das] zur gleichberechtigten Teilnahme der Flüchtlinge, insbesondere der Vertriebenen, am wirtschaftlichen und sozialen Leben in der Bundesrepublik führen sollte.
>
> (Böke 1996b: 196)

Wirtschaftlich und *sozial* waren die häufigsten mit dem Wort verbundenen und oft gemeinsam genutzten Attribute. *Organische Eingliederung* wurde gerade von den Vertriebenenverbänden als ‚sozial befriedetes Nebeneinander' von Vertriebenen und Einheimischen der *Einschmelzung* und *Assimilierung* bzw. *Assimilation* in die westdeutsche Gesellschaft entgegengesetzt, um die Ansprüche auf die alte Heimat nicht aufgeben zu müssen:

> Unter dem Titel *Eingliederung* sollte ein politisches Konzept durchgesetzt werden, das nur eine „äußere" und keine feste „innere" Bindung der Vertriebenen an die „neue Heimat" und ihre Mitbürger guthieß, die sentimentale Bindung an die „alte Heimat" und die eigene „Landsmannschaft" förderte und damit die Rückkehrwilligkeit unterstützte.
>
> (Böke 1996b: 205)

Eher angedeutet als ausgeführt ist damit die besondere Situation der Einwanderungsgesellschaft der 1950er Jahre, deren kollektives Wissen zum Thema sehr stark von den betroffenen Gruppen beeinflusst wurde. Interessant ist – wie anfangs erwähnt – auch hier der Vergleich zu späteren Zuwanderungsgruppen, bei denen erst seit den 1970er Jahren mit Leitvokabeln wie *Integration, Rotation, Assimilation* und später *Multikulturelle Gesellschaft, Parallelgesellschaft, Leitkultur* etc. Zielvorstellungen zum Zusammen- oder Nebeneinanderleben von Zugewanderten und Einheimischen z.T. ähnlich, z.T. ganz anders diskutiert wurden.

6.2.2 Der Gastarbeiter-Diskurs der 1960er/1970er Jahre

Die nächste Gruppe, die hier diskurs- und mentalitätsgeschichtlich betrachtet wird, ist die der Arbeitsmigrant:innen, die seit dem ersten Anwerbeabkommen der Bundesrepublik mit Italien ab 1955 als nichtdeutsche Zuwander:innen gekommen sind und für die die historische Vokabel *Gastarbeiter* steht.

„Fremdarbeiter als Ersatz für Rekruten" (HAMBURGER ECHO 10. November 1954); „Fremdarbeiter nur im Notfall" (RHEINISCHE POST 06. Dezember 1955); ein SPD-Abgeordneter will „vor 1957 an den Einsatz von Fremdarbeitern überhaupt nicht [...] denken" (BT 17. Februar 1955: 3396). Diese Zitate weisen auf die neben der Flucht-Migration Mitte der 1950er Jahre beginnende Arbeitsmigration zunächst aus südeuropäischen Ländern hin, die über Anwerbeabkommen organisiert wurde und die bis etwa Mitte der 1960er Jahre, auch aufgrund ihrer überschaubaren zahlenmäßigen Dimension, „nicht Gegenstand sonderlicher Aufmerksamkeit" (Herbert 1986: 210) war. Dennoch gibt deren Bezeichnung und die einsetzende sprachkritische Reflexion derselben Aufschlüsse über die öffentliche Haltung zu den neuen „Fremden". Mit *Fremdarbeiter* wurde (neben eher sachlich-bürokratischen Wortverbindungen wie *ausländische Arbeitskräfte*) der in der NS-Zeit für nach Deutschland verschleppte Zwangsarbeiter:innen gebräuchliche Ausdruck übernommen, so z.B. auch noch 1963: „Für die Bundesrepublik sei es eine ‚Frage europäischer Bewährung', den Kontakt der Fremdarbeiter mit der deutschen Bevölkerung zu verbessern" (FRANKFURTER ALLGEMEINE ZEITUNG 13. September 1963). Dieser Ausdruck wurde aber auch schon bald thematisiert: die „vorbelastete und irreführende Bezeichnung ‚Fremdarbeiter'" (FRANKFURTER ALLGEMEINE ZEITUNG 03. Juni 1961), „die häßliche an Kriegszeiten und Zwangsarbeit erinnernde Bezeichnung ‚Fremdarbeiter'" (RHEINISCHE POST 07. September 1961), „das häßliche und ziemlich vorbelastete Wort ‚Fremdarbeiter'" (RHEINISCHE POST 29. November 1961). Solche sprachsensiblen Anmerkungen reflektieren Bemühungen, zu einer neuen Haltung gegenüber den südeuropäischen Arbeitsmigrant:innen beizutragen, die auch in der Propagierung des offenbar um 1960 herum aufkommenden Wortes *Gastarbeiter* als Ersatzbezeichnung zum Ausdruck kommen.

Allerdings wird auch dieser Ausdruck, vor allem das Bestimmungswort *Gast* remotivierend, von Beginn an kritisch begleitet: Die RHEINISCHE POST konstatiert und begrüßt schon 1961 die Ablösung von *Fremdarbeiter* durch das „viel schönere und angemessenere Wort ‚Gastarbeiter'" (Rheinische Post 07. September 1961), während die Frankfurter Allgemeine Zeitung zur gleichen Zeit noch Zweifel hegt: „Ob der Ausdruck ‚Gastarbeiter' Wurzeln schlägt, kann nur die Zukunft zeigen." (Frankfurter Allgemeine Zeitung 03. Juni 1961) Und ob er angemessen sei, wird wie folgt in Frage gestellt: „Gastarbeiter klingt noch fremd und ist auch nicht ohne inneren Widerspruch. Gemeinhin erwartet man vom Gast nicht, daß er beim Gastgeber arbeitet, bei ihm Geld verdient und es zum Teil auch wieder ausgibt." (Frankfurter Allgemeine Zeitung 03. Juni 1961) Diese Remotivierung von *Gast* wurde im folgenden Jahrzehnt zu einem sprachkritischen Topos, der auch genutzt wurde, um eine freundliche Haltung gegenüber den „Gästen" einzufordern. Diese den Arbeitsmigrant:innen gegenüber zunächst eher freundliche und ihre prekären Arbeits- und Wohnverhältnisse thematisierende Stimmung wurde seit Mitte der 1960er Jahre konterkariert von eher fremdenfeindlichen Stimmen:

> Die NPD, die in der Zeit von 1966 bis 1968 in sieben Landtage einzog, machte „Parolen der Ausländerfeindlichkeit in größerem Umfang publik" (Herbert 1986, 208). In der Presse wird nach einer Phase der „Goodwill-Informationen über die ‚Gastarbeiter'" (Delgado 1970, 126) vor allem negativ berichtet, „sobald es um die Sicherung des Arbeitsplatzes für die einheimische Bevölkerung ging" (ebd.), und Kritik an den Gastarbeitern wurde „zur beifallsträchtigen Passage in jeder Wahlkampfrede" (Herbert 1986, 209f): „Seit etwa einem Jahr kann man in fast jeder politischen Veranstaltung auf bundesdeutschem Boden Beifall erzielen, wenn man sich nur recht abfällig über die Gastarbeiter äußert", schrieb die Abendzeitung Nürnberg am 5.5.1966.
>
> (Wengeler 1995c: 718)

Sprachlich hatte das zur Folge, dass schon 1970 wiederum ein „schöneres und angemesseneres" (Rheinische Post 23. Dezember 1970) Wort als *Gastarbeiter* gesucht wurde und als Ergebnis eines Preisausschreibens *ausländische Arbeitnehmer* als Ersatzwort vorgeschlagen wurde. Dass das Wort tatsächlich in den 1970er Jahren in der Presse immer weniger gebraucht wurde, lag aber eher daran, dass die Arbeitsmigrant:innen tatsächlich blieben, ihre Familien nachholten und über sich daraus ergebende soziale Probleme berichtet wurde, für die der Ausdruck als weniger angemessen betrachtet wurde. Der immer wieder zitierte Satz des Schriftstellers Max Frisch „Wir erwarteten Arbeitskräfte, und es kamen Menschen" (hier zit. nach Delgado 1970: 127) kann als Indiz für das gesellschaftliche Bewusstsein der Zeit angeführt werden, das sich allmählich damit beschäftigte, dass Arbeitsmigration nicht allein als ein Arbeitsmarktthema, sondern auch als ein gesellschaftliches Thema zu behandeln und nicht einfach mit dem Zurückschicken von Menschen zu bewältigen sei.

Allerdings wurden gerade in den 1970er Jahren von einigen Diskursakteur:innen *Rotation* und *Rotationsprinzip* noch als Fahnenwörter benutzt, mit denen das Konzept des Austauschs von Arbeitskräften ohne Perspektive auf dauerhaften Aufenthalt im „Gastland" vertreten wurde. Andere hingegen diskutierten längst Konzepte der Integration der Zuwandernden in die deutsche Gesellschaft. Auch *Integration* fungierte dabei vor allem als Fahnenwort, während *Assimilation* als alternatives Konzept des völligen

Aufgehens in der Aufnahmegesellschaft eher zum Stigmawort wurde.[26] In den 1980er Jahren erst verlagerte sich die diesbezügliche Diskussion weg von diesen Vorgangsbezeichnungen hin zu Bezeichnungen für die Gesellschaft/das Land, das Zuwandernde aufnimmt und eben integriert, assimiliert oder neben der Aufnahmegesellschaft her leben lässt. Ob die Bundesrepublik Deutschland ein *Einwanderungsland* ist und was daraus folgt, es so aufzufassen und zu benennen, ob die *Multikulturelle Gesellschaft* ein erstrebenswertes Ziel ist oder als *Multikulti* verhindert werden müsse, weil es dann zu *Parallelgesellschaften* kommt, in denen eine *deutsche Leitkultur* nicht mehr akzeptiert wird; das sind nicht nur Sachfragen, die seither kontrovers und z.T. vehement diskutiert werden, das sind auch Sprachfragen, bei denen die mit den Wörtern jeweils verknüpften Konzepte diskutiert werden und bei denen darum gestritten wird, ob das mit diesen programmatischen Vokabeln Bezeichnete etwas Erstrebenswertes ist oder nicht. In diesen Debatten werden die genannten Wörter z.T. von den einen Diskursakteur:innen als Fahnenwörter und von den anderen gleichzeitig als Stigmawörter genutzt oder ein Stigmawort wie *Parallelgesellschaft* wird als unpassend bekämpft (vgl. zu alledem Jung, Niehr & Böke 2000: 155; Wengeler 1995c: 724–728).

Bei den Personenbezeichnungen jedenfalls waren *Ausländer, ausländische Arbeitnehmer* oder *Türken* (als die seit 1972 größte Gruppe der Arbeitsmigrant:innen) in den 1970er Jahren alternativ gebrauchte Ausdrücke, die neben – und zunehmend anstatt – *Gastarbeiter* genutzt wurden, vor allem auch in Komposita, mit denen die Anwesenheit und – trotz *Anwerbestopp* von 1973 – die Zunahme nicht-deutscher Zuwander:innen vor allem als Problem konstruiert wurde. Neben *Gastarbeiterproblem* und *Ausländerproblem* wurde dafür wiederum vor allem Wasser- und Militär-Metaphorik genutzt: *Ausländer-Zuzugswelle, Gastarbeiter-Zustrom, eine Welle ausländischer Kinder, Invasion der Türken(kinder), Die Türken kommen – rette sich, wer kann* sind Beispiele für die öffentlich vermittelte Wahrnehmung der Zuwanderung in den 1970er Jahren (vgl. mit Belegangaben Wengeler 1995c: 722).

Zeit- und teildiskursübergreifend kommt Böke (1997: 191–192; Jung, Niehr & Böke 2000: 131–135.; zusammenfassend auch Wichmann 2018: 205–209) zu dem Schluss, dass im am intensivsten untersuchten Nachrichtenmagazin DER SPIEGEL, aber auch in anderen Printmedien die Herkunftsbereiche ‚Wasser', ‚Krieg/Kampf/Militär' und ‚Waren/Warenhandel' am häufigsten in allen Zuwanderungsdiskursen verwendet werden und dass auf dieser Grundlage im Sinne der konzeptuellen Metapherntheorie Lakoffs & Johnsons behauptet werden kann, dass das kollektive Denken, die Einstellungen oder Wirklichkeitsauffassungen zum Thema Zuwanderung von solchen metaphorischen Konzepten stark mitgeprägt werden. Metaphorisch gebrauchte Ausdrücke wie *Flücht-*

---

26 Vgl. die ähnlich verlaufende 1950er Jahre-Debatte zu *Eingliederung* vs. *Einschmelzung*. Genaueres zu diesem Wortfeld in Jung, Niehr & Böke (2000: 109–111).

lingswelle oder *Invasion* (der Türken) haben – so wie sie gebraucht wurden – eine deontische Bedeutung (vgl. Hermanns 1989), nach der etwas bedroht wird und wogegen man (in diesem Fall die Aufnahmegesellschaft) sich wehren muss.

Im Diskurs melden sich seit den 1980er/90er Jahren auch andere Stimmen zu Wort,

> die sich gegen den Gebrauch von Wasser-Metaphorik wenden. [Es wird ...] auf die emotionalisierend-suggestive Kraft und die bewusstseinsprägende und handlungssteuernde Wirkung abgehoben, die eine bildliche Gleichsetzung von Menschen mit ‚reißenden Fluten' [und natürlich auch mit angreifenden Militärverbänden] habe.
>
> (Jung, Niehr & Böke 2000: 134)

Ein markantes Beispiel dafür:

> Da genügt ein Anschwellen der Zuwanderung von Asylsuchenden, von Politikern zur „Schwemme" oder „Flut" hochgeredet, um das unheilbar gesunde Volksempfinden herauszufordern.
>
> (DER SPIEGEL 28. Juli 1986)

Zur Veranschaulichung dieses vom Vertriebenendiskurs in den 1950er Jahren bis zum Asyldiskurs der 1990er Jahre untersuchten Metapherngebrauchs sei auf die vielen Belege in Jung, Niehr & Böke (2000: 136–154) verwiesen. Zu ähnlichen Ergebnissen, z.T. auf bestimmte Textsorten beschränkt und bezüglich einiger Herkunftsbereiche von Metaphern sehr differenziert und detailliert, kommen auch Analysen, die das Konzept der Kollektivsymbolik verwenden (Gerhard 1992; Thiele 2005), oder der *Critical Discourse Analysis* (CDA) zuzurechnende Metaphernanalysen zu Reden in verschiedenen europäischen Parlamenten (Wodak & van Dijk u.a. 2000). Zu anderen Ergebnissen kommt Wichmann (2018) bei einer Analyse verschiedener Textsorten aus den Jahren 2008–2011, in denen es keine hohen Zuwanderungszahlen gab und in denen andere „Dinge" als Migration bevorzugt diskutiert wurden, während Krieger (2005) für den Zeitraum 1998 bis 2001 zwar auch ‚Wasser' als wichtigsten Herkunftsbereich von Metaphern im Zuwanderungsdiskurs bestätigt, aber mit den Bereichen ‚Gebäude/Haus/Bauwerk' und ‚Waren' weitere Schwerpunkte feststellt. Wichmann (2018: 383–395) ordnet metaphorisch gebrauchte Ausdrücke wie *Parallelgesellschaften*, *Willkommenskultur*, *Hürden*, *steuern* oder *Schlüssel* verschiedenen Konzepten/Bereichen zu und schlussfolgert aus dem bei ihm geringen Vorkommen von Wasser-, Militär- und Bedrohungsmetaphorik einen veränderten gesellschaftlichen Umgang mit Zuwanderung (d.h.: einen akzeptierenderen, aufnahmebereiteren) sowie „eine gestiegene Sensibilität gegenüber der sprachlichen Beschreibung" (Wichmann 1018: 395) der Zuwanderung. Hier aber seien abschließend zur Metaphorik noch zwei Aussagen Bökes für die oben genannten Zeiten bis zu den 1990er Jahren wiedergegeben:

> *Strom-*, *Zustrom-* und *Wellen*-Metaphern sind im untersuchten Migrationsdiskurs der BRD nicht nur die ältesten, sondern auch die am häufigsten verwendeten Wasser-Metaphern. Dabei bilden

> *Strom* und *Zustrom* eine Art Basismetaphern. Sie bezeichnen die Zuwanderung als eine kontinuierlich stattfindende Massenbewegung, während *Welle* meist modifizierend zur Hervorhebung eines aktuellen Zuwanderungstrends und eines Anstiegs der Zuwandererzahlen eingesetzt wird.
>
> (Jung, Niehr & Böke 2000: 131–132)

> Ein weiterer charakteristischer Herkunftsbereich [...] ist der Bereich ‚Krieg'. Hier dominieren Metaphern wie *Invasion, Ansturm, Einmarsch* sowie [...] *Türkenansturm*. [...] Der Bedrohung suggerierende Gebrauch zeichnet sich – analog zur Entwicklung der Wasser-Metaphorik – vor allem seit Anfang der 70er Jahre ab, während die Kriegs-Metaphorik zuvor verschiedentlich noch neutral gebraucht [...] wird.
>
> (Jung, Niehr & Böke 2000: 134)

6.2.3 Der Asyldiskurs seit den 1980er Jahren

Die Diskussion um die Integration der Gastarbeiter:innen, die den Migrationsdiskurs der 1970er Jahre bestimmt hat, wurde an deren Ende und mit Beginn der 1980er Jahre von einem neuen Flucht- bzw. vom Asyldiskurs abgelöst. Seither bis zur Änderung des GG-Artikels 16 „Politisch Verfolgte genießen Asyl" im Jahre 1993 ging es nicht um eine Gruppe von Arbeitsmigrant:innen, sondern vor Krieg, Not und Verfolgung aus ihren Ländern Geflohener, die in Deutschland einen Antrag auf Asyl stellten. Seit 1979/80 wurden diese in der öffentlichen Diskussion wahrgenommen und seither mit verschiedenen sprachlichen Mitteln als ein Problem konstruiert, das dringend durch Gesetzesänderungen im Sinne der Verhinderung der Anerkennung der Zuwandernden als legale Flüchtlinge oder anerkannte Asylberechtigte zu lösen sei. Dass diese nicht-gewollte Zuwanderung auch dadurch bedingt war, dass es sich um nicht-europäische, kulturell und vom Aussehen her Fremde handelte, dass also mithin rassistische Motive bei der Abwehr dieser durchaus in den meisten Jahren überschaubaren Menge von Zuwandernden eine Rolle gespielt haben, ist eine der Unterstellungen, die auch bei sprachkritischen Bezügen auf Wörter wie *Asylant, Flüchtling* oder *Asylmissbrauch* eine Rolle spielen.

1980, 1986 und seit 1988 war die Zahl der sich um Asyl Bewerbenden jeweils auf über 100.000 pro Jahr gestiegen, von denen viele aus den Ländern des Globalen Südens und mit Beginn der Kriege auf dem Balkan auch aus Ost- bzw. Südosteuropa kamen. Damit rückte das Thema „Asylrecht" in den Mittelpunkt öffentlicher Diskussionen, und von Beginn an wurde nicht nur der zuvor seltene (vgl. Jung, Niehr & Böke 2000: 28–29) Ausdruck *Asylant* für Menschen, die einen Asylantrag in Deutschland stellen wollten, verwendet, sondern auch sprachkritisch begleitet. Beides, Gebrauch und Thematisierung, führten dazu, dass spätestens Anfang der 1990er Jahre *Asylant* als abwertende Bezeichnung bis hin zu einem Schimpfwort gelten konnte, das zentral für die gesellschaftliche Ablehnung und Abwertung der so Bezeichneten stand und eben deshalb von anderen Diskursakteur:innen bekämpft wurde.

Seit 1978 wurde *Asylant* vereinzelt in Presse und Bundestag verwendet: Es wird nach einem „neuen Verteilerschlüssel für Asylanten auf die einzelnen Bundesländer" (BT 20. Januar 1978: 5103) gefragt, der Mannheimer Morgen titelt: „Asylanten protestieren gegen Zustände im Wohnheim" (15. Juni 1978, zit. nach Link 1986: 55). Schon 1980 wird das Wort in der Presse kritisch in Frage gestellt: „Irgendein sprachlicher Übeltäter hat aus den in der Bundesrepublik Deutschland Asylsuchenden ‚Asylanten' gemacht und sie damit geistig abgeschoben." (SAARBRÜCKER ZEITUNG 12. Juli 1980, zit. nach Link 1986: 56) Jürgen Link analysiert 1986, *Asylant* sei wesentlich für einen neonationalistischen und neorassistischen Diskurs gewesen, für den das Wort „wie eine ‚diskursive Brechstange'" (Link 1986: 58) gewirkt habe.

Interessant vor dem Hintergrund der heute betriebenen Ersetzung von *Flüchtlinge* durch *Geflüchtete*, die von Gruppen ausgeht, die Flüchtlinge unterstützen, sind die sprachkritischen Einlassungen aus den Jahren 1986 und 1991, bei denen der positiv wertende Charakter von *Flüchtling* gegenüber dem Stigmacharakter von *Asylant* hervorgehoben wird. Sie zeigen einerseits verbreitete Einstellungen derjenigen, die mit *Asylant*, aber vor allem auch *Scheinasylant* und – als einzigem abwertenden Kompositum mit *-flüchtling* – *Wirtschaftsflüchtling* hantierten. Auf der anderen Seite werden mit dieser Sprachkritik die humanitäre, mit den Zuwandernden empathische Haltung anderer Diskursakteur:innen deutlich. Beide Diskurspositionen stehen sich im gesamten Migrationsdiskurs der 1980er und 90er Jahre gegenüber. Interessant ist auch der Wortgebrauch der konservativen Parteien hinsichtlich *Wirtschaftsflüchtling*, *Scheinasylant* und *Asylmissbrauch*, der heute bei rechtsextremen Gruppen wie der AfD zu Hause ist.

> Daß das Wort „Asylant" eine Negativauszeichnung impliziert, wird auch dadurch belegt, daß es nie zur Bezeichnung von Flüchtlingen verwendet wird, für die Aufnahmebereitschaft existiert. Von „Vietnamasylanten", „Bootsasylanten" oder „Ostblockasylanten" ist nie die Rede. Vielmehr wird zwischen „Asylanten" einerseits und „Ostblockflüchtlingen" andererseits in der rechtspolitischen Diskussion differenziert.
> (Wolken 1986: 65)

> Flüchtlinge sind tatsächlich gefährdete Menschen, aber nur ganz wenige; Asylanten sind Massen, die das Asylrecht mißbrauchen.
> (Ute Gerhard in FRANKFURTER RUNDSCHAU 19. Oktober 1991: 12)

> Der Flüchtling stellt wie das weihnachtliche Paar in der Bibel eine moralische und soziale Aufgabe dar, der „Asylant" bedeutet nurmehr eine „unzumutbare" beziehungsweise „nicht mehr verkraftbare Belastung."
> (Link 1986: 57)

Die BILD-Zeitung-Serie „Asylanten im Revier – Wer soll das bezahlen?" ab dem 16. Juni 1991 kann als prototypisches Beispiel für die in diesen Stellungnahmen behauptete stigmatisierende Funktion des Ausdrucks *Asylant* gelten, indem darin eine Vielzahl von das Asylrecht und die deutschen Sozialsysteme ausnutzenden Zuwanderern dargestellt wird. Im gleichen Jahr werden in einem längeren sprachthematisierenden Zeitungsartikel die wortbezogenen Einstellungen zum Asyl-Thema gut deutlich. Die FRANKFURTER RUNDSCHAU bezeichnet in dem Artikel vom 05. Oktober 1991 *Asylant* als „diskriminierenden Begriff" und als „Unwort".

> Zudem werden folgende sprachkritische Äußerungen zitiert: „Gerhart Baum (FDP) zähle es zur ‚Sprache des Unmenschen'". Herbert Leuninger (Pro Asyl) führe nach eigenen Worten einen „Kampf gegen Windmühlen", wenn er darauf beharre, „Flüchtlinge entweder Flüchtlinge oder Asylbewerber zu nennen". *Asylant* höre sich ja an wie „Asyl-Schnorrer". Auch amnesty international vermeide den Ausdruck, weil er „etwas Abwertendes" habe. Mit *Asylbewerber* und *Flüchtlinge* sind die häufigsten Bezeichnungen derjenigen genannt, die den Ausdruck *Asylant* nicht verwenden wollen. Spezifizierungen wie *Elendsflüchtlinge* oder *Armutsflüchtlinge* [, die von SPD-Politikern und Kirchenvertretern als positive wertende Alternativen vorgeschlagen werden,] richten sich eher gegen das ebenfalls abwertende Wort *Wirtschaftsflüchtling*.
>
> (Wengeler 1995c: 737)

Wirtschaftsflüchtlinge und *Scheinasylanten* sind in diesen Jahren der vehementen öffentlichen Diskussionen um Zuwanderung ebenso wie die schon beschriebene Naturkatastrophenmetaphorik mit Metaphern wie *Flut der Wirtschaftsflüchtlinge, Welle der Wirtschaftsflüchtlinge, Springflut, Scheinasylantenlawine* die sprachlichen Mittel, mit denen von konservativer/rechter Presse bis hin zu den Unionsparteien flüchtlingsablehnende Stimmungen gefördert werden.[27] Demgegenüber zeigt Merkels Äußerung *Wir schaffen das* von 2015 eine deutlich veränderte Haltung an, auch wenn dies zur Folge hat, dass die flüchtlingsfeindlichen Stimmungen nun von einer neuen rechtsextremen Partei bedient werden. Dass mit diesen Mitteln solche Stimmungen hervorgebracht oder im Wahlkampf zum Stimmenfang genutzt werden, ist natürlich zu der Zeit auch nicht verborgen geblieben und hat zu weiteren sprachkritischen Äußerungen geführt, die zu einem eigenen Argumentationstopos werden (vgl. Wengeler 1995c: 739–742). Als prototypisch dafür sei die an prominenter Stelle von Gregor Gysi im Bundestag angeführte Sprachkritik zitiert, die den „Biedermann und die Brandstifter-Topos" (Wengeler 1996a: 423) nutzt, da der kritisierte Sprachgebrauch zu rassistisch motivierten Gewalttaten führe:

> Und Sprache ist verräterisch. Es waren Politikerinnen und Politiker, die die Begriffe von *Scheinasylanten*, von *Flüchtlingsströmen*, von *Wirtschaftsflüchtlingen*, vom *Asylmißbrauch*, von *asylfreien Zonen*, von *Durchmischung* und *Durchrassung* und das schlimme Wort vom *Staatsnotstand* in die Debatte brachten, und solche Worte zeigen Wirkung. All jene, die in der beschriebenen Art und Weise die Asyldebatte führten und führen, haben an rassistischen und ausländerfeindlichen Pogromen als intellektuelle Urheber ihren Anteil.
>
> (BT 26. Mai 1993)

---

27 Weitere Belege zur Metaphorik und Verwendung der beiden Ausdrücke als Mittel, Flüchtlingen legitime Gründe für ihr Herkommen abzusprechen, in Wengeler (1995c: 738–741).

Das auch in dieser Kritik erwähnte Wort *Asylmissbrauch* – bzw. als Nominalphrase *Missbrauch des Asylrechts* – wird schon seit 1978 im Bundestag und in der Presse häufig genutzt, wiederum insbesondere von konservativer/rechtspopulistischer Seite, die damals noch in den Unionsparteien vertreten war, um ebenso wie mit den zuvor behandelten sprachlichen Mitteln Menschen vor allem aus dem Globalen Süden und später vom Balkan legitime Fluchtgründe abzusprechen und ihnen das Ausnutzen der deutschen Rechtslage vorzuwerfen. Für die eine Zweidrittelmehrheit im Bundestag benötigende Änderung des Asyl-Paragraphen 16 des Grundgesetzes stellte der in dem Wort kondensierte deontische Bedeutungsaspekt ‚muss verhindert werden' eine wichtige argumentative Stütze dar. Wie bei Gysi wurde das Wort von christlichen und sozialliberalen Diskursakteur:innen vor allem in den Jahren 1991 bis 1993 sprachkritisch als wirklichkeitsverzerrend und flüchtlingsfeindlich bekämpft, z.B. als die CDU 1991 auf einem Plakat mit diesem Stigmawort für eine Grundgesetzänderung warb (vgl. Wengeler 1995c: 733).

> Die katholische Friedensorganisation Pax Christi etwa „bedauert, daß der Sekretär der Deutschen Bischofskonferenz ausgerechnet den ideologisch besetzten Begriff des Mißbrauchs des Asylrechts benutzt, um eine Verfassungsänderung zu rechtfertigen". Trotz der Ablehnung der Asylanträge hätten „die meisten [...] gute Gründe für ihre Flucht vorzuweisen. Deshalb ist Mißbrauch in diesem Zusammenhang ein unangebrachtes und gefährliches Wort, das Vorurteile schüren hilft."
> (FRANKFURTER RUNDSCHAU 08. September 1992).

Asylmissbrauch ist mit seiner deontischen Bedeutung ein Wort, das so gebraucht wird, dass in ihm ein ganzes Argumentationsmuster (vgl. Kap. 4.5) kondensiert ist, so wie etwa auch mit *Überfremdung* zumeist der KULTUR-TOPOS ausgedrückt wird, gemäß dem weitere Zuwanderung abzulehnen ist, weil dadurch die deutsche *(Leit-)Kultur* von anderen Lebensweisen/Einstellungen/Werten verdrängt werde. Wie in Kap. 4.5 ausgeführt, können typische/vorherrschende Denkmuster/Mentalitäten als Gewohnheiten des Denkens, Fühlens und Wollens sozialer Gruppen jenseits der Beschreibung des Gebrauchs von Schlagwörtern und deren Thematisierung als Argumentationsmuster untersucht werden. Das ist für den Migrationsdiskurs bezüglich Arbeitsmigration der 1960er und 1970er Jahre und bezüglich der Flucht-Migration Anfang der 1980er Jahre geleistet worden. Es wurden insgesamt 1300 Presseartikel aus den Jahren 1960 bis 1985 auf von den Journalist:innen selbst vorgebrachte oder von ihnen zumeist von politischen Akteur:innen wiedergegebene Argumentationsmuster hin untersucht, eine Vielzahl von Topoi herausgearbeitet und insbesondere die frequentesten in den einzelnen Jahrzehnten auf Kontinuitäten und Veränderungen verglichen. Jenseits der vielfältigen Einzelergebnisse (vgl. Wengeler 2003) seien hier zwei u.E. mentalitätsgeschichtlich interessante Aspekte herausgegriffen: die Entwicklung eines einzelnen Topos auf der einen und ein Ergebnis der diachronen Gesamtanalyse auf der anderen Seite, das in vielen Studien zu fremdenfeindlichen/rassistischen Einstellungen gegenüber Migrant:innen übersehen wird.

Während der eben erwähnte MISSBRAUCHS-TOPOS erst seit Anfang der 1980er Jahre im Rahmen des Asyl-Diskurses gebraucht wird, ist der KULTUR-TOPOS (Definition: *Weil Menschen bestimmte ethnisch-kulturell geprägte Eigenschaften bzw. Mentalitäten haben, gibt es bestimmte beklagens- oder begrüßenswerte Zustände, die jeweils verändert oder gefördert werden sollen, und / oder weil politische Handlungen bestimmte ethnisch-kulturell zu fassende Auswirkungen haben, sollten sie ausgeführt / nicht ausgeführt werden.*) durchgängig seit Anfang der 1960er Jahre vertreten. Er wird zusammen mit dem VORURTEILS-TOPOS, gemäß dem die Einheimischen ihre Vorurteile gegenüber den kulturell „Fremden" ablegen sollten, dann werde das Zusammenleben mit den Zugewanderten schon gelingen, auch in Stellungnahmen pro Einwanderung/Einwandernde verwendet. Wichtiger ist aber die Contra-Variante, bei der vor allem Anfang der 1980er Jahre auch mit dem Stigmawort *Überfremdung* Gefahren des Zuzugs vieler kulturell „fremder", andersartiger Menschen beschworen und somit einwanderungsbegrenzende Maßnahmen befürwortet werden, während er in den 1960er Jahren noch stark paternalistische Züge trug. Drei Zitate sollen die mit dem Topos vermittelte Haltung in den drei Jahrzehnten illustrieren. Das Beispiel aus den frühen 1960er Jahren, das „die Mentalität" „der Süditaliener" beschreibt, steht im Dienste der Verständniswerbung für die bis dato größte Gruppe der Zugewanderten und somit im Rahmen einer Argumentation pro Einwanderung bzw. Einwandernde. Auch in den 1970er Jahren erklärt der KULTUR-TOPOS zumeist, *dass* aufgrund der anderen Mentalität, Lebensauffassung und Kultur der Zuwandernden *das Zusammenleben*, die Integration *schwierig* sei. Konkret geht es nun meistens eher um Türken als um Italiener. Allerdings wird seit dem Anwerbestopp von 1973 der KULTUR-TOPOS nun auch oft in seiner „harten" Version benutzt, wenn behauptet wird, durch zu viele Gastarbeiter komme es zu einer *Überfremdung*, die das Zusammenleben störe, die nicht gut für die Deutschen sei oder die allgemein nicht erwünscht sei. Diese Verwendungsweise setzt sich Anfang der 1980er Jahre fort und wird wichtiger, auch wenn sie, wie im zitierten Beispiel, von der Presse nur berichtet wird.

> Es sind nicht nur die technischen und sprachlichen Schwierigkeiten, nein, auch unsere dem Wesen und Lebensstil der Süditaliener so unverständliche Arbeitswelt aus Disziplin, Ordnung und Pünktlichkeit ist für sie ein großes Problem.
> (DIE WELT 13. Juni 1961)

> Anatolien an Rhein und Main? Mit dem Unbehagen gegenüber einer „Türkisierung" will sich die sozialpolitische Gesprächsrunde der Bundesregierung bereits Anfang April befassen.
> (WELT AM SONNTAG 25. März 1973)

> Die Berliner CDU sieht den „deutschen Charakter" der Stadt gefährdet und hat vom Senat eine Eindämmung der Ausländerzuwanderung verlangt.
> (SÜDDEUTSCHE ZEITUNG 11. Februar 1980)

Für die Darstellung des zweiten, Einzelbeispiele übergreifenden und den gerade herausgehobenen Aspekt kulturalistisch-rassistischer Denk- und Argumentationsweisen auch ein wenig konterkarierenden Diskursphänomens greifen wir auf ein längeres Zitat (Wengeler 2007: 179) zurück, in dem das diesbezügliche Ergebnis schon einmal referiert worden ist:

> Entgegen der immer wieder wiederholten Einschätzung, dass *der* Diskurs über Zuwanderer in Deutschland fremdenfeindlich und ablehnend sei – was für bestimmte Gruppen und auch hinsichtlich konkreter politischer Maßnahmen zutrifft –, ist andererseits festzuhalten, dass [...] rein quantitativ auch pro Zuwanderung oder Zuwanderer vorgebrachte Argumentationen eine wichtige Rolle spielen und den öffentlichen Diskurs mitprägen – obwohl sie andererseits die einwandererablehnenden Tendenzen dadurch bestätigen, dass sie zunehmend defensiv gegen Forderungen nach Zuwanderungsbeschränkungen gerichtet sind: Quantitativ durchgängig dominant ist in der Zeit von 1960–1985 zum einen die Befürwortung von Zuwanderung aufgrund von *humanitären* und *individuell-pragmatischen Überlegungen.* Zum anderen wird eine *realistische* Sichtweise der Zuwanderung zunehmend wichtig, die von Beginn an neben der humanitären und pragmatischen Sichtweise vorhanden ist: Einwanderung und Einwanderer begünstigende Maßnahmen werden dabei damit gerechtfertigt, dass es nun einmal *Realität*, ein *Faktum* sei, dass ein bestimmter Prozess stattgefunden habe, auf den man nun mit angemessenen Maßnahmen reagieren müsse: *Deutschland ist de facto ein Einwanderungsland geworden.* Dies sei die Realität, daher sind bestimmte rechtliche oder soziale Verbesserungen anzustreben und Maßnahmen zu vermeiden, die diese Realität missachten.

Auch der zuletzt genannte Satz kann als Äußerung betrachtet werden, die eben auch einen umstrittenen Begriff enthält und durch die noch einmal die Verzahnung von Schlüsselwort- und Argumentationsebene deutlich wird. Auch die hier genannten, dem linksliberalen Milieu zuzurechnenden Denkweisen sind Teil des Migrationsdiskurses, die sich auch in den jüngeren Migrationsdiskursen wiederfinden und dem rechtsextremen (AfD-)Milieu Anlass geben, sich über Willkommenskultur und Gutmenschentum flüchtlingsfreundlicher Gruppierungen zu beklagen.

Mit dem hier Dargestellten ist vor allem der Migrationsdiskurs bis zum Anfang der 1990er Jahre erfasst und in einigen sprachlich-diskursiven Facetten beschrieben. Mit der Grundgesetz-Änderung des Art. 16 und mit dem Ende der Kriege auf dem Balkan nahmen die Flüchtlingszahlen in Deutschland ab, Flucht und Migration gehörten ca. zwanzig Jahre lang nicht mehr zu den zentralen öffentlich diskutierten Themen. Es gibt allerdings Ausnahmen wie etwa die eher in Fachkreisen breiter geführten Diskussionen im Zusammenhang mit der von Ex-Bundestagspräsidentin Rita Süssmuth geleiteten Zuwanderungskommission, die konstruktive Vorschläge für neue Regeln der Arbeits- und Flucht-Migration erarbeitete (vgl. dazu Krieger 2005). Auch die Diskussionen um eine Aufenthaltsberechtigung für zuwandernde Fachkräfte (*Green Card*) oder um die ebenfalls zur Jahrhundertwende öffentlich brisant werdende *doppelte Staatsbürgerschaft*, gegen die die CDU vor allem in Hessen in populistischer Weise mit Unterschriftenaktionen („Wo kann ich hier gegen Ausländer unterschreiben?") mobil machte, und um die von Friedrich Merz angeheizte *Leitkultur*-Debatte des Jahres 2000 brachten das Migrations-Thema immer wieder auch auf die öffentliche Agenda. Aber erst der eingangs erwähnte „Sommer der Migration" von 2015 – mit Vorläufern nach der Bootskatastrophe am 03. Oktober 2013 vor Lampedusa – machten den Migrationsdiskurs wieder zu einem zentralen öffentlich-gesellschaftlichen Thema, das seither auch linguistisch wieder in vielfältigen Facetten untersucht wird und das auch bei den hier behandelten Analysekategorien wieder zu neuen interessanten Entwicklungen führt.

Becker (2015) untersucht etwa den Presse-, Online- und Talkshow-Diskurs zum Thema Asyl der Jahre 2013/14 hinsichtlich der Konzepte ‚Verantwortung', ‚Angst' und ‚Fremdenfeindlichkeit' auch daraufhin, wie sehr diese das Denken über Migration und Asyl prägen. Kreußler & Wengeler (2017; 2018) zeigen, wie sich der Gebrauch von Personenbezeichnungen im sog. *Flüchtlingssommer* und *-herbst* des Jahres 2015 in Presseleitmedien von den vorangegangenen Jahrzehnten unterscheidet, wie gerade der Ausdruck *Flüchtling* neu thematisiert, in Frage gestellt und von einigen Diskursakteur:innen durch *Geflüchtete* ersetzt wird.[28] Sie konstatieren, dass zum Zeitpunkt, als der Diskurs brisant wurde, auf bedrohlich wirkende Wasser- und Militärmetaphorik in den Leitmedien verzichtet und/oder sie sogleich wieder kritisch reflektiert wurde, was auch bezüglich *Flüchtlingskrise* der Fall ist. Ebenso gehen sie darauf ein, dass auch jenseits problematischen Wortgebrauchs der ÜBERLASTUNGS-TOPOS eine Wirklichkeit konstruiert, in der wiederum zu viele nach Deutschland kämen, denen mit gesetzlichen Maßnahmen (*Asylpakete*) der Zuzug erschwert werden müsse. Wengeler (2022) zeigt die Kontinuitäten einwanderungsablehnender Topoi in einer Bundestagsdebatte von 2019, in der das sog. *Geordnete Rückkehr-Gesetz* beschlossen wurde, das weitere Zuzugsprobleme für Flüchtlinge festschreibt.

Belosevic (2022) vergleicht toposanalytisch den Pressediskurs vor und nach der sog. Kölner Silvesternacht 2015/16 daraufhin, inwieweit die Berichte Vertrauen oder Misstrauen gegenüber Flüchtlingen konstruiert haben und kommt zu dem überraschenden

---

28 „(S)chon ‚Flüchtling' ist ein Frame, der sich politisch gegen Flüchtlinge richtet. [...] Mit der Endung ‚-ling' wird der Flüchtende klein gemacht, abgewertet. Klein sein steht metaphorisch oft für die Idee des Schlechtseins oder des Minderwertigseins. Nehmen Sie den ‚Schreiberling' oder auch den ‚Schönling'. Schön ist eigentlich ein positiv besetzter Begriff, der allein durch die Endung ins Negative verkehrt wird. Außerdem ist der Flüchtling ein männliches Konzept. [...] *Der* Flüchtling impliziert: Er ist eher stark als hilfsbedürftig. Er ist eher aggressiv als umgänglich. Dieses Bild hat sich nach den Übergriffen von Köln verstärkt, weil patriarchalische Züge, Merkmale einer arabischen Macho-Kultur hinzukamen. Eine explosive Mischung. [...] Streichen Sie das Wort Flüchtling aus Ihrem Vokabular! Sie richten damit Schaden an. Besser ist es, von Flüchtenden oder Geflüchteten zu sprechen. Die Geflüchtete, der Geflüchtete, das geflüchtete Kind – das wird den unterschiedlichen Menschen, die zu uns kommen, eher gerecht." (Elisabeth Wehling in der SÜDDEUTSCHEN ZEITUNG: http://www.sueddeutsche.de/kultur/sprache-in-der-fluechtlingsdebatte-das-wort-fluechtling-richtet-schaden-an-1.2864820; abgerufen am 31.07.2024) Ähnlich argumentiert Becker (2022: 13), der ebenfalls das Maskulinum-Argument benennt und zudem behauptet, *Flüchtling* „essentialisiere" und reduziere die bezeichnete Person auf ihre Fluchtgeschichte, während *Geflüchtete* impliziere, dass die Personen ihre Fluchtgeschichte hinter sich haben und somit neue Perspektiven für die Personen offenhalte. Vgl. dazu kritisch die empirische Untersuchung zu den semantischen Potentialen von *Flüchtling* vs. *Geflüchtete* von Rummel (2017).

Ergebnis, dass sich diesbezüglich durch das genannte Ereignis nicht viel geändert habe. Becker (2022) untersucht DIE ZEIT- und DIE ZEIT ONLINE-Berichte aus den Jahren 2015/16 mit einem erzähltheoretischen Hintergrund auf die darin relevanten Narrative. U.a. werden die Konstruktion und Relevanz der Figur des „Schleusers", die Narrative der Willkommenskultur und des Rechtsbruchs sowie die Konstruktion eines „kollektive[n] ‚Wir', [... das] sich dem Asylrecht und der Menschenwürde verpflichtet [weiß]" (Becker 2022: 98), im Gefolge des Merkel'schen *Wir schaffen das* untersucht. Da Beckers Manuskript erst nach Beginn des Ukraine-Kriegs abgeschlossen wurde, kann er in einem „Epilog" (Becker 2022: 239–247) noch auf die interessante Tatsache aufmerksam machen, dass die Aufnahme von einer Million Flüchtlingen aus der Ukraine im ersten Halbjahr 2022 diskursiv ganz anders verlaufen ist als der Diskurs in ähnlichen Zeiten erhöhter Zuwanderungszahlen in vergangenen Dekaden – und auch danach wiederum seit dem Herbst 2022. Denn seither sind es u.a. wieder Belastungs-Argumentationen, die sich nicht auf Ukraine-Flüchtlinge, sondern auf solche aus dem Süden beziehen, die über die Balkan-Route kommen (vgl. z.B. FRANKFURTER RUNDSCHAU 12. und 13. Oktober 2022). Dass sachlich hinsichtlich der Ukraine-Flüchtlinge offenbar das gleiche der Fall ist wie in anderen Jahren (hohe Zahl an Flüchtlingen, Probleme bei der Aufnahme in Deutschland), dass dies im Jahr 2022 aber nicht als das große kaum zu lösende Problem wie in anderen Zeiträumen konstruiert wird, sondern dass die Aufnahme eher geräuschlos praktiziert wird, ist ein mentalitätsgeschichtlich interessanter Aspekt, der noch näher zu betrachten sein wird. Erste Erklärungen oder Unterstellungen nehmen dies als Indiz für Rassismus und Paternalismus, weil es sich dieses Mal um blonde und blauäugige Europäer:innen handelt und nicht um arabisch oder afrikanisch aussehende Menschen, zudem in der Mehrzahl um Frauen und Kinder.

Aufgaben
1. Geben Sie wieder, in welche Phasen der bundesdeutsche Migrationsdiskurs seit 1945 eingeteilt werden kann. Erörtern Sie, um welche Fragen/Problemverhalte es dabei jeweils ging und welche sprachlichen Mittel in den Auseinandersetzungen von zentraler Funktion waren.
2. Konsultieren Sie das Kapitel zu Metaphern im Migrationsdiskurs in Jung, Niehr & Böke (2000). Stellen Sie die dort abgedruckten Belege in einen Zusammenhang mit eigenständig recherchiertem Metapherngebrauch in aktuellen Migrationsdiskursen.
3. MISSBRAUCHS-TOPOS, BELASTUNGS-TOPOS, KULTUR-TOPOS auf der einen, TOPOS VOM WIRTSCHAFTLICHEN NUTZEN, REALITÄTS- und HUMANITÄTS-TOPOS auf der anderen Seite sind in (fast) allen Migrationsdiskursen der Bundesrepublik Deutschland vertreten. Suchen und erörtern Sie entsprechende aktuelle Beispiele für diese Topoi in Online-Medien.

6.3 Wirtschaftskrisen

Wie für die vorangegangenen Unterkapitel gilt, dass es sich auch beim Thema Wirtschaftskrisen um einen aktuellen, gesellschaftlich und politisch vieldiskutierten Gegenstand handelt. Ein kleines Beispiel (aus einem großen und vielgestaltigen Diskurs): Vor dem Hintergrund des Krieges in der Ukraine und des Stopps von Rohölimporten aus Russland zu Beginn des Jahres 2023 scheinen – so die mediale Darstellung – die Ära günstiger Energie vorbei und die Energieversorgung bedroht zu sein. Angesichts steigender Preise spricht der damalige Bundesfinanzminister Christian Lindner davon, dass eine „dauerhaft hohe Inflation [...] unser wirtschaftliches Fundament unterspülen" (DER SPIEGEL 01. Januar 2023) würde, weshalb – so eine der Schlussfolgerungen aus der drohenden Krise – das Fracking-Verbot aufgehoben werden sollte. Man sieht, dass dieses Teilthema auch verbunden ist mit anderen Themen, z.B. der Diskussion umstrittener Technologien.

Diskursgeschichtlich interessant ist, dass sich der gegenwärtige wirtschaftliche Krisendiskurs wie der außen-, sicherheits- und militärpolitische Diskurs oder der Migrationsdiskurs einreiht in zeitgeschichtliche Phasen, die jeweils als Wirtschaftskrise wahrgenommen wurden und in denen kollektives Wissen über Krisen sprachlich-kommunikativ verhandelt wurde. Und auch für Wirtschaftskrisendiskurse lässt sich konstatieren, dass die sprachliche Konstruktion von Krise insbesondere lexikalisch, metaphorisch sowie argumentativ geprägt ist. Das sind jedenfalls diejenigen sprachlichen Ebenen, die im Rahmen diskursgeschichtlicher Forschung über das hier zu behandelnde Thema systematisch in den Blick genommen wurden.

Typischerweise wird eine Krise metaphorisch als Krankheit konzeptualisiert oder – wie im Lindner-Zitat oben – der Staat/die Gesellschaft als Gebäude, dessen Fundament durch bestimmte Entwicklungen (*dauerhaft hohe Inflation*) *unterspült* werde und damit in seiner/ihrer Stabilität bedroht scheint. Auch die Annahme, man würde sich an der Schwelle zu einer neuen Ära befinden, ist diskursgeschichtlich nichts Neues, sondern eine in Krisenzeiten weit verbreitete, diachron immer wieder auftauchende Erklärung für als einschneidend wahrgenommene Veränderungen, die argumentativ eingesetzt wird (TOPOS DER ZEITENWENDE, s.u.). Im Folgenden werden Einblicke in die diskursgeschichtliche Forschung zu wirtschaftlichen Krisen seit 1945 gegeben, die auch als Vergleich für gegenwärtige Krisendiskurse (im Bereich Wirtschaft) herangezogen werden können.

Zunächst einmal lassen sich Krisen als Störungen eines als normal geltenden Zustandes auffassen. Sie stellen Gewissheiten infrage, bringen Unordnung in tradierte Wissensbestände, bewirken Unsicherheiten und implizieren Zeitnot bzw. münden in Handlungsnotwendigkeiten und -aufforderungen – so der allgemeine Krisenbegriff nach Koselleck (2006: 212–215). Wesentlich für das Verständnis von Krise ist ihre sprachliche Darstellung oder Vermittlung, wobei etwa die Zuschreibung von Eigenschaften eine wichtige Rolle spielt. Dies erfolgt nicht unabhängig von kommunikativen Zwecken; zentrale Aspekte von Krisendiskursen sind daher immer auch Auseinandersetzungen etwa um die richtigen Strategien zur Krisenbewältigung. Besonders in Krisenzeiten geht es um die Definition und Durchsetzung von Meinungen in semantischen Kämpfen (vgl. Koselleck 1979: 24).

So haben die verschiedenen diskursgeschichtlichen Analysen von Wirtschaftskrisen gemeinsam, dass sie in diachroner Perspektive über die Art und Weise der sprachlichen Konstruktion derselben aufklären, dass sie erschließen, welches Wissen und welche Denkweisen mit den sprachlichen Formen verbunden waren, dass sie aufzeigen, wer sich mit den eigenen Meinungen im Diskurs durchsetzt und welche politischen Maßnahmen ausgehend von dem Konzept Krise wie legitimiert werden. Grundlage der Untersuchungen zu Wirtschaftskrisen (vgl. insbesondere Kuck 2018 und Römer 2017) bildet ein umfangreiches Korpus aus ca. 10.000 Pressetexten aus den Zeitungen und Zeitschriften BILD, FRANKFURTER ALLGEMEINE ZEITUNG, SÜDDEUTSCHE ZEITUNG, DER SPIEGEL und DIE ZEIT, das fünf Krisendiskurse in der Bundesrepublik Deutschland zwischen den Jahren 1973 und 2009 abdeckt: den der sog. „Ölkrise" von 1973–1974, den Diskurs der „geistig-moralischen Wende" im Jahr 1982, den „Globalisierungs- und Reformdiskurs" Ende der 1990er Jahre, den Diskurs um die „Agenda 2010" im Jahr 2003 sowie den Diskurs zur „Banken- und Finanzkrise" 2008–2009.

6.3.1 Der Wortschatz in Wirtschaftskrisendiskursen

Bezüglich des Wortschatzes, mit dem Wirtschaftskrisen konstruiert werden, kann u.a. gefragt werden: Durch welches Vokabular zeichnen sich die jeweiligen Krisendiskurse aus? Unterscheidet sich der Wortschatz der Krisendiskurse im historischen Vergleich? Auf welche Themen lässt sich aus dem Wortschatz schließen? Sind bestimmte Wörter für bestimmte Krisendiskurse prägend? Lassen sich daraus Schlussfolgerungen für das Verständnis von Krisen ziehen (vgl. Scholz & Ziem 2013: 155)?

Lexikalische Auffälligkeiten bestehen beispielsweise darin, dass im Globalisierungs- und Reformdiskurs Ende der 1990er Jahre, als es um drohende Massenarbeitslosigkeit ging, Wortbildungen mit dem Bestandteil *Arbeit* häufig vorkommen (z.B. *Arbeitsplätze, Arbeitslosigkeit, Arbeitslose*). Dies sind erste Hinweise darauf, „dass hier Arbeit als ein politisches Problem angesehen und verschiedentlich sprachlich thematisiert wird" (Scholz & Ziem 2013: 161). Scholz und Ziem (2013: 161) halten fest: „Nach der Darstellung eines solchen Problems lassen sich dann entsprechende politische Reformen besser begründen". Hier wird also sprachlich durch ein bestimmtes Vokabular ein Krisenbewusstsein (z.B. im Sinne von bedrohten Arbeitsplätzen) geschaffen, an das im politischen Diskurs argumentativ angeknüpft werden konnte.

Weiterhin zeigen die quantitativen Wortschatzanalysen, dass politische Handlungen in diesem Zeitraum mit dem Phänomen der Globalisierung begründet wurden (vgl. Scholz & Ziem 2013: 166). Im Untersuchungszeitraum 2003 hingegen, also im Zusammenhang der Debatte um die „Agenda 2010", konnten keine entsprechenden Bezeichnungen, die auf eine Problemkonstruktion verweisen, gefunden werden, weshalb, so die

Schlussfolgerung, ein Krisenbewusstsein und die „Einsicht in die Notwendigkeit von Reformen" (Scholz & Ziem 2013: 167) bereits etabliert gewesen seien.

In beiden Diskursen standen „der Sozialstaat und die Frage nach seinem Umbau" (Scholz & Ziem 2013: 167) im Mittelpunkt des Redens über als krisenhaft wahrgenommene Aspekte. Dass in diesem Zusammenhang der Ausdruck *Wohlstand* immer wieder vorkommt, deutet darauf hin,

> dass [das Konzept des ...] Umbau[s] des Sozialstaates [...] auf den Topos der Wohlstandssicherung zurückgreift, um die tiefgreifenden Reformen zu begründen. Die Senkung der Lohnnebenkosten scheint dabei in beiden Krisenzeiträumen ein wichtiges Mittel darzustellen.
> (Scholz & Ziem 2013: 168)

Quantitative Analysen des Wortschatzes können helfen, ein umfangreiches Korpus, wie das zu den Krisendiskursen, zu erschließen, z.B. indem anhand des Vorkommens oder Nicht-Vorkommens von Wörtern Ähnlichkeiten und Unterschiede im Vokabular verschiedener zeitlicher Phasen und damit ggf. Referenzbereiche bzw. Themenschwerpunkte identifiziert werden (auch für das Auffinden von Wortbildungen beispielsweise sind korpuslinguistische Methoden hilfreich).

Qualitative, diskurssemantische Analysen von krisendiskursspezifischen Schlüsselwörtern führen beispielsweise Wengeler & Ziem (2014b) durch. Ein zentraler Ausdruck in allen Krisendiskursen mit kontroverser Bedeutung ist das Wort *Krise* selbst. Dabei ist es häufig in syntaktische Konstruktionen eingebettet, in denen der Ausdruck als Genitivattribut fungiert (wie in *Opfer der Krise, Schaden der Krise, Lösung der Krise* usw.). Der Kopf der Phrase (hier: *Opfer, Schaden, Lösung*) benennt jeweils thematische Facetten von Krise und trägt zur Bedeutungsprägung bei. Teilt man sämtliche Köpfe der syntaktischen Konstruktionen (konkret handelt es sich um Possessivkonstruktionen) in semantische Klassen ein, lassen sich Aussagen darüber treffen, „welche Wissensaspekte (Leerstellen) innerhalb eines Diskurses dominieren" (Wengeler & Ziem 2014b: 61). Die nominalen Köpfe verteilen sich auf fünf Klassen: ‚Folgen' (z.B. *Schaden / Auswirkungen / Kosten* etc. *der Krise*); ‚Zeit' (z.B. *Ausbruch / Höhepunkt / Beginn* etc. *der Krise*); ‚Akteur:innen' (z.B. *Gewinner / Beteiligter / Trittbrettfahrer* etc. *der Krise*); ‚Handlung' (z.B. *Bewältigung / Bekämpfung* etc. *der Krise*); ‚Eigenschaften' (z.B. *Zentrum / Sog* etc. *der Krise*) (vgl. Wengeler & Ziem 2014b; Ziem, Scholz & Römer 2013). Hinsichtlich dieser fünf Klassen also wird ‚Krise' (thematisch) differenziert.

Ein weiteres Schlüsselwort in den untersuchten Krisendiskursen ist der Ausdruck *Sozialstaat*. Auffällig häufig kommt er seit Ende der 1990er Jahre vor und insbesondere im Zusammenhang der Debatte um die „Agenda 2010". Dabei wird *Sozialstaat* durch Zuschreibungen in seiner Bedeutung als etwas geprägt, das reformbedürftig sei. So beispielsweise, wenn er als Gegenstand von Handlungen und intendierten Veränderungen (als affiziertes Objekt) dargestellt wird, wie in *Reform des Sozialstaates; Sozialstaat, der neugestaltet werden muss; Umbau des Sozialstaates* (vgl. Wengeler & Ziem 2014b: 63). Diese sprachlichen Konstruktionen dienten dem Ziel, „Reformen vorzubereiten, zu legitimieren oder deren Notwendigkeit zu plausibilisieren" (Wengeler & Ziem 2014b: 63).

6.3.2 Metaphernkonzepte in Wirtschaftskrisendiskursen

Das Reden und das Wissen über abstrakte Diskursgegenstände wie Wirtschaftskrisen ist zu einem großen Teil metaphorisch geprägt. Dementsprechend arbeitet Kuck (2018) kollektive Wissensbestände in ökonomischen Krisendiskursen anhand konzeptueller Metaphern (vgl. Lakoff & Johnson 1980) heraus und klärt damit über einen weiteren Aspekt der kommunikativ-sprachlichen Konstruktion von Krisen auf. Die wirklichkeitskonstruierende Leistung konzeptueller Metaphern, verstanden als kognitive Phänomene, besteht darin, dass sie uns abstrakte Sachverhalte in Begriffen konkreter Sachverhalte verstehen lassen (s. Kap. 4.4). So beispielsweise die an anderer Stelle bereits erwähnte konzeptuelle Metapher WIRTSCHAFT ALS MASCHINE, die sich etwa in Äußerungen wie „Der Konsum ist der Motor der Wirtschaft" oder „Konjunkturpakete kurbeln die Wirtschaft an" finden lässt (vgl. Kuck 2018: 75). Hierbei werden die verstehensrelevanten Begriffe aus dem anschaulichen Herkunftsbereich *Maschine* bezogen (als das, womit metaphorisiert wird) und auf den Zielbereich *Wirtschaft* (als das, was in einer bestimmten Weise metaphorisiert wird) übertragen. Indem konzeptuelle Metaphern Wissen aus dem Herkunftsbereich auf den Zielbereich projizieren, konstituieren sie das Wissen über den Zielbereich. Eine konzeptuelle Metapher, die uns WIRTSCHAFT ALS MASCHINE verstehen lässt, mit bestimmten Implikationen über das Funktionieren von Maschinen, strukturiert somit die Wahrnehmung des metaphorisierten Bereichs auf eine ganz spezifische Weise und sie legt bestimmte Handlungsoptionen nahe. Während einerseits Aspekte aus dem Herkunftsbereich *Maschine* hervorgehoben werden (*Wirtschaft ist unbelebt, hat/braucht einen Antrieb, kann ins Stocken geraten, muss gewartet werden, bedarf einer Reparatur* usw.), geraten andererseits Aspekte, wie sich Wirtschaft vielleicht anders verstehen ließe, in den Hintergrund. Durch solche metaphorischen Konstruktionen werden somit schließlich immer auch Perspektiven in den metaphorisierten Bereich eingeschrieben, die auf Diskurspositionen und Weltsichten verweisen.

Eine diachron immer wieder auftauchende konzeptuelle Metapher im wirtschaftlichen Krisendiskurs ist KRISE ALS KRANKHEIT (vgl. Kuck & Römer 2012; Kuck 2016). Kommen Krankheitsmetaphern im Diskurs zur Ölkrise in den 1970er Jahren nur vereinzelt vor, prägen sie in der Debatte um die Agenda 2010 die Wahrnehmung der wirtschaftlichen Lage in der Bundesrepublik Deutschland. Diagnosen lauteten beispielsweise: Die Wirtschaft sei *gelähmt*, die Wachstumsschwäche sei *chronisch*. Als Krankheitserreger galt etwa *Überregulierung* (z.B. im Sinne des Kündigungsschutzes), an der insbesondere der Arbeitsmarkt *kranke*. Aus dieser metaphorisch geprägten Wahrnehmung von KRISE ALS KRANKHEIT wurde gefolgert, die *deutsche Krankheit* könne nur durch eine *Therapie* im Sinne von Deregulierung des Arbeitsmarktes bzw. Reformen gemäß der „Agenda 2010" *geheilt* werden. Dem liegt die Denkweise zugrunde, nur ein *schlanker Staat* (d.h. ein effizient gestalteter Staat) sei ein *gesunder Staat* (vgl. Kuck 2016: 504–507). Innerhalb der Logik des metaphorischen Konzeptes und wie es semantisch ausdifferenziert wurde, scheint es schlüssig, dass dringender Handlungsbedarf besteht. Die Darstellung von KRISE ALS KRANKHEIT lässt politische Maßnahmen somit als plausibel erscheinen.

Letztlich wurden die *Agenda 2010* genannten Reformen vor allem auch mit dem Konzept KRISE ALS KRANKHEIT begründet (vgl. Kuck 2016: 508).

Die Banken- und Finanzkrise 2008–2009 wurde ebenfalls maßgeblich in Krankheitsmetaphern gedeutet. So wurde die Krise als *ansteckende Krankheit* wahrgenommen, deren *Ausbruch* die Insolvenz der US-amerikanischen Investmentbank Lehman-Brothers markiert. Von diesem Ereignis ausgehend wurde im öffentlichen Diskurs eine *Ausbreitung* der Krise über die ganze Welt befürchtet. Die Krise sei ein amerikanisches *Virus*, gegen das die Banken nicht *immun* seien, mit dem sich Europa *angesteckt* oder *infiziert* habe, die Finanzkrise bedrohe auch das *Herz der deutschen Wirtschaft* (vgl. Kuck 2016: 510).

Insofern die Banken- und Finanzkrise metaphorisch als akut bedrohliche Krankheit diagnostiziert wurde, bestand – wie schon im Krisendiskurs 2003 – scheinbar dringender Handlungsbedarf. Darüber hinaus bringt die Krankheitsmetaphorik „Wissen über die Rollenverteilung prototypischer Akteure" (Kuck 2016: 511) hervor. So treten innerhalb des Konzeptes Staaten und Institutionen (wie der Internationale Währungsfonds, IWF) als Ärzte auf, die dem kranken Organismus bzw. dem *Patienten*, d.h. den Banken, entsprechende *Medizin* zu verabreichen haben, etwa *Finanzspritzen*, um die Banken vor dem *Kollaps* zu bewahren. Letztlich konnten mithilfe der Krankheitsmetaphorik ein staatliches Eingreifen bzw. die „Rettungspakete und Teilverstaatlichungen […] als *Notoperationen*" (Kuck 2016: 512) legitimiert werden. Die Bankenrettung erscheint somit als „metaphorisch motivierte Konsequenz" (Kuck 2016: 513) aus dem Konzept KRISE ALS KRANKHEIT. Dabei wird ausgeblendet,

> dass Krisen das Resultat menschlicher Praxis sind […]. Insgesamt hatte die Krankheitsmetaphorik in der Finanzkrise den Effekt, dass in der Öffentlichkeit ein Krisenbewusstsein geschaffen wurde und die Rettungsmaßnahmen alternativlos erschienen.
>
> (Kuck 2016: 513)

6.3.3 Argumentationsmuster in Wirtschaftskrisendiskursen

Einen weiteren hermeneutischen Zugang zu Krisendiskursen stellt die Untersuchung von Topoi dar (s. Kap. 4.5). Auch die Analyse von Topoi bzw. Argumentationsmustern in Diskursen gibt Aufschluss über typische Denkweisen zur Erreichung von Argumentationszielen und über Segmente des argumentativ genutzten verstehensrelevanten gesellschaftlichen Wissens.[29] Im vorliegenden Zusammenhang geht es um Topoi, die bei der sprachlich-kommunikativen Konstruktion des Wissens über die jeweilige Wirtschaftskrise über einen längeren Zeitraum auf ähnliche Weise immer wieder vorkommen, um bestimmte Sachverhaltszusammenhänge als plausibel erscheinen zu lassen

---

29 Zur Definition, Diskussion und methodischen Weiterentwicklung des Toposbegriffs für diskurslinguistische Zwecke vgl. neben Kap. 4.5 insbesondere Wengeler (2003) und Römer (2017: 98–130; 2018).

und politisches Handeln zu begründen. Da sie sprachlich in sehr unterschiedlicher Gestalt auftreten, lassen sie sich wie die konzeptuellen Metaphern zunächst einmal am besten interpretativ aus der Lektüre einer begründeten Auswahl von Texten zu Krisendiskursen identifizieren. Wenn man Topoi identifiziert hat und eine erste Vorstellung davon hat, welche lexikalischen Mittel gebraucht werden, um Topoi sprachlich zu realisieren, dann könnte man korpuslinguistische Verfahren mit Gewinn an die hermeneutischen Schritte anschließen.

Ein Beispiel für einen immer wiederkehrenden kontextspezifischen Topos im ökonomischen und sozialpolitischen Krisendiskurs der Jahre 1973 bis 2010 ist der TOPOS DER DÜSTEREN ZUKUNFTSPROGNOSE, der sich wie folgt definieren lässt: „*Weil die zukünftige Lage ausgesprochen schlecht sein wird, muss dringend etwas Bestimmtes getan werden (um noch Schlimmeres zu verhüten).*" (Römer 2017: 165) Durch Verweise auf Gefahren und bevorstehende schlechte Zeiten wird der Topos gebraucht, um ein Bedrohungsszenario zu konstruieren und Zukunftsängste zu evozieren. Das Argumentationsmuster wird genutzt, um zu behaupten, was der Fall sein wird, und das verheißt nichts Gutes. Auf Basis des als negativ bewerteten, in der Zukunft Eintretenden erfolgt mithilfe des Argumentationsmusters die Legitimation verschiedenster politischer Maßnahmen. Diese heben meist darauf ab, die prognostizierte Krise und schlimmere Konsequenzen zu verhindern. Der Topos verdeutlicht, dass dringend etwas unternommen werden müsse. Sprachliche Realisierungen des Argumentationsmusters lesen sich wie folgt:

> Die Bundesregierung befürchtet, daß die Zahl der Arbeitslosen in den Monaten Januar und Februar eventuell auf 750 000 steigen könnte. [...] Es wurde in diesem Zusammenhang angekündigt, daß die Regierung die bevorstehenden Tarifverhandlungen im öffentlichen Dienst mit bisher unbekannter Härte führen werde.
> (BILD 22. Dezember 1973)

> Die Aussicht auf zwei oder mehr Millionen Arbeitslose nimmt einem den Atem. Wohin sind wir gekommen? Aber es besteht kein Anlaß, in Selbstmitleid zu verfallen. [...] Die Krise müssen wir alle jetzt als Herausforderung begreifen – wie nach 1945: Ärmel aufkrempeln, nicht nach dem Staat schielen.
> (BILD 06. Oktober 1982)

> Tatsache ist: Ein Zehntel der arbeitsfähigen Deutschen hat keinen Arbeitsplatz [...]. Tatsache ist: Im kommenden Winter werden es fünf Millionen sein. Wenn keine durchgreifenden Korrekturen erfolgen, kann die Arbeitslosigkeit steigen.
> (Helmut Schmidt in: DIE ZEIT 22. Mai 2003)

Der TOPOS DER DÜSTEREN ZUKUNFTSPROGNOSE tritt häufig zusammen mit einem SINGULARITÄTS-TOPOS auf, „der mit einem oft implizit bleibenden Geschichtsvergleich herausstellt, dass die Lage ‚noch nie zuvor' so schlecht gewesen sei: *Die Lage war noch nie so schlimm wie jetzt. Deshalb muss jetzt dringend/sofort gehandelt werden.*" (Wengeler 2015: 54) Demnach hat man es – so die Darstellung – in der aktuellen Situation mit einer in ihrer Dramatik einzigartigen Krise zu tun:

> Arbeitslose: So knüppeldick war's noch nie. [...] Nie zuvor standen die Bonner Ökonomen vor so heiklen wirtschaftspolitischen Problemen wie gegenwärtig. [...] „Wir haben alles Mögliche schon gehabt", konstatierte Hans-Jürgen Schmahl vom Hamburger Wirtschafts-Institut HWWA, „aber das hat es noch nicht gegeben. Diese Mixtur haut einen ja um." Die Deutsche Volkswirtschaftliche Gesellschaft in Köln spricht von einer „konjunkturellen Horror-Kombination".
> (DER SPIEGEL 17. Dezember 1973)

> Die gegenwärtige Rezession in der Weltwirtschaft ist länger als jede Abschwungphase nach dem Zweiten Weltkrieg, in vielen Ländern ist sie auch tiefer. [...] Noch nie zuvor in den letzten dreißig Jahren befanden sich weltweit so viele Firmen in Zahlungsschwierigkeiten wie heute.
> (FRANKFURTER ALLGEMEINE ZEITUNG 17. September 1982)

> Doch eine solche Woche der Wahrheit hatte sie [die Bevölkerung] noch nie erlebt, [...]. Tatsächlich stagniert die deutsche Wirtschaft schon im dritten Jahr – das hat es in der Nachkriegszeit noch nie gegeben.
> (DER SPIEGEL 19. Mai 2003)

> Diese Krise ist ohne Beispiel. Niemals seit dem Ende des Zweiten Weltkriegs war die komplette Weltwirtschaft im Abschwung. Das ist neu und hat mit der enorm gewachsenen wirtschaftlichen Verflechtung der Welt zu tun – und mit der mentalen.
> (DIE ZEIT 29. Januar 2009)

> Eine solche Rezession, die gleichzeitig in allen Ländern der Welt stattfindet, hatten wir seit dem Zweiten Weltkrieg noch nie.
> (Angela Merkel in BILD 11. März 2009)

Die Textstellen verdeutlichen, dass die sprachlich-argumentative Konstruktion von Wirtschaftskrisen in einem bestimmten Zeitraum auf immer ähnliche Weise erfolgt:

> Es ist ‚Krise', weil die wirtschaftliche Situation so schlimm ist wie seit 1945 ‚noch nie' und weil die wirtschaftliche Zukunft so düster aussieht, dass alles nur schlimmer werden wird – es sei denn, es werden politische Gegenmaßnahmen ergriffen.
> (Wengeler 2015: 55–56)

Dabei scheint in Vergessenheit zu geraten, dass das, was sprachlich als Krise vermittelt wird, schon einmal bzw. schon öfters als ganz neu, besonders dramatisch, einzigartig, nie dagewesen, höchst bedrohlich konzeptualisiert wurde.

Über einen Zeitraum von ca. 40 Jahren wird mit dem Argumentationsmuster ein spezifisches Krisenwissen bezüglich der Wirtschaftsentwicklung und des Arbeitsmarktes konstituiert. Hervorzuheben ist die Konstruktion eines Arbeitsplatzrisikos. Aus einer negativen Bewertung des prognostizierten Unheils wird dann gefolgert, dass schnell, so die häufige Implikation von Zeitnot, etwas Bestimmtes zu unternehmen sei, um der kommenden Krise entgegenzuwirken – ansonsten würde alles noch viel schlimmer werden. Das Wissen um die Gefahr des Arbeitsplatzverlustes ist ein neuer Aspekt im gesellschaftlichen Wissen der Nachkriegszeit, der sich während der Ölkrise ausbildete. Auf dieser Basis konnte so gut wie jedes politische Handeln öffentlich legitimiert werden – vom Sonntagsfahrverbot 1973 über die Agenda 2010 im Jahr 2003 bis hin zur

Notwendigkeit der Bankenrettung in den Jahren ab 2008. In den oben zitierten Belegen ist davon die Rede, „Tarifverhandlungen [...] mit bisher unbekannter Härte" zu führen (BILD 22. Dezember 1973), die „Ärmel auf[zu]krempeln" und „nicht nach dem Staat [zu] schielen" (BILD 06. Oktober 1982) sowie „durchgreifende Korrekturen" (Helmut Schmidt in: DIE ZEIT 22. Mai 2003) vorzunehmen.

Ein weiteres aktuelles Beispiel für ein seit den 1970er Jahren in Krisendiskursen immer wieder auftauchendes Argumentationsmuster ist der TOPOS DER ZEITENWENDE, den Römer (2017: 168) wie folgt definiert: *„Weil eine Ära zu Ende gegangen ist, weil wir uns an der Schwelle zu einem neuen Zeitalter befinden, kann es nicht mehr so weitergehen wie bisher, sind Prozesse des (radikalen) Umdenkens und Umgestaltens notwendig."* Dem Argumentationsmuster liegen demnach Äußerungen zugrunde, in denen behauptet wird, eine Ära sei zu Ende gegangen, man befinde sich am Übergang zu einer neuen Epoche. Dabei wird von der Annahme ausgegangen, aufgrund bestimmter Ereignisse und Entwicklungen sei nichts mehr so, wie es vorher war. Häufig werden die Veränderungen als etwas Bedrohliches dargestellt. Die Prämisse der Zeitenwende impliziert, dass es nicht mehr so weitergehen könne wie bisher, ein radikales Umdenken und/oder Prozesse des Umgestaltens seien notwendig. Diese Definition wurde u.a. auf der Grundlage der Analyse von Pressetexten über die Ölkrise des Jahres 1973, die als Zeitenwende wahrgenommen wurde, erarbeitet:

> Wir sollten uns keine Illusionen machen. Wir leben nicht mehr in der gleichen Welt wie vor Beginn der Ölkrise.
> (DIE ZEIT 04. Januar 1974)

> Die Energiekrise markiert einen tiefen Einschnitt [...]. Die Welt befindet sich am Beginn eines Abschnitts, der durch explosive Preissteigerungen für Energie und Rohstoffe gekennzeichnet ist.
> (Willy Brandt in FRANKFURTER ALLGEMEINE ZEITUNG 25. Januar 1974)

> Golfstaaten verdoppeln Rohölpreis [...]. Die Ära des Wohlstandes in den Industriestaaten ist endgültig vorbei.
> (SÜDDEUTSCHE ZEITUNG 24. Dezember 1973)

> Die industrialisierte Welt werde begreifen müssen, daß „die Ära des enormen Fortschritts und des enormen Wohlstandes", die auf billigem Öl beruhte, „ein für allemal" vorüber sei. Jedermann „muß die Gürtel enger schnallen", meinte der Schah.
> (SÜDDEUTSCHE ZEITUNG 24. Dezember 1973)

50 Jahre später ist das Argumentationsmuster im öffentlichen Diskurs präsenter denn je. So beginnt Bundeskanzler Olaf Scholz angesichts des Angriffskrieges auf die Ukraine seine Regierungserklärung vom 27. Februar 2022 (BT: 1350) mit den Worten: „Der 24. Februar 2022 markiert eine Zeitenwende in der Geschichte unseres Kontinents." Und im weiteren Verlauf der Rede heißt es: „Wir erleben eine Zeitenwende. Und das bedeutet: Die Welt danach ist nicht mehr dieselbe wie die Welt davor." (BT 27. Februar 2022: 1350)

Das von der Gesellschaft für deutsche Sprache zum Wort des Jahres 2022 gekürte Schlagwort *Zeitenwende* steht in der von Scholz etablierten Verwendung für den Argumentationsgang, dass mit dem Angriff Russlands auf die Ukraine nichts mehr so sei, wie es vorher war, weshalb neben einer wirtschafts- und energiepolitischen Neuausrichtung insbesondere Militärausgaben erhöht und die Bundeswehr aufgerüstet werden müssten:

> Das ist eine große nationale Kraftanstrengung. Das Ziel ist eine leistungsfähige, hochmoderne, fortschrittliche Bundeswehr, die uns zuverlässig schützt. [...] Aber machen wir uns nichts vor: Bessere Ausrüstung, modernes Einsatzgerät, mehr Personal – das kostet viel Geld. [...] Wir werden dafür ein Sondervermögen Bundeswehr einrichten. [...] Der Bundeshaushalt 2022 wird dieses Sondervermögen einmalig mit 100 Milliarden Euro ausstatten.
>
> (BT 27. Februar 2022: 1352–1353)

Aufgaben
1. Krise ist in verschiedenen Themenfeldern gewissermaßen ein Dauerzustand. Was wird aktuell als Krise wahrgenommen, und inwieweit ähnelt oder unterscheidet sich die sprachliche Konstruktion dieser Krise(n) von den hier präsentierten Krisendiskursen?
2. Welche metaphorischen Bereiche und Konzepte sind für sozialpolitische und/oder wirtschaftliche Krisendiskurse besonders prägnant und bestimmen insofern mit, wie diese Krisen verstanden werden? Ziehen Sie dabei auch das Buch von Kuck (2018) zu Rate.
3. Suchen Sie in aktuellen Texten zu Krisen nach Argumentationsmustern. Finden und erörtern Sie Kontinuitäten und mögliche Veränderungen zu vergangenen sozialpolitischen und/oder wirtschaftlichen Krisendiskursen (vertiefend siehe Römer 2017).
4. Suchen und erörtern Sie aktuelle Beispiele für den TOPOS DER DÜSTEREN ZUKUNFTSPROGNOSE.

6.4 Analyse eines politisch-sozialen Grundbegriffs: *Solidarität*

Der Fokus dieser Einführung liegt auf der linguistischen Beschreibung gesellschaftlich-politisch relevanter Diskurse nach 1945. Die Analyse der sprachlichen Repräsentationen von Diskursen wird dabei verstanden als Zugang zur Zeitgeschichte, wobei der Sprachgebrauch immer im Kontext gesellschaftlicher, politischer, ökonomischer und weiterer Bezüge interpretiert wird. Kondensierte Zeitgeschichte findet sich in Wörtern, deren Gebrauch, Bedeutung und Funktion im Diskurs. Auch die Analyse eines Einzelwortes kann in diesem Sinne aufschlussreich sein, besonders wenn ihnen der Status einer politischen Leitvokabel (hierzu Kap. 4.2) bzw. eines Schlüsselwortes (Hermanns 1994) oder – in Anlehnung an die geschichtswissenschaftliche historische Semantik und Begriffsgeschichte – eines politisch-sozialen Grundbegriffs zukommt. Solche „Grundbegriffe" enthalten aufgrund ihrer darzustellenden Gebrauchsgeschichte „gewissermaßen den ‚Schlüssel' zum Verständnis einer historischen Entwicklungsstufe" (Schmidt 1972: 34).

Die Gebrauchsgeschichte von Wörtern ist aber nicht nur ein Zugang zur Zeitgeschichte, sondern, darauf wurde im einleitenden Kapitel hingewiesen, Wörter (und wie sie verwendet werden) prägen unser Bewusstsein, unsere Wahrnehmung von den Dingen und schaffen Wirklichkeit. Zum Beispiel: Wie wir über das Corona-Virus reden, wie wir es bezeichnen, ob als *Sars-CoV-2*, *Corona*, *chinesisches Virus* oder mittels Kriegsmetaphern als *unsichtbarer Feind*, wirkt sich darauf aus, wie wir es begreifen und welchen Umgang wir damit finden. Insofern ist der Sprachgebrauch in seiner handlungsorientierenden Funktion immer auch Triebkraft kultureller und gesellschaftlicher Entwicklungen (vgl. Koselleck 1979: 29).

Anhand der Wortgeschichte zu *Solidarität* möchten wir aufzeigen, wie die linguistisch-diskursgeschichtliche Analyse und narrative Darstellung (hierzu Kap. 5) des Gebrauchs, der Bedeutung und der Funktion eines Einzellexems zur Erschließung eines zeit- und wissensgeschichtlichen Horizontes, von Mentalitäten mit Hermanns (2012 [1995]) gesprochen, beitragen kann. Folgende allgemeine Fragen sind dabei maßgebend: Was bedeutet *Solidarität* im öffentlich-politischen Sprachgebrauch und wie verändert sich die Wortbedeutung historisch? Wie hängen diese Entwicklungen mit dem sprachlichen Handeln von Akteur:innen zusammen? Welche historischen Wirklichkeiten verdichten sich in der Wortbedeutung? In welchen unterschiedlichen Verwendungsweisen kommt *Solidarität* vor? Was verrät der Wortgebrauch über das kollektive Wissen, Denken und Wollen einer Zeit? Welche politische Funktion hat der Gebrauch von *Solidarität* in verschiedenen Diskursen und inwiefern wirkt das Wort als Faktor der geschichtlichen Entwicklung?[30]

Erste Anlaufstelle, um der Bedeutungsgeschichte eines Wortes auf die Spur zu kommen, sind Wörterbücher. In keinem der in den theoretischen und methodischen Kapiteln dieses Buches erwähnten diskursgeschichtlichen Spezialwörterbücher, wie etwa den öfters genannten *Kontroverse[n] Begriffe[n]*, die sich nach Themen gegliedert mit dem Gebrauch, der semantischen Prägung und Entwicklung diskursrelevanter Wörter in gesellschaftlichen und politischen Kontroversen befassen, ist *Solidarität* verzeichnet.

Interessiert man sich für die Bedeutung, Herkunft und Entwicklung von Wörtern, liegt mit dem *Digitalen Wörterbuch der deutschen Sprache* (DWDS) ein vielfältiges Angebot zum deutschen Wortschatz von ca. 1600 bis heute vor. Über das Wort *Solidarität* erfahren wir dort etwa, dass es aus dem Französischen kommt, welche Wörter mit *Solidarität* als Erst- und Letztglied gebildet werden, dass es so viel wie ‚Zusammenhalten von Personen oder Personengruppen und ihr Eintreten füreinander' bedeutet, dass es mit verschiedensten Adjektivattributen zusammen vorkommt, dass es die Synonyme

---

[30] Auf die christlich-sozialethische und sozialpolitische Bedeutung von *Solidarität* kann im Rahmen dieser Darstellung nicht eingegangen werden.

Verbundenheit und *Zusammenhalt* hat und dass umgangssprachlich *Miteinander-Klarkommen* mit *Solidarität* assoziiert wird.[31]

Die lexikologische Beschreibung und lexikographische Darstellung von Schlüsselwörtern ist immer wieder kritisiert worden. Fritz Hermanns hatte bereits in den frühen 1980er Jahren bemängelt, dass der Fokus in den großen Wörterbüchern der Gegenwartssprache auf der Darstellungsfunktion der Sprache liegt (Hermanns 1982; Liebert 2003). Dementsprechend werden im DWDS z.B. Fragen nach der diskursgeschichtlichen Dimension, den kontextspezifischen Verwendungsweisen oder den gesellschaftlich-politischen Funktionen kaum beantwortet, man kann solche Fragen aber natürlich mit den umfangreichen DWDS-Korpora gut verfolgen. Ohne sagen zu wollen, dass es immer die Aufgabe von Wörterbüchern wäre, auf solche Fragen zu antworten, könnte jedoch zumindest lexikographisch von Interesse sein, darauf hinzuweisen, dass und inwiefern es sich bei *Solidarität* um ein historisch wichtiges, besonders inhaltsreiches, brisantes, in diversen Diskursen auftauchendes Wort handelt, das je nach geschichtlichem Verwendungszusammenhang in seiner Bedeutung aktualisiert wird, zu bestimmten Zwecken (erfolgreich) verwendet wird und damit auch Faktor gesellschaftlichen Wandels ist. Die im Wörterbuch kodifizierte lexikalische Bedeutung ‚Zusammenhalt' ist diesbezüglich nichtssagend. Demzufolge können wir Volker Harm zustimmen, der mit Blick auf das Grimm'sche Wörterbuch sagt, Desiderat der historischen Lexikographie sei die „Integration diskursgeschichtlicher Aspekte in ein historisches Wörterbuch" (Harm 2005: 98). Im Projekt „Wortgeschichte digital" im „Zentrum für digitale Lexikographie der deutschen Sprache" (wortgeschichten.zdl.org) werden zunehmend auch Diskursbezüge in die wortgeschichtliche Darstellung einbezogen.

6.4.1 Etymologie und Wortgeschichte von *Solidarität* im 19. Jahrhundert

Als Quellen für die Etymologie und Wortgeschichte von *Solidarität* im 19. Jahrhundert dienen uns Lexika, Wörterbücher und geschichtswissenschaftliche Einzelstudien. Der erste Blick geht in die *Geschichtlichen Grundbegriffe* (GG) (Brunner, Conze & Koselleck 1972–1997). Dass wir dort keinen Artikel „Solidarität" finden, lässt sich dadurch erklären, dass im Deutschen *Solidarität* erst ab der zweiten Hälfte des 19. Jahrhunderts vereinzelt als politisch-soziales Schlüsselwort auftaucht und die GG den Fokus auf die „Sattelzeit" im 18. und frühen 19. Jahrhundert legen. Rolf Reichardts *Handbuch politischsozialer Grundbegriffe in Frankreich 1680–1820* führt das Lemma ebenfalls nicht, genauso wenig wie das *Deutsche Wörterbuch* (DWB). Das *Deutsche Fremdwörterbuch* (DFWb) bietet einen gut belegten Artikel zu „Solidarität" und einzelnen Wortbildungen[32] (s. u.).

---

31 https://www.dwds.de/wb/Solidarit%C3%A4t (abgerufen am 31.07.2024).
32 https://www.owid.de/artikel/321402?ref=b (abgerufen am 11.04.2025).

Aus geschichtswissenschaftlichen Einzelstudien erfahren wir, dass das französische Substantiv *solidarité* wohl zum im römischen Recht gebräuchlichen lateinischen Adjektiv *solidus* (,dicht', ,fest', ,ganz') gebildet wurde und seit Ende des 17. Jahrhunderts in französischen Lexika bezeugt ist. Das französische Substantiv hatte die enge juristische Bedeutung eines Rechtsverhältnisses (*obligatio in solidum*), nach dem in einer Gemeinschaft, meist einer Familie, jedes Mitglied für die Gesamtheit der bestehenden Schulden aufkommen muss, so wie umgekehrt die Gemeinschaft für die gesamten Schulden jedes Einzelnen haftet (vgl. Fiegle 2003: 36–39).

Gegen Ende des 18. Jahrhunderts werden Gebrauch und Bedeutung des französischen juristischen Fachworts offenbar erweitert. Eine bedeutungsgeschichtliche Interpretation lautet, dass *solidarité* in der Allgemeinsprache quasi synonym zum dritten Prinzip der Französischen Revolution *fraternité* verwendet worden sei und auf diesem Weg zu einem politischen Kampfbegriff wurde (Schmelter 1991: 9; Metz 1998; Tenfelde 1998). Wildt (1998: 203) widerspricht dieser Interpretation und geht davon aus, dass der Wortgebrauch und damit die Wortbedeutung gesellschaftlich und politisch auf nichtrechtliche, moralische Verhältnisse übertragen worden seien, hin zu ,Zusammenhalt' sowie dem Bestehen einer ,wechselseitigen Verpflichtung'.

Solidarität wurde Ende des 18. Jahrhunderts aus dem gleichbedeutenden französischen Substantiv *solidarité* entlehnt, so das DFWb. Die literarische Erstbezeugung im Deutschen stammt von 1798, erst seit Mitte des 19. Jahrhunderts ist die Entlehnung häufiger belegt. Als Bedeutungen im deutschen Sprachgebrauch werden ,Zusammengehörigkeit', ,Gemeinschaftsgefühl', ,Verbundenheit' angegeben. Die *etymologischen Wörterbücher* von *Pfeifer* (EtymWb_P.) und *Kluge* (EtymWb_K) sowie das *Deutsche Wörterbuch* (DW) von Hermann Paul bestätigen die Informationen aus dem DFWb und fügen noch die Bedeutung ,gegenseitige Hilfsbereitschaft' hinzu. Zusammenfassend gesagt: Im Vordergrund steht die moralische Bedeutungskomponente. Aufschlussreich ist die explizite Einordnung von *Solidarität* als politisch-soziales Schlagwort im DW. Außerdem sei *Solidarität* „vor allem Wort der sozialistischen und kommunistischen Arbeiterbewegung", wie es dort heißt.

Die im DW angedeutete parteisprachliche Gebundenheit des Wortes kommt deutlich nur im DDR-*Wörterbuch der Gegenwartssprache* (WDG) zum Ausdruck:

> ⟨franz.⟩ auf dem klassenmäßigen Zusammengehörigkeitsgefühl und dem Wissen um die Gemeinsamkeit der Interessen und Ziele sich gründendes Eintreten der Angehörigen unterdrückter Klassen füreinander und die darauf beruhende gegenseitige Hilfe.

Belege, die im Artikel angeführt werden, sind u.a.: *die unzerstörbare Kraft der proletarischen S.; die internationale S. unterdrückter Klassen und Völker.*

Solidarität im WDG scheint demzufolge ein Beispiel für einen einseitigen DDR-konformen Artikel zu sein. Dagegen wird diese Bedeutungskomponente des Wortes, die im WDG nicht als parteisprachlich gekennzeichnet wird, in vielen anderen Wörterbüchern nur sehr allgemein benannt oder weggelassen.

Es lässt sich also festhalten: *Solidarität* im Deutschen wird ab Mitte des 19. Jahrhunderts allgemein in der Bedeutung von ‚Zusammenhalt' und in seiner historisch wirkungsvollsten Verwendung als Kampfbegriff der frühen nationalen Arbeiterbewegung verwendet. Die spezifische Bedeutung und Funktion von *Solidarität* lag in der Betonung des Klassengeists der Arbeiter, in der Herstellung einer Gemeinschaft und im Aufruf zur Unterstützung im Kampf gegen das soziale Unrecht des Industriekapitalismus (Tenfelde 1998: 197).

Dass der Ausdruck jenseits seiner Etymologie in verschiedenen öffentlich-politischen Diskursen bis heute umstritten und Gegenstand semantischer Kämpfe ist (hierzu Kap. 4.2.1), was ihn zu einem im Sinne der vorliegenden Einführung relevanten und aufschlussreichen Untersuchungsgegenstand macht, sollen die folgenden Kurzanalysen des Gebrauchs von *Solidarität* zu verschiedenen Zeiten zeigen.

6.4.2 *Solidarität* im Nationalsozialismus

Für die Analyse von *Solidarität* im Nationalsozialismus nutzen wir das von Heidrun Kämper zur Verfügung gestellte Teilkorpus „Akteure des NS-Apparats?" des DFG-Projektes „Sprachliche Sozialgeschichte 1933–1945"[33]. Dieses Korpus erstreckt sich über diverse Textsorten bzw. Gattungen, z.B.: Meldungen aus dem Reich 1938–1945, Pressemitteilungen (Deutsches Nachrichtenbüro), Normtexte (Verordnungen, Gesetze), Reden (Hitler, Himmler), Tagebücher (Goebbels), Abhandlungen (SS-Leitheft).

Die quantitative Analyse der Kookkurrenzen zeigt, dass frequente Ausdrücke, die das Wort *Solidarität* spezifisch kontextualisieren, u.a. die Adjektivattribute *nationale* und *internationale* sind. *Nationale Solidarität* ist dabei häufig nominaler Kopf in Possessivkonstruktionen mit *deutsches Volk* als Genitivattribut. *Internationale Solidarität* tritt als nominaler Kopf in Possessivkonstruktionen mit *handarbeitenden Klasse aller Länder, Klassen, Proletariats* usw. auf:

– *dafür wollen wir aufbauen die lebendige nationale Solidarität des deutschen Volkes*
– *An ihre Stelle wird die nationale Solidarität des deutschen Volkes treten!*
– *er glaubte bis gestern an die internationale Solidarität der handarbeitenden Klasse aller Länder*
– *Was heißt heute internationale Solidarität der Klassen?*
– *Die internationale Solidarität des Proletariats haben wir zerbrochen.*

Dieser kleine korpuslinguistische Befund ist ein Indiz für den Gebrauch von *Solidarität* durch bestimmte Akteur:innen und spezifische Bedeutungsprägungen; um die zeit- und

---

33 https://www.ids-mannheim.de/lexik/sprachliche-sozialgeschichte-1933-bis-1945/; (abgerufen am 26.10.2024).

mentalitätsgeschichtliche Dimension auch in der Tiefe zu verstehen, hilft nur der Blick in die Texte: Prototypisch für Gebrauch, Bedeutung und Funktion von *Solidarität* bei Akteuren des NS-Apparats ist die Rede Hitlers zur Eröffnung des „Winterhilfswerks" am 13. September 1933. Sie beginnt mit den Worten:

> Viele Jahre haben wir im Innern gegen den Gedanken der internationalen marxistischen Solidarität gekämpft. Wir haben in dieser vermeintlichen internationalen Solidarität nur den Feind wirklicher nationaler Einstellung gesehen, ein Phantom, das den Menschen wegzog von der einzig vernünftigen Solidarität, die es geben kann: Von der Solidarität, die blutmäßig ewig begründet ist.
> (Führerreden zum Winterhilfswerk 1933–1936, 1937: 3)

Die Rede schließt mit den Worten:

> Diese Aktion gegen Hunger und Kälte muß unter dem Motto stehen: Die internationale Solidarität des Proletariats haben wir zerbrochen, dafür wollen wir aufbauen die lebendige nationale Solidarität des deutschen Volkes.
> (Führerreden zum Winterhilfswerk 1933–1936, 1937: 3)

Wie deutlich wird, etablierte Hitler die Wortfolge *nationale Solidarität* (*des deutschen Volkes*) als Konkurrenzvokabel zum vor allem im Bewusstsein der Arbeiter verankerten Fahnenwort des marxistischen Sozialismus *internationale Solidarität*. Das Fahnenwort *internationale Solidarität* und die damit verbundene emanzipatorische Idee sollten a) diskreditiert werden und b) mit Hilfe der neuen Vokabel, die mit Attributen wie *vernünftig*, *blutmäßig ewig begründet*, *lebendig* versehen wird, abgelöst werden, mit dem Ziel der Berufung auf die „Volksgemeinschaft".

Nationale Solidarität (*des deutschen Volkes*) fungierte also nach innen als Grundwert und wichtigstes Prinzip der rassenideologisch begründeten „Volksgemeinschaft" und nach außen als Ausgrenzungs- und Abgrenzungsvokabel.

6.4.3 *Solidarität* in ökonomischen Krisendiskursen nach 1945

Trotz der propagandistisch zentralen Funktion im Nationalsozialismus entwickelt sich *Solidarität* – ohne das Attribut *national* – nach dem Zweiten Weltkrieg in Deutschland zu einem Hochwertwort. So arbeitet Spieß (2006) heraus, dass *Solidarität* in den Grundsatzprogrammen aller großen politischen Parteien verwendet wird. Wie in Kap. 4.2.2 dargestellt stehen Hochwertwörter für allgemein akzeptierte gesellschaftliche Grundwerte (*Freiheit*, *Gerechtigkeit*), sind also prinzipiell positiv besetzt, aber gleichzeitig semantisch so vage, dass verschiedene Akteur:innen sie für ihre Zwecke einsetzen können.

Quantitative Schlüsselwortanalysen zum öffentlichen Sprachgebrauch nach 1945 zeigen, dass das Hochwertwort *Solidarität* besonders in Zeiten ökonomischer Krisen seit den 1970er Jahren hochfrequent und stark umkämpft war (Römer 2017: 148). Für die Analyse von *Solidarität* nach 1945 nutzen wir deshalb das im Rahmen des DFG-Projektes „Sprachliche Konstruktionen sozial- und wirtschaftspolitischer Krisen" zusammengestellte Korpus aus Pressetexten (s. Kap. 6.3); dabei beschränken wir uns auf die erste große Wirtschaftskrise nach 1945.

Die Analyse von Schlüsselwörtern während der ersten großen Wirtschaftskrise in der Geschichte der BRD, der „Ölkrise" von 1973/74, in dem genannten Korpus zeigt, dass *Solidarität* unter allen Hochwertwörtern am häufigsten gebraucht wird. Daraus lässt sich folgern, dass die Tugend Solidarität als wichtigstes handlungsleitendes Prinzip der Krisenbewältigung galt. Dementsprechend kommt das Wort häufig in offiziellen Verlautbarungen und appellativen Äußerungen der sozialliberalen Regierung unter Bundeskanzler Willy Brandt (SPD) an die Bevölkerung vor. Dabei hat es die Bedeutung ‚Zusammenhalt'. Wer sich auf diesen Wert beruft, der mit *Solidarität* bezeichnet wird, kann damit die Forderung begründen, dass Menschen (freiwillig) Opfer bringen und sparen, z.B. beim Ölverbrauch. Außerdem hat der Wortgebrauch die Funktionen, europäische(n) wie nationale(n) Gemeinschaftssinn/Verbundenheit/Einheit zu stiften, Einschränkungen zu vermitteln sowie die Bevölkerung auf entbehrungsreiche Zeiten einzustimmen. So äußerte sich der damalige Finanzminister Helmut Schmidt (SPD) am Vorabend des Inkrafttretens des „Sonntagsfahrverbots" wie folgt:

> Wenn die Bevölkerung zu einer großen, gemeinsamen Kraftanstrengung mit Schweiß, Sparsamkeit und Solidarität bereit ist, wenn man sich zu diesen Werten bekennt, dann entstehen gute Voraussetzungen für die Bewältigung der Schwierigkeiten. Eine Politik nach der Devise ‚Schweiß, Sparsamkeit und Solidarität' hat zur Voraussetzung, daß die Bürger bereit sind, das Koordinatensystem der Ansprüche an das Bruttosozialprodukt zu verschieben.
>
> (Helmut Schmidt in SÜDDEUTSCHE ZEITUNG 26. November 1973)

Mit der Wendung *Schweiß, Sparsamkeit und Solidarität* knüpfte Schmidt an einen besonders dramatischen Appell an, nämlich an die berühmte Blut-, Schweiß- und Tränen-Rede Winston Churchills vom 13. Mai 1940, ein Aufruf, mit dem die Politik und die Bevölkerung auf die Härten des Krieges und auf zur Überwindung der drohenden Gefahren notwendige große Opfer eingestimmt werden sollten. Eine auffällige Kontinuität beim Gebrauch von *Solidarität* besteht darin, dass insbesondere die eben beschriebene politische Funktion der Wortbedeutung im Corona-Diskurs wiederauflebt, den wir im Folgenden schlaglichtartig in den Blick nehmen.

6.4.4 *Solidarität* im Corona-Diskurs

Während der Corona-Pandemie hatte das Wort *Solidarität* einen derart zentralen Stellenwert erhalten, dass es in fast keiner öffentlichen Stellungnahme fehlte. Für einen ersten Zugriff auf den Wortgebrauch nutzen wir den *cOWIDplus Viewer* des Instituts für deutsche Sprache (IDS)[34], mit dem quantitative lexikalische Auswertungen in deutschen Online-Pressetexten seit Beginn des Jahres 2020 vorgenommen werden können.

Bei einer Suchanfrage nach Frequenzverläufen von Wortformen mit *solidar* zeigt sich, dass im Zeitraum vom 01. Januar 2020 bis zum 08. Oktober 2020 *Solidarität* mit Abstand die häufigste Wortform ist, gefolgt von *solidarisch* und *solidarisieren*. Die Spitze des Wortgebrauchs im März korreliert mit diskursiven Ereignissen, die wir uns im Folgenden in einem zweiten Schritt der Analyse näher ansehen werden.

In einer Pressekonferenz vom 11. März 2020 äußerte sich die damalige Bundeskanzlerin Angela Merkel erstmals ausführlicher zur Coronakrise. Mit Blick auf besonders gefährdete ältere und chronisch kranke Menschen sagte sie: „Da sind unsere Solidarität, unsere Vernunft, unser Herz füreinander schon auf eine Probe gestellt, von der ich mir wünsche, dass wir diese Probe auch bestehen." Am 18. März 2020 sprach Merkel in einer Fernsehansprache von einer „historischen Aufgabe": „Es ist ernst. Nehmen Sie es auch ernst. Seit der Deutschen Einheit, nein, seit dem Zweiten Weltkrieg gab es keine Herausforderung an unser Land mehr, bei der es so sehr auf unser gemeinsames solidarisches Handeln ankommt". Alle müssten begreifen: „Im Moment ist nur Abstand Ausdruck von Fürsorge." Auch Bundespräsident Frank-Walter Steinmeier äußerte sich am 26. März 2020 in einer Videobotschaft auf ähnliche Weise: „Wir spüren miteinander: Unser Einstehen füreinander, unsere Solidarität ist jetzt existenziell wichtig […]. Solidarität heißt jetzt: physisch Abstand halten".

Solidarität im Corona-Diskurs ist zwar auch in den allgemeinen Bedeutungen ‚Zusammenhalt', ‚internationale/gegenseitige Unterstützung', ‚Hilfsbereitschaft' belegt. Allerdings wird *Solidarität*, sozialsemiotisch gesehen, während dieser Zeit aus einem Verhalten gedeutet – z.B. *Abstand halten* als Zeichen und Mittel der Solidarität – und daran gemessen, ob das Verhalten an den Tag gelegt wird (vgl. Liedtke 2020). Denn: Bei Verstoß gegen die Norm drohen Sanktionen, sei es Verunsicherung, Missbilligung, Ausschluss oder Strafe.

Der mit *Solidarität* bezeichnete Wert wird nicht nur im Einhalten von Abständen gesehen; vielmehr meint der Wortgebrauch die (Aufforderung zur) Umsetzung sämtlicher Handlungsweisen, die Pandemie einzudämmen (‚Maske tragen', ‚Kontakte vermeiden', ‚auf Partys verzichten' usw.). Solidarität im Corona-Diskurs bedeutet demnach also ‚Einhalten von Regeln'. Konkret wird die Bedeutung verengt auf Maßnahmen zur Bewältigung der Krise. Insofern wird Solidarität zur politischen Legitimationsvokabel (s. hierzu Kap. 4.2.3).

Die offiziellen Solidaritätsappelle kulminierten auf sozialen Medien in verschiedenen Hashtags, was mit Sicherheit zur gesellschaftlichen Popularisierung von *Solidarität* beitrug. Bekannte Hashtags, die sich ebenfalls auf Forderungen beziehen, wie man Solidarität umsetzen soll, sind etwa die phraseologischen Wortverbindungen *#wirbleiben-*

---

[34] https://www.owid.de/plus/cowidplusviewer2020/ (abgerufen am 27.10.2024).

zuhause (einschließlich aller Varianten), *#KaufNurWasDuBrauchst* und *#FlattenTheCurve*; bestimmte Akteur:innen appellieren mit dem Gebrauch derselben an als solidarisch gedeutete Verhaltensweisen; zum einen verweist dabei jeder Hashtag „kommissiv auf eine Selbstverpflichtung [...], zum anderen wird so direktiv auch [...] die Aufforderung ausgesendet, dem zu folgen" (Michel 2020: 281).

In einem Gastbeitrag in der FRANKFURTER RUNDSCHAU vom 04. Januar 2021 – also nach dem ersten Corona-Jahr – fordert die Grünen-Fraktionsvorsitzende Katrin Göring-Eckardt, 2021 zum Jahr der Solidarität zu machen. Es wurde demnach weiterhin viel über Solidarität als einen notwendigen gesellschaftlichen und politischen Grundwert gesprochen. Dies setzt sich auch im Gebrauch des Wortes in aktuellen (2024) außen-, sicherheits- und militärpolitischen Diskursen fort, in denen vielfach Solidarität mit der Ukraine oder Israel – manchmal auch für die Palästinenser – deklariert oder eingefordert wird.

Auf Grundlage der Betrachtung der hier präsentierten Auswahl des Wortgebrauchs liegt die historische politische Semantik und Funktion von *Solidarität* seit dem Nationalsozialismus in der Berufung auf und Stiftung von Gemeinschaft und in dem Versuch, eine Handlungsanleitung zu geben bzw. in der „sozialen Disziplinierung" des „Volkes", der „Nation", der „Bevölkerung". *Solidarität* hat dabei bisweilen den Status einer nationalen Pflicht.

Dieser kurze linguistisch-diskursgeschichtliche Abriss von *Solidarität* sollte zeigen, dass es möglich ist, über die Analyse von diskursrelevanten Einzellexemen zum Verständnis einer Zeit beizutragen. Dabei sollte auch im Vergleich zu Standardwörterbüchern die Relevanz der einzellexembezogenen linguistisch-diskursgeschichtlichen Beschreibung im Sinne einer erzählenden Darstellung deutlich geworden sein. Diese liefert, wie gesagt, den Schlüssel zum Verständnis historischer Wirklichkeiten, und die diachrone Analyse des Gebrauchs von politisch-sozialen Grundbegriffen wie *Solidarität* erlaubt Rückschlüsse auf das immer heterogene kollektive Wissen, Denken und Wollen der Sprecher:innen einer Epoche. Auch sollte deutlich geworden sein, dass in den öffentlichen Kontroversen der Gebrauch von *Solidarität* eine wichtige Rolle im argumentativen Repertoire gespielt hat. Die Analyse des Gebrauchs erlaubt insofern ebenfalls Rückschlüsse auf die Ziele, die manche Akteur:innen verfolgt haben, und auf die Werte, die sie dabei argumentativ in Stellung gebracht haben.

Aufgaben

1. Recherchieren Sie weitere Belege für den Gebrauch des Wortes *Solidarität* während der Corona-Pandemie (z.B. in den Plenarprotokollen des Deutschen Bundestages, https://dip.bundestag.de/suche?f.wahlperiode=20&rows=25, im Corona-Korpus des DWDS, https://www.dwds.de/d/korpora/corona, und/oder nutzen Sie die erweiterte Google-Suche unter books.google.com/advanced_book_search).

2. In welchen aktuellen Diskursen wird *Solidarität* ebenfalls als Hochwertwort genutzt? Recherchieren Sie entsprechende Belege für den Gebrauch des Wortes *Solidarität*. Vergleichen Sie Ihre Belege mit dem Wortgebrauch während der Corona-Krise.
3. Schreiben Sie eine kleine Wortgeschichte zu Solidarität, in der Sie darauf eingehen, auf welche Weise das Wort heute verwendet wird. Gehen Sie dabei auf verschiedene Aspekte des Gebrauchs von Solidarität ein.

6.5 Verschwörungstheorien

Im Gegensatz zu den bislang dargestellten Beispielen für Sprachgeschichten des öffentlich-politischen Diskurses greifen wir mit Verschwörungstheorien ein aktuelles Thema auf, das erst seit einigen Jahren ein öffentlich diskutierter Gegenstand ist, der in seiner diachronen Entwicklung sprachwissenschaftlich noch nicht beschrieben wurde. Dennoch behandeln wir diesen Gegenstand im Rahmen der vorliegenden Einführung und tragen damit abgesehen von der gesellschaftlichen Relevanz des Themas auch der in Kap. 2.2 angesprochenen Entwicklung Rechnung, dass öffentlich-politische Diskurse auch in digitalen Medienöffentlichkeiten verhandelt werden. Dabei bilden sich mitunter – häufig unter Berufung auf idealtypische Vorstellungen von Öffentlichkeit bzw. einer kritischen Öffentlichkeit im Sinne der Aufklärung und auf demokratische Prinzipien – verschwörungstheoretische Gegenöffentlichkeiten heraus, die gemäß Selbstbeschreibung über Sachverhalte berichten, welche in der traditionellen Medienöffentlichkeit – dem „Mainstream" – nicht bekannt werden würden (vgl. Römer & Stumpf 2020: 250). Mit Gegenöffentlichkeit meinen wir eine gegen die vorherrschende Meinung gerichtete Teilöffentlichkeit (s. hierzu auch Kap. 2.2).

Aus Perspektive des hier vertretenen Ansatzes ist an Verschwörungstheorien als Untersuchungsgegenstand zunächst interessant, dass sie vor dem Hintergrund der in der Einleitung dieses Buches angesprochenen „Konstruktivismus-Falle" zu einer Reflexion sprachtheoretischer Grundlagen animieren. Jedenfalls scheint eine über die sprachwissenschaftliche Beschreibung hinausgehende Einordung und Kommentierung von Phänomenen dann dringlicher zu werden, wenn auf Basis der Annahme der Relativität von Wissen und Wahrheit Phänomene wie Verschwörungstheorien und damit einhergehend extremistische Ansichten legitimiert und verbreitet werden. Deshalb könnte diskutiert werden, ob ein strenger Konstruktivismus noch haltbar ist bzw. ob und auf welcher Grundlage sprachlich vermittelte Weltbilder bewertet werden könnten. Ungeachtet solcher Fragen (es wäre Aufgabe künftiger Forschung, diese zu beantworten) wird das Thema in den letzten Jahren sprachwissenschaftlich intensiver bearbeitet, insbesondere im Rahmen eines von der DFG geförderten Projektes zu sprachlichen Mustern in Verschwörungstheorien (vgl. u.a. Stumpf & Römer 2018; Römer 2022), auf dessen Ergebnisse im Folgenden eingegangen wird.

Einerseits liegt dem Projekt die Frage danach zugrunde, wie gesellschaftlich über Verschwörungstheorien gesprochen und dabei das Wissen darüber ausgehandelt wird, was eine Verschwörungstheorie ist. Dementsprechend lässt sich nicht nur in der Öffentlichkeit, sondern auch im wissenschaftlichen Fachdiskurs eine rege sprachkritische Diskussion darüber beobachten, was *Verschwörungstheorie* bedeutet und ob *Verschwörungstheorie* eine angemessene Bezeichnung ist (bedeutungsverwandte Ausdrücke, um die öffentlich und fachlich gestritten wird, sind etwa: *Verschwörungserzählung, Verschwörungsmythos, Verschwörungsideologie*).

Andererseits, von den semantischen Kämpfen und Auseinandersetzungen über die „richtige" Bezeichnung abgesehen, steht im Zentrum der linguistischen Forschung zu Verschwörungstheorien die Frage, wie Verschwörungstheorien sprachlich vermittelt oder konstruiert werden und mit welchen sprachlichen Mitteln in verschwörungstheoretischen Texten versucht wird, Wissen über „Verschwörungen" als gültig zu legitimieren. Die in den Blick genommenen sprachlichen Analyseebenen reichen dabei von der Lexik über die Syntax bis hin zu konzeptuellen Metaphern und Argumentationsstrategien/Topoi in unterschiedlichsten Kommunikationsformen (Römer & Stumpf 2018; 2019; 2020; Römer 2021; Stumpf & Römer 2024; Belosevic 2020; Niehr 2021; 2022a; 2022b; Niehr/Moraldo 2022).

Im Folgenden wird ein kurzer Abriss über die Geschichte der Bedeutung des Wortes *Verschwörungstheorie* gegeben, anschließend werden ganz kurz verschiedene widerstreitende Positionen in der sprachkritischen Debatte über den Wortgebrauch skizziert und erläutert, wie sich der Gegenstand sprachwissenschaftlich operationalisieren lässt. Des Weiteren präsentieren wir einige exemplarische Ergebnisse der linguistischen Forschung über die sprachliche Konstruktion von Verschwörungstheorien.

6.5.1 Zur Bedeutung des Wortes *Verschwörungstheorie*

Gemäß *Wortgeschichte digital*[35] ist das Wort *Verschwörungstheorie* seit 1870 bezeugt, wobei die frühesten Belege oft aus juristischen Texten stammen. In diesem historischen Gebrauchszusammenhang bedeutet es so viel wie ‚Annahme, dass es eine Verschwörung gegeben hat'. Für die semantische Entwicklung des Ausdrucks seit den 1950er Jahren ist insbesondere Karl Poppers Buch *Falsche Propheten. Hegel, Marx und die Folgen* (deutsch 1958) einschlägig. Popper prägt *Verschwörungstheorie* für (marxistische) Erklärungsmodelle, die davon ausgehen, gesellschaftliche Veränderungen seien auf das interessengeleitete, planvolle, heimliche Wirken von Personen oder Gruppen (Eliten wie etwa „die Weisen von Zion, die Monopolisten, die Kapitalisten oder die Imperialisten" (Popper 1958: 120)) zurückzuführen, was zu enthüllen sei. Außerdem betont er den

---

35 https://www.zdl.org/wb/wortgeschichten/Verschw%C3%B6rungstheorie (abgerufen am 31.07.2024).

unwahren Charakter von Verschwörungstheorien und rückt sie in die Nähe des Aberglaubens. Die damit einhergehende realistische Position liegt in der gegenwärtigen Forschungsdiskussion etwa dem Ansatz Michael Butters zugrunde, der Verschwörungstheorien ins „Reich der Fantasie" (Butter 2018: 39) verweist. Mit dem Bezug auf etwas Unwahres, Irrationales, Wahnhaftes wird das Wort in dieser Verwendung zum Pejorativum, was auch seinem Gebrauch als Schlagwort im öffentlich-politischen Diskurs entspricht (in manchen Zusammenhängen kann es auch deskriptiv oder sogar selbstbewusst positiv gebraucht werden, z.B. von Anhänger:innen).

Die diachrone Verlaufskurve von *Verschwörungstheorie* im *Digitalen Wörterbuch der deutschen Sprache* (DWDS) zeigt, dass das Wort in der Presse erst seit Mitte der 1960er Jahre – mit fortlaufend steigender Frequenz – vertreten ist.[36] Dies lässt sich mit der Berichterstattung über den Mord an John F. Kennedy in Zusammenhang bringen, wobei die Frage aufgegriffen wird, „ob für den Kennedy-Mord ein Einzeltäter oder eine größere Verschwörung verantwortlich zu machen ist." (Harm 2022) Ab ca. 2015 und im Kontext der Corona-Pandemie sind weitere Höhepunkte des Wortgebrauchs feststellbar.

In sprachkritischen Diskussionen über den Gebrauch des Wortes *Verschwörungstheorie* bzw. der Personenbezeichnung *Verschwörungstheoretiker* wird die damit verbundene Abwertung von Menschen, die Verschwörungstheorien verbreiten oder diesen anhängen, als Argument angeführt, auf die Ausdrücke zu verzichten und Alternativbezeichnungen zu verwenden.[37]

Eine weitere Kritik am Wortgebrauch aus entgegengesetzter Richtung bezieht sich auf das Grundwort *Theorie* des Kompositums. Damit ginge eine Aufwertung der bezeichneten Sache einher, denn ein irrationales Gedankenkonstrukt könne keine Theorie sein. Im Rahmen dieser Kritik wird davon ausgegangen, Theorien seien immer ein wissenschaftliches System von Hypothesen und die Bedeutung von Komposita würde sich aus ihren Teilen zusammensetzen. Dass *Theorie* in der Alltagssprache auch so viel wie ‚Vermutung' oder ‚wirklichkeitsfremde Vorstellung' bedeutet (also nicht zwingend eine wissenschaftliche Theorie im engeren Sinne), ist nur einer der Gründe, weshalb am Ausdruck *Verschwörungstheorie* festgehalten werden kann.

Dennoch ist zu beobachten, dass *Verschwörungstheorie* bzw. *-theoretiker* in öffentlich-politischen Debatten als Stigmawort oder Vorwurfsvokabel verwendet wird (der Vorwurf ist dann derjenige, dass verschwörungstheoretisches Gedankengut verbreitet werde, wodurch bestimmte Äußerungen delegitimiert werden können). Die Reflexion des Gebrauchs von *Verschwörungstheorie* ist hilfreich, um solche Bewertungen bewusst

---

[36] https://www.dwds.de/r/plot/?xrange=1946:2023&window=3&slice=1&q=Verschw%C3%B6rungstheorie&corpus=zeitungenxl (abgerufen am 31.07.2024).
[37] Näheres zur sprachkritischen Debatte z.B. in Stumpf/Römer (2024).

zu machen; hieran sollte außerdem für den Zweck der linguistischen Analyse eine Begriffsbestimmung anschließen, die einen möglichst deskriptiven Gebrauch des Wortes ermöglicht.

6.5.2 Begriffsbestimmung von ‚Verschwörungstheorie'

Vor dem Hintergrund des hier vertretenen sprachtheoretischen Ansatzes können Verschwörungstheorien als sprachlich vermittelte und organisierte kollektive Wissenssysteme (über Verschwörungen) verstanden werden. Dieser Auffassung entsprechend geht es bei der sprachwissenschaftlichen Analyse von Verschwörungstheorien weniger um den Nachweis, dass oder ob es sich um falsches, illegitimes Wissen handelt. Vielmehr ist die Frage von Interesse, wie Verschwörungstheorien mit den Mitteln der Sprache glaubhaft (gemacht) werden.

Verschwörungstheorien liefern Sinndeutungen für oft nur schwer erklärbare, krisenhafte Ereignisse oder Prozesse, die sich nicht oder nicht gut in anerkannte Deutungsmuster einbetten lassen, integrieren sie so schlüssiger in bestehende Wissenshorizonte und machen sie verstehbar. Verstehbarmachung ist ein zentrales Merkmal von Erzählungen im Allgemeinen und insofern auch von verschwörungstheoretischen Erzählungen, wobei diese charakteristische Strukturmerkmale aufweisen, aus denen die folgende nähere Begriffsbestimmung von ‚Verschwörungstheorie' abgeleitet werden kann:

Verschwörungstheoretische Erzählungen schildern eine „Zustandsveränderung zum Schlechten hin" (Seidler 2016) und erklären diese als Folge heimlichen Handelns einer Gruppe von Personen (vgl. Bartoschek 2017: 22). Dabei ist die Hypothese wichtig, die Verschwörer:innen würden einen Plan verfolgen, um eigennützige Ziele zu erreichen (gemäß der für Verschwörungstheorien typischen Frage *cui bono* – wem nützt es?). Dieses angeblich durchdachte Vorhaben, die Verschwörung eben, deckt die Verschwörungstheorie auf.

Nach Seidler (2016: 35–36) setzen sich verschwörungstheoretische Erzählungen aus zwei Plots zusammen: Der sichtbare Plot entspricht der offiziellen Version eines Geschehens. Der unsichtbare Plot entspricht dem verschwörungstheoretisch behaupteten Handlungsablauf. Letzterer verweist auf den sichtbaren Plot und erzählt ihn unter Annahme einer Verschwörung neu. Verschwörungstheoretische Erzählungen knüpfen demnach an den sichtbaren Plot an, versuchen dort, Ungereimtheiten aufzudecken und ihn im Sinne der Verschwörungstheorie umzudeuten.

Im Anschluss an Goffman (1989) versteht Seidler diesen zentralen Aspekt verschwörungstheoretischen Erzählens als Framing, d.h. einem gegebenen Sachverhalt wird kommunikativ-sprachlich durch Neuorganisation der „Fakten" ein bestimmter Sinn gegeben: „Der ‚invisible plot' entsteht vor allem dadurch, dass der externe ‚visible plot' insgesamt in den Rahmen ‚Verschwörung' gesetzt wird und dann je einzelne Elemente im Sinne dieser Rahmung Bedeutung erhalten." (Seidler 2016: 37) Den kommunikativ-sprachlichen Vorgang des Aufdeckens von Ungereimtheiten im sichtbaren Plot konzipiert Seidler als „Rahmenangriff" (Seidler 2016: 41). Die verschwörungstheoretische Erzählung greift den Rahmen oder das Interpretationsschema des sichtbaren Plots an und setzt den Rahmen ‚Verschwörung' an seine Stelle.

Im Anschluss an diese Begriffsbestimmung lässt sich das linguistische Interesse an Verschwörungstheorien im Sinne folgender Fragestellung konkretisieren: Mit welchen sprachlichen Mitteln erfolgt der Rahmenangriff, d.h. werden Geltungsansprüche infrage gestellt, und wie wird verschwörungstheoretisches Wissen sprachlich legitimiert? Anhand verschiedener empirischer Beispiele werden im nachstehenden Abschnitt Einblicke in die sprachwissenschaftliche Erforschung von Verschwörungstheorien gegeben.

6.5.3 Öffentlicher Sprachgebrauch in Verschwörungstheorien: Beispielanalysen

Erste Ergebnisse zur sprachlichen Konstruktion von Verschwörungstheorien wurden in einer methodisch quantitativ und hermeneutisch durchgeführten Pilotstudie zu Kommentaren unter verschwörungstheoretischen Videos auf YouTube über den Anschlag auf den Berliner Weihnachtsmarkt am 19. Dezember 2016 erarbeitet (vgl. Stumpf & Römer 2018). Untersucht wurden ca. 1750 Kommentare unter den 20 am häufigsten geklickten Videos, in denen angezweifelt wird, dass der Anschlag so stattgefunden hat wie medial dargestellt; vielmehr handle es sich um eine Verschwörung, wobei z.B. von einem Anschlag unter falscher Flagge oder von einer Inszenierung durch Schauspieler:innen ausgegangen wird.

Im Fokus der Untersuchung steht der Wortschatz, mit dem Ergebnis, es existiere u.a. ein verschwörungstheoretisch spezifisches Vokabular. Auffällig ist beispielsweise das überdurchschnittlich häufige Vorkommen an Negationswörtern wie *nicht* und *kein*[38] sowie relativierender Ausdrücke wie *angeblich*, *vermeintlich* und *wahrscheinlich*. Ebling u.a. (2013: 51) klassifizieren diese lexikalischen Elemente als „Entlarvungsvokabular", das in den verschwörungstheoretischen Kommentaren die Funktion hat, die offizielle Darstellung der Ereignisse (den Ablauf des Terroranschlags) infrage zu stellen. Hierzu einige Beispiele aus den in Stumpf & Römer (2018) untersuchten Kommentaren:

> Wie schon bei *vermeintlichen* „Terroranschlägen" in jüngster Vergangenheit spielen die etablierten Medien ein „Was-wir-wissen-und-was-nicht-Spielchen."

> Und wieder hat man *angeblich* einen Personalausweis gefunden.

---

[38] Negationswörter werden in den untersuchten verschwörungstheoretischen Kommentaren ca. dreimal so häufig verwendet wie im Deutschen Referenzkorpus (DeReKo), das den deutschen Schriftsprachgebrauch der Gegenwart dokumentiert.

> [...] Es hat sich *nicht* genauso zugetragen wie es vom Mainstream berichtet wurde. Befreie dich mal von deiner Gehirnwäsche und lüfte deine Synapsen.
>
> [...] Und welche Zeugen meinst du? es gibt *keine* Zeugen die *wirklich* aussagen was los war [...].
>
> [Herv. d. Autoren]

Außerdem konnte im Rahmen der Untersuchung gezeigt werden, dass Wortbildungen in verschwörungstheoretischen Texten die argumentative Funktion haben, den gesellschaftlichen Konsens anzuzweifeln und durch Umkehrung des semantischen Kerns im Sinne der Verschwörungstheorie umzudeuten (so etwa, wenn in der offiziellen Darstellung von *Terrorismus*, *Lkw*, *Regierung* die Rede ist und im verschwörungstheoretischen Diskurs von *Staats-* oder *Faketerrorismus, Fake-Lkw, Verarschungsregierung*):

> [...] Es ist offensichtlich alles nur ein Lügenmärchen, so wie 9/11 und die ganzen anderen *Fake-Terroranschläge* in Paris, Brüssel, Nizza und sonstwo.
>
> [Herv. d. Autoren]

Desgleichen werden häufig (idiomatische) Phraseme wie *etw. stinkt zum Himmel, etw. unter den Teppich kehren* oder *die lügen wie gedruckt* zur Infragestellung der Darstellung eines Ereignisses – in diesem Falle des Anschlags auf den Berliner Weihnachtsmarkt – und zur Umdeutung gemäß der verschwörungstheoretischen Erzählung eingesetzt.

Weitere gängige sprachliche Mittel, um verschwörungstheoretischem Wissen Geltung zu verschaffen, sind insbesondere (konzeptuelle) Metaphern und Argumentationen. Zwei Metaphernbereiche, die sich in den Kommentaren auf YouTube durchgängig finden lassen, sind die Lichtmetaphorik (z.B. *etw. kommt ans Licht, jmdn. hinters Licht führen, jmdm. geht ein Licht auf, etw. wirft ein neues Licht auf etw.* und *etw. bleibt im Dunkeln*) und die Theatermetaphorik (z.B. *Puppenspieler, Marionetten, Dauertheater, hinter den Vorhang blicken* und *etw. ist Kasperle-Theater*).

Eine in den Verschwörungstheorien über den Anschlag auf den Berliner Weihnachtsmarkt verbreitete Argumentation behauptet, *wenn Beweismittel fehlen, die die offizielle Darstellung belegen, dann ist diese nicht wahr* bzw. *dann haben wir es mit einer Verschwörung zu tun*. Tritt die Argumentation wiederholt bzw. musterhaft auf, lässt sie sich definieren als TOPOS DER FEHLENDEN BEWEISE. Argumente, die hierfür in den Kommentaren angeführt werden, sind beispielsweise, dass es keine *Opfer, Blutspuren, Zeugen, Handyvideos* und *Angehörige der Opfer* geben würde:

> Die Forensischen Beweise fehlen, und der Terroranschlag kann so nicht glaubwürdig dargestellt werden! Die Inszenierung war ein Weihnachtsmarkt-Theater ohne Blut und Leichen.

Mit dem TOPOS DER PHYSIKALISCHEN UNMÖGLICHKEIT wurde ein Argumentationsmuster identifiziert, das auch in anderen Verschwörungstheorien verbreitet ist: *Weil im sichtbaren Plot gegen Naturgesetze verstoßen wird, ist dieser nicht wahr*. So wird argumentiert, der LKW hätte aufgrund von bestimmten Tatsachen und Naturgesetzen nicht durch die schmale Gasse fahren können oder es sei ausgeschlossen, dass bestimmte Gegenstände durch den LKW nicht beschädigt wurden. Dieses Argumentationsmuster findet sich beispielsweise auch in 9/11-Verschwörungstheorien, wenn behauptet wird, das Stahlgerüst der beiden Hauptgebäude hätte aufgrund des Kerosinbrands nicht schmelzen können, folglich seien die Gebäude gezielt gesprengt worden:

> Denke mal in Geometrie und Massenträgheit – ein LKW hätte nichtmal mit Schrittgeschwindigkeit es geschafft, in die Weihnachtmarkt Gasse hineinzumanövrieren, geschweige denn mit 14m/sec.

> [...] Und dann wäre da z.B. noch der physikalisch unmögliche Weg des LKW und die fehlende Beschädigung durch Poller und Betonklotz an der Front. Um nur mal die auffälligsten Punkte zu nennen.

In Folgestudien liegt der Fokus auf Argumentationsmustern, so etwa im Rahmen der Chemtrail-Theorie (Breil, Römer & Stumpf 2018). Hinzu kommen Untersuchungen über Verschwörungstheorien im Rechtspopulismus (Römer & Stumpf 2019), wobei sich die Analyse des Wortschatzes (Benennungspraktiken, spezifisches Vokabular, Metaphern), von Argumentationsmustern und sprachreflexiven Kommentaren in Facebook-Beiträgen der AfD als besonders ergiebig erwiesen hat. Außerdem sind Verschwörungstheorien in Zusammenhang mit Covid-19 (Römer & Stumpf 2020; Römer 2021) zum Gegenstand von Untersuchungen gemacht worden. Näher eingehen möchten wir noch auf (konzeptuelle) Metaphern und Argumentationsmuster in Verschwörungstheorien.

Wie im Methodenteil dieses Buches bereits erläutert, wird die Metapher im Rahmen linguistisch-diskursgeschichtlicher Arbeiten im Anschluss an Lakoff & Johnson (1980) als kognitives Phänomen verstanden. Grundannahme dabei ist, dass Metaphern mentale Konzepte sind, die in der alltäglichen Kommunikation unsere Wahrnehmung, unser Denken und Handeln prägen. Solche konzeptuellen Metaphern in Verschwörungstheorien zum menschengemachten Klimawandel hat Römer (2022) in einer weiteren Pilotstudie ebenfalls am Beispiel von Kommentaren unter verschwörungstheoretischen YouTube-Videos herausgearbeitet. Die folgenden Beispiele sind dieser Studie entnommen.

Am gebräuchlichsten ist die konzeptuelle Metapher KLIMAWANDEL-ÜBERZEUGUNG/-WISSEN IST RELIGION. Sprachlich wird diese selten in einer solchen abstrakten Form realisiert, d.h. wir finden in den Texten keine entsprechenden Formulierungen. Um die konzeptuelle Metapher zu rekonstruieren, gehen wir von den erkennbaren metaphorischen Redeweisen aus (Token, Metaphernlexeme), die beim Sprechen über einen Sachverhalt, in diesem Fall über Klima-Verschwörungen, verwendet werden. Diese können sehr vielgestaltig sein. Für die Analyse müssen wir sie sammeln, ordnen und durch Kategorienbildung auf ihre abstrakte konzeptuelle Form zurückführen. Wie bei der Analyse von Argumentationsmustern auch erfolgt die Interpretation also vom konkreten sprachlichen Einzelphänomen hin zum Abstrakten. Beispiele für metaphorische Redeweisen, hinter denen auf kognitiver Ebene die genannte konzeptuelle Metapher wirksam ist, sind *Klima-Jünger, glauben, Religion, Dogma, Glaubensdoktrin, Ketzer, Glaube, Klimareligion*:

> [...] Ich habe kein Artensterben kleingeredet, sondern gefragt wieso das ein Beweis für den Menschg. Klimawandel ist? Du vermischt auch Umwelt mit Klimaschutz und wenn du so sehr gegen Artensterben bist solltest du dafür sein die Windräder zu verbieten! Der 97% Konsenz ist eine riesen Lüge, aber *Klima-Jünger* wie du *glauben* ja eh alles!
>
> [Herv. d. Autoren]

> Das sind die Manipulationstricks der Klima-Lügner & zwangsfinanzierten Mainstream-Medien: 1. Sie drücken sich völlig schwammig aus, ‚menschengemachter Klimawandel' ist eine total unpräzise Beschreibung & soll beim Zuhörer eigene ‚präzise' aber eben falsche Vorstellungen hervorrufen, die dann nichts weiter mehr sind, als der ‚*Glaube*' einer ‚scheinwissenschaftlichen' #*Klimareligion*.
>
> [Herv. d. Autoren]

Konzeptuelle Metaphern sind systematische Übertragungen von Wissen. Sie setzen sich zusammen aus einem Herkunftsbereich (Y), aus dem prototypisches Erfahrungswissen übernommen wird, und einem Zielbereich (X), auf den das Wissen aus dem Herkunftsbereich projiziert wird:

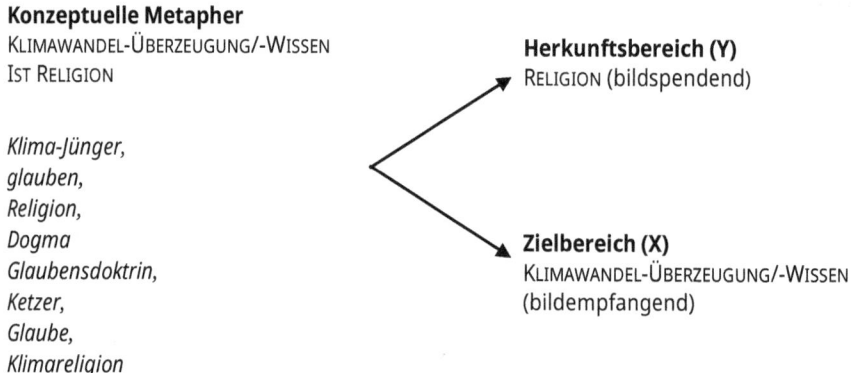

Abb. 3: Herkunfts- und Zielbereich der Klimawandel-Überzeugung/-Wissen ist Religion-Metapher

Das heißt, bestimmte Aspekte dessen, was wir über das Konzept Religion wissen, übertragen wir auf den Sinnbereich Klimawandel-Überzeugung. Mit dem Gebrauch solcher Metaphern, im Prozess der Projektion, werden nicht nur einzelne Bedeutungsaspekte übertragen, sondern, so die Theorie, es werden komplexe Systeme von mit der Metapher zusammenhängendem Wissen aktiviert. Dementsprechend legt die konzeptuelle Metapher eine ganze Reihe von Schlussfolgerungen oder Implikationen nahe, die im

Wettstreit um die Hegemonie der Wirklichkeitssichten zentrale Funktionen erfüllen. Diese sind beispielsweise folgendermaßen aufgebaut: *Wenn (X)*, also die Überzeugung vom menschengemachten Klimawandel, *(Y) ist* (also Religion), *dann (Z_1)*: ist sie irrational, basiert nicht auf wissenschaftlichen Erkenntnissen, usw., *weshalb (Z_2)*: der Klimawandel nicht menschengemacht ist, sondern nur erfunden. Zusammengefasst gesagt haben konzeptuelle Metaphern in Verschwörungstheorien einerseits die Funktion, einen Dissens zu versprachlichen, die offizielle Version in Frage zu stellen bzw. deren Glaubwürdigkeit zu untergraben, und andererseits, den Diskursraum für eine verschwörungstheoretische Erklärung zu öffnen.

Neben dem eben genannten Konzept ist in den Belegen zum Diskurs über den Klimawandel die konzeptuelle Metapher POLITIK/MEDIEN/WISSENSCHAFT SIND SCHAUSPIEL auffällig:

> Überall sind Regierungen Lügengebilde und *Marionetten* der im Hintergrund fungierenden mächtigen Personen die mit dem Klimawandel Geld verdienen möchten!
>
> [Herv. d. Autoren]

> Wir selber – und zwar ausnahmslos alle – sind keine Klimakiller, sondern (das!!) sind die linksextremen *BRD POLITDARSTELLER*. Diese wollen die große Lüge über die deutsche Geschichte damit untermauern und deshalb geht es in der BRD auch extremer ab, als in den anderen Ländern (Systemen).
>
> [Herv. d. Autoren]

Dieses Metaphernkonzept ist allgemein charakteristisch für verschwörungstheoretisches Sprechen. Auch hier ist wieder die Frage interessant, wie die Metapher unser Denken strukturiert und welche Schlussfolgerungen/Implikationen sie nahelegt. Insbesondere dient sie der Delegitimierung von Politik/Medien/Wissenschaft – diese seien fremdgesteuert, alles sei beispielsweise aus Gründen des Profits inszeniert.

Insbesondere in „Alternativmedien", die sich als unabhängig verstehen und sich gegen den vermeintlich politisch gelenkten „Mainstream" in Stellung bringen, finden sich zahlreiche konspirative Gegenerzählungen zu den Ursachen, Hintergründen, Folgen usw. der Corona-Pandemie. Am Beispiel eines verschwörungstheoretischen YouTube-Videos von Ken Jebsen mit dem Titel „Gates kapert Deutschland!"[39] untersucht Römer (2021) den strukturellen und inhaltlichen argumentativen Aufbau der Erzählung. Jebsen deutet in diesem Video die Corona-Krise als Resultat einer Verschwörung. Demnach würden Bill und Melinda Gates hinter der Corona-Krise stecken und – gemäß der Frage *cui bono* – im Verborgenen eigennützige Ziele verfolgen. Mittels finanzieller Einflussnahme auf die Weltgesundheitsorganisation (WHO) und gezielter Investitionen würden sie beispielsweise den *Plan* (00:06:30) verfolgen, eine *Impfpflicht über die Hintertür* (00:06:36–00:06:39) einzuführen, um daran zu verdienen. Die Bundesregierung

---

39 https://www.youtube.com/watch?v=DoYMeLkPRk0; (abgerufen am 31.07.2024).

würde diese Pläne durch entsprechende Maßnahmen politisch umsetzen. Schließlich prophezeit Jebsen eine *digitale Diktatur* (00:16:08–00:16:13). Mit Verweis auf Artikel 20 (Abs. 4, Widerstandsrecht) des Grundgesetzes der BRD müsse die Bevölkerung sich dem *entgegenstellen* (00:16:16–00:16:17). Neben dem Ehepaar Gates werden mit der *amerikanischen Elite* (00:02:17–00:02:20) und der *Pharmaindustrie* (00:15:04–00:15:07) zwei weitere Verschwörerinnen genannt, denen Jebsen in populistischer Manier *wir, die 83 Millionen Bürger* (00:18:44–00:18:48) gegenüberstellt. Und auch die Politik, die Medien und die Wissenschaft (namentlich der Virologe Christian Drosten) seien Teil der Verschwörung.

Mit Blick auf die argumentative Struktur (hier in Anlehnung an das Modell von Römer 2017: 155; siehe auch Kap. 4.5) kann festgestellt werden, dass der verschwörungstheoretischen Erzählung eine bestimmte topologische Diskursformation zugrunde liegt, welche die Verschwörungstheorie erst als kohärent und plausibel strukturiert. Sie besteht aus drei Typen von Gründen bzw. abstrakten Basistopoi, die sprachlich je verschieden durch kontextspezifische Topoi gefüllt werden: 1. dem DATENTOPOS, 2. dem URSACHENTOPOS und 3. dem TOPOS DER MAXIME.

Zu 1: Innerhalb der argumentativen Gesamtstruktur fungiert als oberste Prämisse der DATENTOPOS. Er beschreibt die Ausgangslage, in der wir uns Ende 2020 befinden würden. Inhaltlich kann er als GEFAHRENTOPOS definiert werden: Wegen der Corona-Krise bzw. wegen der politischen Maßnahmen zur Bewältigung der Krise seien Deutschland und das Grundgesetz *massiv in Gefahr* (00:00:52–00:00:56). Wir würden uns in einem *unrechtmäßigen, illegitimen Zustand* befinden (00:18:19–00:18:36).

Zu 2: Als weitere Prämisse fungiert der URSACHENTOPOS. Er benennt ausgehend von der Situationsbeschreibung die Ursachen der Krise und erklärt, wer durch welches Verhalten Schuld an ihr hat. Das heißt, er kennzeichnet nach dem Grundsatz des *cui bono* die Verschwörer:innen: Die Einschränkungen seien von Bill und Melinda Gates initiiert, aus Gründen des Profits (*das bestimmt aktuell bill and melinda gates foundation* (00:01:47–00:01:52); *die bill and melinda gates foundation finanziert die weltgesundheitsorganisation zu über 80 % und bestimmt dort ganz knallhart was gesundheit ist* (00:02:39–00:02:48); *sie [die Gates] haben sich auch bei unserer bundesregierung miteingekauft sie finanzieren herrn drosten mit sie finanzieren auch die die das robert-koch-institut finanzieren mit sie haben auch medien gekauft* (00:03:02–00:03:13)). Kontextspezifisch könnte er als ELITENTOPOS gefasst werden: Weil bestimmte Eliten profitieren, sind sie ursächlich verantwortlich für die Krise.

Zu 3: Schließlich fungiert der TOPOS DER MAXIME als Prämisse. Damit sind Äußerungen gemeint, die die Notwendigkeit bestimmter Handlungen auf Basis gesellschaftlicher und politischer Leitbilder, Prinzipien, Normen und Werte begründen. Kontextspezifisch kann er als GRUNDRECHTETOPOS definiert werden: In seinem Video beruft sich Jebsen mehrfach auf das Widerstandsrecht in Artikel 20 des Grundgesetzes (*ich rufe sie dazu auf sich an den artikel 20 des grundgesetzes zu erinnern* (00:16:17–00:16:23); *ich möchte den beamten folgendes sagen artikel 20 richtet sich auch an sie* (00:18:18–00:18:23)).

Diese drei Topoi bilden ein topisches Muster, also eine relativ stabile Sequenz, die in ihrer Abfolge nicht festgelegt ist. Vielmehr werden sie zu verschiedenen Zeitpunkten des Videos immer wieder aufgegriffen und unterschiedlich gefüllt, um eine Verschwörung quasi-logisch zu plausibilisieren. Darüber hinaus ergibt sich aus dem Zusammenspiel der Topoi die Notwendigkeit zu bestimmten Handlungen, insbesondere legen sie die Schlussfolgerung nahe, Gegenwehr zu leisten, was Jebsen auch verbalisiert. Hierzu zwei Beispiele: *deswegen möchte ich an dieser stelle die deutsche bevölkerung explizit dazu aufrufen sich dem entgegenzustellen* (00:16:13–00:16:20); *du musst deinen arsch auf die straße bringen* (00:28:23–00:28:25).

Die Konklusion, die mit der Verschwörungstheorie bzw. mit ihrer topischen Struktur AUS DATENTOPOS, TOPOS DER URSACHE und TOPOS DER MAXIME einhergeht, lässt sich folgendermaßen bestimmen: *Wir brauchen eine neue Regierung (weil Deutschland und das Grundgesetz beschützt werden müssen/weil wir fremdbestimmt sind)*. Das Beispiel verdeutlicht, dass verschwörungstheoretische Erzählungen durch eine topologische Grundstruktur konstituiert sind; insofern hängen Narration und Argumentation eng zusammen (vgl. Römer 2021). Auf einem niedrigeren Abstraktionsniveau ist diese strukturbildende Toposkonstellation mit kontextspezifischen Topoi gefüllt, die sprachlich mittels bestimmter Erzählsegmente realisiert werden.

Wie zum Einstieg dieses Kapitels bereits erwähnt, liegen zur sprachgeschichtlichen Dimension von Verschwörungstheorien noch keine Studien vor. Dass es sich um ein lohnendes Thema für linguistisch-diskurs*geschichtliche* Fragestellungen handelt, sollte dennoch deutlich geworden sein. Die rekapitulierten Studien und Ergebnisse können als Beispiele für Analysen des öffentlichen Sprachgebrauchs mit den Methoden der linguistischen Diskursgeschichte jenseits traditioneller Medienöffentlichkeiten gelesen werden. Der künftigen Forschung können sie als Ausgangspunkte für diskurshistorische Betrachtungen von Verschwörungstheorien dienen.

Aufgaben
1. Lesen Sie die Einleitung und Kapitel 1 des Buches *Nichts ist wie es scheint* von Butter (2018). Stellen Sie Butters und die hier vorgestellte Definition des Phänomens Verschwörungstheorie kritisch gegenüber.
2. Recherchieren Sie Belege für den Gebrauch des Wortes *Verschwörungstheorie* in den Plenarprotokollen des Deutschen Bundestages (https://dip.bundestag.de/suche if.wahlperiode=20&rows=25). Auf welche Weise(n) wird das Wort verwendet?
3. Recherchieren Sie, was sich unter Gegenöffentlichkeit verstehen lässt und diskutieren Sie dieses Konzept in Bezug auf die Verbreitung von Verschwörungstheorien in den sozialen Medien.
4. Suchen Sie einen Text, der ihrer Meinung nach verschwörungstheoretisch ist und arbeiten Sie charakteristische sprachliche Merkmale heraus.

6.6 Diskurse um *political correctness*

Gerade in den letzten Jahren dürfte das Thema *political correctness* – Ähnliches wird in jüngerer Zeit auch unter den Schlagwörtern *cancel culture*[40] und *Wokeness*[41] diskutiert – insbesondere mit seinen Facetten geschlechtergerechter Sprachgebrauch und antirassistische Sprachkritik das am intensivsten diskutierte Sprachthema im öffentlichen Sprachgebrauch sein. Und auch hinsichtlich der sprachwissenschaftlichen Beschäftigung mit dem Thema bzw. den Themen ist die Zahl der Publikationen, die sich schwerpunktmäßig auf die deutsche Diskussion beziehen, inzwischen unüberschaubar. Der Grund, es hier als letztes Beispiel öffentlicher Sprachkämpfe aufzunehmen, ist einerseits seine Relevanz, andererseits aber der diskurs*geschichtliche* Fokus. Nach einem kurzen Versuch der Begriffsbestimmung soll ein sprachgeschichtlicher Überblick zum Phänomen *political correctness* (*pc*) bzw. öffentliche Sprachsensibilität gegeben werden; anschließend werden die drei Themen Antirassismus, Gendern und Umgang mit der NS-Vergangenheit als die für Deutschland wichtigsten *political correctness*-Debatten sprachgeschichtlich beschrieben.

6.6.1 Begriffsbestimmung(en)

Das Phänomen und der Ausdruck *political correctnesss* wurde in den Jahren 1994/95 in der deutschen (vor allem) Medienöffentlichkeit erstmals intensiv diskutiert. *Pc*-kritische Artikel in DER SPIEGEL, im FOKUS und in der ZEIT sowie erste ablehnende Buchveröffentlichungen (vgl. dazu Frank 1996; Wengeler 2002: 7) gaben den Ausschlag dafür, dass *political correctness* von Beginn an so diskutiert wurde, dass Karsta Frank schon 1996 ihren Aufsatz mit „Political Correctness. Ein Stigmawort" überschrieb. In den Jahren 1996 bis 2002 gab es dann eine Reihe sprachwissenschaftlicher Publikationen, die sich mit der Geschichte des Wortes und Konzepts in den USA und mit dem Phänomen in Deutschland entweder systematisierend (insbesondere Kapitzky 2000; Mayer 2002; Wierlemann 2002) oder argumentativ (die im Folgenden angeführten Aufsätze) beschäftigten. Dabei standen sich – wie in der öffentlichen Debatte, nur weniger polemisch, sondern sachlich abwägend – Positionen, die *pc* als Versuch der Sprachzensur bzw. des linguistisch unzulässigen sprachkritischen Eingriffs (*leave your language alone*) in den Sprachgebrauch ablehnten (z.B. Jung 1996; Wimmer 1997; 1998; Zimmer 1997), und Haltungen gegenüber, die *pc* als erhöhte Sprachsensibilität in der Öffentlichkeit verteidigten (z.B. Gloning 1996; Hoffmann 1996; Wengeler 2002). Hinzu kamen solche Aufsätze, die die Stigmatisierung des Ausdrucks und Konzepts in den Mittelpunkt

---

[40] Die strukturellen Ähnlichkeiten in den aktuellen öffentlichen Debatten um *cancel culture* zu denen um *political correctness* werden insbesondere von Daub 2022 und Lorenz 2024 herausgearbeitet.
[41] Vgl. dazu die linguistischen Studien von Bettag u.a. 2023 und Haid 2024.

stellten (z.B. Frank 1996; Huhnke 1997; Auer 2002). Diese Polarisierung in der Sprachwissenschaft hat ebenso bis heute angehalten wie die entsprechende öffentliche Bewertung des Phänomens (vgl. dazu z.B. Heringer & Wimmer 2015 auf der einen und Klug 2020 auf der anderen Seite, s.u.).

Eine Definition, die die Autoren dieser Einführung mittragen und die auch kompatibel ist mit dem, was in Wengeler (2002: 8–12) schon ausführlicher pro *political correctness* angeführt worden ist, hat Henning Lobin in seinem Buch *Sprachkampf* geliefert:

> Bei „politischer Korrektheit" handelt es sich im Wesentlichen um das Ideal von Respekt und Höflichkeit, das konsequent auf den Bereich der Sprache angewandt wird und sich an den Maßstäben des Gegenübers orientiert. In traditioneller Terminologie kann dies auch mit dem Begriff der „Humanitas" gefasst werden.
>
> (Lobin 2021: 36–37)

Wie Klug (2020: 81) betont, ist der Ausdruck *political correctness* inzwischen aus dem medialen und politischen Diskurs in den allgemeinen Sprachgebrauch übergegangen, so dass er auch im Duden online-Wörterbuch definiert wird:

> Einstellung, die alle Ausdrucksweisen und Handlungen ablehnt, durch die jemand aufgrund seiner ethnischen Herkunft, seines Geschlechts, seiner Zugehörigkeit zu einer bestimmten sozialen Schicht, seiner körperlichen oder geistigen Behinderung oder sexuellen Neigung diskriminiert wird.
>
> (Duden: Political Correctness)[42]

Der Wortkritik, so Klug (2020: 81), komme dabei eine besondere Bedeutung zu, insofern *political correctness*

> insbesondere mit der dogmatischen/moralischen Kritik an und einer ideologisch motivierten meliorativen Substitution von Personen- bzw. Gruppenbezeichnungen assoziiert [wird], die von der Mehrheit der Sprecherinnen und Sprecher zur Bezeichnung von Frauen und Minderheiten verwendet werden.
>
> (Klug 2020: 81)

Ist damit in etwa umrissen, worauf mit *pc* referiert wird, so kann nicht vernachlässigt werden, was mit dem Ausdruck häufig explizit oder implizit prädiziert wird und was ihn zum Stigmawort gemacht hat, das von Befürworter:innen der mit dem Ausdruck verbundenen Sprachkritik kaum als Eigenbezeichnung verwendet wird. Erst seit Stefanowitschs Plädoyer „Warum wir politisch korrekte Sprache brauchen" (2018) hat sich das ein wenig geändert. Vorherrschend ist aber weiterhin sein Stigmawort-Charakter:

---

[42] https://www.duden.de/rechtschreibung/Political_Correctness (abgerufen am 31.07.2024).

> Der Begriff „Politische Korrektheit" [wird ...] fast ausschließlich als eine negative oder gar diffamierende Kennzeichnung verwendet [...]. Mit dem Begriff [...] werden vielfach vermeintliche Sprachvorgaben oder sogar Zensurbestrebungen verbunden, die der Meinungsfreiheit entgegenstünden.
>
> (Lobin 2021: 37)

Bemühungen um öffentliche Sprachsensibilität, als die *pc* hier verstanden wird, werden auch von Sprachwissenschaftlern als „Sprachpolizei" (Heringer & Wimmer 2015: 180), „sprachpolizeiliche Allüren" (Peter Eisenberg im Deutschlandfunk vom 13. März 2018)[43] und als eine der Gefahren für die Entwicklung der deutschen Sprache (Eisenberg 2017: 92–94) angesehen, oder das Konzept der *pc* wird als „kein[...] linguistische[r] Ansatz von Sprachkritik" (Kilian, Niehr & Schiewe 2016: 38)[44] bewertet – wobei die letztgenannten Autoren durchaus die auch hier vertretene Position teilen, dass „– gerade in Hinblick auf Minderheiten – die Regel gelten [sollte], dass jene Bezeichnung angemessen ist, die die jeweilige Gruppe als Eigenbezeichnung für sich wählt." (Kilian, Niehr & Schiewe 2016: 38). Demgegenüber stehen Rechtfertigungen der *pc* u.a. – wie schon erwähnt – bereits 2002 von Wengeler und zuletzt von Klug, die *pc* unter den drei Rubriken „Bewusstmachung als Kernziel antidiskriminierender Wortkritik", „Bewusstmachung von Standardisierungen mehrheitsgesellschaftlichen Wissens" und „Bewusstmachung perlokutionärer Effekte" (Klug 2020: 83–86) diskutiert und dazu Beispiele aus der gleich zu behandelnden anti-rassistischen Sprachkritik wählt. „[D]ie gesellschaftliche Relevanz einer anti-diskriminierenden Sprachkritik, der es um die Bewusstmachung diskriminierenden Potentials von Sprache [geht, sei ...] kaum zu unterschätzen" (Klug 2020: 86), so Klugs Fazit im *Handbuch Sprachkritik*.

Aufgaben
1. Erläutern Sie, was unter *political correctness* verstanden werden kann. Grenzen Sie diesen Begriff gegen jüngere Begriffe wie *cancel culture* und *Wokeness* ab.
2. Wie werden die in Aufgabe 1 genannten Begriffe im Rahmen semantischer Kämpfe (siehe Kap. 4.2) im öffentlichen Diskurs aktuell eingesetzt?
3. Referieren Sie die Geschichte von *political correctness* in Deutschland und stellen Sie diese den Entwicklungen in den USA entgegen. Konsultieren Sie ggf. den THE GUARDIAN-Artikel von Weigel (2016).

---

43 https://www.deutschlandfunkkultur.de/das-generische-maskulinum-ich-nenne-das-sprachpolizeiliche-100.html (abgerufen am 31.07.2024).
44 Vgl. dazu ausführlich Roth (2004a: 235–260), der auch die Lehren der Rhetorik als geeigneter betrachtet, um gegen sprachliche Diskriminierung anzugehen, als das „monolithische Wortersatzprinzip" (Roth 2004a: 258).

6.6.2 Geschichte

Die Bezeichnung und das Konzept *political correctness* stammen aus den USA:

> In der Folge des Civil Rights Movement der 1960er Jahre an den nordamerikanischen Universitäten entstanden, erscheint sie dort seit den frühen 1970er Jahren erstmals in Texten der orthodoxen Linken. Zunächst zur Bezeichnung einer hochgewerteten Linientreue bezüglich des eigenen politischen Programms verwendet, wurde der Ausdruck PC schon bald nach seiner Einführung auch in gegenteiliger Weise zur distanzmarkierenden Fremdbezeichnung von Positionen gebraucht, die man als zu dogmatisch empfand und selbst nicht vertrat.
>
> (Klug 2020: 81)

Kapitzky (2000: 25–45), Mayer (2002: 147–180) und Wierlemann (2002: 35–103) legen die damit sehr knapp zusammengefasste US-amerikanische Geschichte des Ausdrucks und des Konzepts jeweils ausführlich dar. Mayer (2002: 147–155) diskutiert dabei die wenig belegegesicherte Frühgeschichte des Ausdrucks in der amerikanischen Linken etwas genauer und setzt die 1980er Jahre als die Zeit an, in der *pc* durch Journalist:innen in die Öffentlichkeit getragen wird und der Ausdruck dabei von einem in linken Bewegungen genutzten Kritikbegriff an zu dogmatischen Haltungen „zu einem Ausdruck externer Kritik" (Mayer 2002: 158) an linkem Dogmatismus wird. Erst in einem Artikel der NEW YORK TIMES aus dem Herbst 1990 sei *political correctness* dann „explizit als Sammelbegriff für verschiedene Reformen an einigen amerikanischen Universitäten" (Mayer 2002: 160) verwendet worden, bei denen es

> um eine Erweiterung des Literaturkanons (unter stärkerer Berücksichtigung weiblicher und nichtweißer Autoren), um eine Revision der Lehrinhalte in den geisteswissenschaftlichen Fächern (z.B. bezüglich der Lehre der amerikanischen Geschichte), um die Einführung von Fördermaßnahmen für Frauen und Minderheiten [affirmative action] sowie um Sprach- und Verhaltensreglementierungen auf dem Campus [speech codes, language guidelines] [ging], die benachteiligte Gruppen schützen sollten.
>
> (Mayer 2002: 160–161)

Damit sind die in allen drei Büchern behandelten Bewegungen des *Civil Rights Movement* und des *Women's Liberation Movement* angesprochen, die neben anderen emanzipatorischen Bemühungen auch Sprachkritik an diskriminierender Sprache beinhalteten und zeigen, dass die *pc*-Diskussion nicht nur, aber vor allem auch eine um Sprache ist, genauer: um diskriminierungsfreie Sprache und damit um öffentliche Sprachsensibilität. Ab den 1990er Jahren ist es in den USA der politischen Rechten gelungen, *political correctness* als eine Kampf- und Stigmavokabel zu etablieren bzw. diesen Begriff so zu besetzen, dass mit ihm angeblich dogmatische „linke", reformerische Positionen einschließlich Forderungen nach Sprachregelungen kritisiert werden konnten. Wierlemann (2002: 42–43) zeigt exemplarisch an einer Rede Bill Clintons von 1997, in der er entsprechende emanzipatorische Bemühungen unterstützt und selbst einen geschlechter- und minderheitensensiblen Sprachgebrauch praktiziert, dass *political correctness*

„den Wert eines Schimpfwortes erhalten" (Wierlemann 2002: 43) habe, da Clinton das, was er befürwortet und praktiziert, ausdrücklich als *honesty* u.a. gegen *political correctness* als einer *barrier* eines gepflegten politischen Dialoges abgrenzt.

Von dieser schon in den 1990er Jahren gelungenen Stigmatisierung des Ausdrucks aus ist er seither zu einem oft benutzten Mittel im Kulturkampf der amerikanischen Rechten gegen alle als „links" verstandenen politischen Überzeugungen und Forderungen geworden, das insbesondere auch verwendet wird, um dem angeblichen „linken" Mainstream u.a. mit seinen Bemühungen um größere Sprachsensibilität gegenüber unterschiedlichen Personengruppen eine Einschränkung der Meinungsfreiheit, Zensurversuche u.Ä. vorzuwerfen. Für die USA ist das besonders in einem THE GUARDIAN-Artikel von Moira Weigel (30. November 2016)[45] anschaulich dargestellt worden, der den Wahlerfolg Donald Trumps auf den mit diesem Stigmawort verbundenen Kulturkampf zurückführt und der diese Stigmatisierung und diesen Kulturkampf seit dem erwähnten Artikel in der NEW YORK TIMES vom Oktober 1990 darstellt. Die *Subheadline* des Artikels fasst prägnant zusammen: „For 25 years, invoking this vague and ever-shifting nemesis has been a favourite tactic of the right – and Donald Trump's victory is its greatest triumph."

Den entsprechenden Anti-*political-correctness*-Diskurs in Deutschland stellt Schröter (2019) dar, denn es lässt sich für Deutschland diesbezüglich eine mit einer leichten zeitlichen Verschiebung analoge Entwicklung konstatieren. Mit der sog. Historischen Korrektheit (s. Kap. 6.6.5) ist aber auch eine thematische Ergänzung in Deutschland zu beobachten, bei der es um einen sprachsensiblen Umgang mit der NS-Vergangenheit geht. Sieht man zunächst vom Ausdruck *political correctness* ab, so kann sprachgeschichtlich mit guten Gründen behauptet werden, dass seit „1968", mit der außerparlamentarischen Studentenbewegung eine größere öffentliche Aufmerksamkeit für Sprache geschaffen worden ist, die dann später unter dem Label *pc* weitergeführt worden ist.

Denn – wie die Artikel im Band *Kontroverse Begriffe* (1995) zeigen – im Anschluss an die grundlegende Herrschaftskritik der Studentenbewegung von 1968, die auch als Sprachkritik daherkam (Herbert Marcuse (1984 [1969]: 302–303): „Politische Linguistik ist […] eine der ‚Geheimwaffen' von Herrschaft und Verleumdung. Die herrschende Sprache von Gesetz und Ordnung […] ist nicht nur die Stimme, sondern auch die Tat der Unterdrückung."), spielte Sprachkritik in den sog. Neuen Sozialen Bewegungen, der Frauen-, Umwelt-, Friedens- und Anti-Rassismus-Bewegung auch in Deutschland eine große Rolle (s. die Kap. 6.1, 6.2, 6.6.3 und 6.6.4 in diesem Buch). Laut Wengeler (1995a; 2002) hat diese Sprachkritik insgesamt zu einer größeren öffentlichen Sprachsensibilität in Deutschland geführt, die eben (hinzu kommt das Thema der sprachsensiblen Auseinandersetzung mit dem Nationalsozialismus) heute auch unter dem Label *political*

---

45 https://www.theguardian.com/us-news/2016/nov/30/political-correctness-how-the-right-invented-phantom-enemy-donald-trump (abgerufen am 10.06.2024).

correctness (gern und am häufigsten mit diesem Anglizismus und seiner Abkürzung *pc*, seltener mit der deutschen Entsprechung *Politische Korrektheit*) geführt wird.

Allerdings gibt es in Deutschland – mit Ausnahme (s.o.) vorsichtiger Versuche in jüngster Zeit – keine Belege dafür, dass *political correctness* in irgendwelchen Zusammenhängen einmal als Fahnenwort einer Gruppe, also positiv verwendet und mit entsprechenden Forderungen verbunden, gebraucht worden ist. Wort und Konzept kommen stattdessen erstmals im Mediendiskurs Anfang der 1990er Jahre direkt mit kritischem Bezug auf die USA vor (zum ersten Mal in der SÜDDEUTSCHEN ZEITUNG vom 02. November 1991 unter dem Titel „Multikultureller Joghurt"). Bald darauf werden auch Bemühungen um nicht-diskriminierende Personenbezeichnungen oder um die Vermeidung NS-belasteter Wörter in Deutschland kritisch mit dem Wort zurückgewiesen. Zwei Beispiele aus den frühen 1990er Jahren:

> Zur Zeit ist es also der Tugendterror der political correctness, der freie Rede zum halsbrecherischen Risiko macht.
>
> (Martin Walser in DER SPIEGEL 06. November 1994)

> Politisch Korrekte fallen dadurch auf, dass sie unentwegt nach politisch Unkorrekten fahnden. [...] „Rassist", „Faschist", „Frauenfeind", „Ausländerfeind" oder „Geschichtsrevisionist" lauten die gängigsten Unterstellungen, welcher sich die einheimische *pc*-Hatz zur Markierung ihrer Jagdziele bedient. [...] „Historische und politische Korrektheit zusammen" ergäben „ein Koordinatengefängnis, aus dem es kein Entrinnen gibt" [so Behrens & von Rimscha (1995)].
>
> (FOCUS 1995)

Damit ist schon bei den ersten Berichten über *pc* in den USA und bei den ersten Verwendungen des Ausdrucks in den deutschen Leitmedien und in Buchpublikationen (Behrens & von Rimscha 1995; Röhl 1995; Groth 1996) der Tonfall eines Anti-*political-correctness*-Diskurses vorgegeben, der bis heute anhält und auch in Deutschland zu einer der wichtigen „(De-)Legitimationsstrategien der Neuen Rechten" (Schröter 2019: 13) geworden ist.

In einer Analyse der „Legende von der Politischen Korrektheit" konstatiert Erdl (2004: 37) bezüglich dieser frühen Zeit des *pc*-Diskurses:

> Die deutsche Presse geriet spätestens ab 1993 außer Rand und Band vor Begeisterung über diesen neuen Begriff. Angekoppelt wurden jahrelang schwelende deutsche Diskussionen [wie eben, s.u., solche zur NS-Vergangenheit, zur Sichtbarmachung von Frauen in der Sprache oder zur Vermeidung diskriminierender Personenbezeichnungen wie *Zigeuner*, *Behinderte* oder *Asylanten*]. Sie wurden nun unter diesem neuen Gesichtspunkt neu ventiliert oder retrospektiv abgehandelt, so zum Beispiel die Jenninger-Rede 1988 oder der Historikerstreit.

Bei *pc* habe es sich um einen aus den USA „importierten Mythos" gehandelt, bei dem „groteske Wanderlegenden und knallbunte Dummheiten aus der amerikanischen Presse" (Erdl 2004: 69) abgeschrieben worden seien (gemeint sind abstruse Ersatzbezeichnungen wie – übersetzt – *vertikal herausgefordert* statt *kleinwüchsig*, die aus einem ironischen amerikanischen *pc*-Dictionary entnommen und in Deutschland als ernst gemeinte *pc*-Vorschläge verkauft wurden). Das Ankoppeln schon vorhandener Diskussionen ist der Grund, die gleich zu behandelnden Themen dem *pc*-Phänomen auch schon vor dessen Etikettierung als *pc* zuzurechnen.

Schröter (2019) zeigt für die zwei an diese Frühphase anschließenden Jahrzehnte besonders anhand folgender Debatten die „Entkonkretisierung" (es werden nicht mehr konkrete Verfechter:innen angeblicher *pc* genannt, sondern es wird zunehmend allgemeiner der Vorwurf von *Denkgeboten* und *Tugenddiktatur* erhoben) und Intensivierung des Anti-*pc*-Diskurses, mit dem die Neuen Rechten erfolgreich gewesen seien: anhand der Diskussionen um den CDU-Präsidentschaftskandidaten Steffen Heitmann, einer Rede des Schriftstellers Martin Walser und der Bücher der Ex-Tagesschau-Sprecherin Eva Herman und des ehemaligen Berliner SPD-Finanzsenators Thilo Sarrazin:

> Im Fahrwasser des Anti-*pc*-Diskurses scheint es ihnen gelungen zu sein, die Verschiebung des Sagbaren nach rechts voranzutreiben. Kritik von (halbwegs) linker Seite an rechten Standpunkten [...] wird sogleich auf die Metaebene des allgegenwärtigen Anti-*pc*-Diskurses geschoben und die Proposition damit der Kritik entzogen.
>
> (Schröter 2019: 31)

In den Leitmedien hat Christian Stass (2017) in der Zeit am 19. Januar 2017 angesichts von Trumps Wahlerfolg die Geschichte von *political correctness* unter der Überschrift „Vom Medienphantom zum rechten Totschlagargument. Die sonderbare Geschichte der Political Correctness" dargestellt. Das Wort und das Konzept *political correctness* werden dabei immer wieder durch den Gebrauch als Stigmawort als etwas Abzulehnendes bestätigt. Die Funktion des Ausdrucks *political correctness* als Kampfbegriff im Kulturkampf der Neuen Rechten wird auch von Gießelmann (2019) eindrücklich herausgearbeitet.

Eine Strategie, die Diskurshoheit in diesem Feld gegen solche Stigmatisierungen wiederzugewinnen, wäre, *pc* positiv zu verwenden und das damit Gemeinte als etwas Positives, Wichtiges, zu Erkämpfendes zu begründen und zu verteidigen. Während dies (s. die nächsten Teilkapitel) bezüglich der konkreten, unter *pc* gefassten Phänomene praktiziert wird, gibt es bezüglich des Wortes und damit des Konzeptes, öffentliche Sprachsensibilität im Allgemeinen zu verteidigen und auch unter diesem Label zu fassen, bisher nur wenige Versuche. Stefanowitsch Buch von 2018 *Eine Frage der Moral. Warum wir politisch korrekte Sprache brauchen* stellt einen solchen Versuch dar. Wie es im Titel anklingt, wird in dieser Rechtfertigung politisch korrekter Sprache als einer Sprache, mit der nicht diskriminiert wird, die Phrase *politisch korrekt* durchgängig und selbstverständlich, d.h. ohne sie explizit zu verteidigen, positiv verwendet. Denn ihr Kern sei

> tatsächlich eine Frage der Moral. Den Befürworter/-innen politisch korrekter Sprache geht es [...] darum, sprachliche Ausdrucksformen genauso nach moralischen Gesichtspunkten zu bewerten wie andere Aspekte menschlichen Handelns.
>
> (Stefanowitsch 2018: 21)

Dafür nimmt er Kants kategorischen Imperativ in Anspruch und formuliert in Analogie dazu

> folgende goldene Sprachregel: 1. Stelle andere sprachlich nicht so dar, wie du nicht wollen würdest, dass man dich an ihrer Stelle darstelle. 2. Stelle andere sprachlich stets so dar, wie du wollen würdest, dass man dich an ihrer Stelle darstelle.
>
> (Stefanowitsch 2018: 22)

Das wird insbesondere bezüglich der gleich zu behandelnden *pc*-Ausprägungen antirassistische und feministische Sprachkritik diskutiert, um zu folgender Schlussfolgerung zu gelangen:

> Es geht den Befürworter/-innen politisch korrekter Sprache […] nicht darum, irgendjemandem Sprachvorschriften zu machen […]. Bei der politisch korrekten Sprache geht es darum, strukturelle sprachliche Ungleichheiten zu beseitigen. […] Wer *keinen* Hass empfindet, wer *nicht* herabwürdigen will, für den sollte es selbstverständlich sein, sprachliche Ausdrücke zu meiden, die von anderen als hasserfüllt oder herabwürdigend empfunden werden. Wenn wir uns darauf einigen könnten, wäre nicht alles gut und die materielle Diskriminierung betroffener Gruppen noch lange nicht beseitigt […]. Aber ein Bemühen um eine nicht diskriminierende Sprache wäre ein Zeichen, dass wir überhaupt Gleichheit wollen.
>
> (Stefanowitsch 2018: 61–62)

In den Leitmedien hat Mely Kiyak am 30. November 2016 in der ZEIT in ähnlicher Weise *political correctness* gegen Stimmen aus der Politik verteidigt, die – wie Sigmar Gabriel (SPD) – „zu viel Political Correctness" im öffentlichen Diskurs sehen, und mit folgendem Plädoyer geendet:

> Schluss mit dem ekelhaften, dummen und unaufgeklärten Geschwätz über die Fremden, die Ausländer, Schwulen, Muslime oder Flüchtlinge. Das würde Eindruck machen! Unserem Land fehlt der Mut für Aufklärung, Anstand und Eleganz im Umgang mit Mitmenschen. Es ist nämlich eine Ehre, in Sprache und Handeln politisch, ökonomisch, sozial und einfach menschlich korrekt zu sein.[46]

Ein weiteres Beispiel, *politically correct* positiv zu verwenden, ist die von Johannes Kram von 2016 bis 2019 auf BILDBLOG monatlich unter diesem Titel veröffentlichte Kolumne.[47]

Aufgaben
1. Lesen Sie in Stefanowitschs (2018) Buch *Eine Frage der Moral* und stellen Sie seine Argumentation pro *political correctness* dar.
2. Lesen Sie den ZEIT-Artikel von Mely Kiyak und stellen Sie die Position der Autorin dar (https://www.zeit.de/kultur/2016-11/political-correctness-uebertreiben-kiyaks-deutschstunde/komplettansicht; abgerufen am 27.10.2024).

---

46 https://www.zeit.de/kultur/2016-11/political-correctness-uebertreiben-kiyaks-deutschstunde (abgerufen am 10.06.2024).
47 https://bildblog.de/ressort/political-correct/ (abgerufen am 31.07.2024).

3. Lesen Sie den Aufsatz von Kilian (2003) zu *political correctness* und erörtern Sie Übereinstimmungen und Unterschiede seiner Haltung im Vergleich zur hier vertretenen Auffassung.

6.6.3 Anti-rassistische Sprachkritik

Die zuletzt von Stefanowitsch zitierte Passage über diskriminierende Sprache zielt insbesondere auf die Spielart politisch korrekter Sprachsensibilität, die als explizit anti-rassistische Sprachkritik auftritt, die in vielen öffentlichen Stellungnahmen zu Personenbezeichnungen im Rahmen von Flucht und Migration zum Ausdruck kommt und die mittlerweile auch in vielen öffentlichen Institutionen in einem „Leitfaden für einen rassismuskritischen Sprachgebrauch"[48] institutionalisiert ist.

Zum Einstieg zwei diesbezügliche öffentliche Sprachthematisierungen:

> Schon die durchgängige Bezeichnung als „Zigeuner" stellt ein Problem dar, wobei Lewy [dessen Buch „Die Verfolgung der Zigeuner im Dritten Reich" rezensiert wird] trotzig der potentiellen Kritik entgegenhält, dass das Wort „Zigeuner" „an sich nichts Abwertendes" habe [...]. Tatsache ist jedoch, dass die Bezeichnung „Zigeuner" ihre pejorative Konnotation bewahrt hat und in zahlreichen Redewendungen bis in die Gegenwart hinein gebräuchlich ist. Von daher sollte man die Forderung des Zentralrats der Sinti und Roma in Deutschland respektieren, der sich seit seiner Gründung gegen die Verwendung des Begriffs ausgesprochen hat.
> (FRANKFURTER RUNDSCHAU 14. Mai 2001)

> Der AfD-Bundestagsabgeordnete Jens Maier hat Anfang des Jahres Noah Becker, den Sohn von Tennis-Legende Boris Becker, als „Halbneger" beschimpft. Das Berliner Landgericht erließ daraufhin eine einstweilige Verfügung gegen Maier, er darf seine Äußerung nicht wiederholen. Verbale Entgleisungen wie diese sind kein Einzelfall. In Schulen und in Kneipen geht es ähnlich zu [...]. Neger ist heute ein No-go. Es ist ein Schimpfwort, das abwertend und rassistisch ist. Einen Niederbayer kosteten die Verwendung des Ausdrucks und andere Beleidigungen 1800 Euro.
> (FOCUS-ONLINE 17. Juni 2018)[49]

Öffentlich wahrgenommen wird anti-rassistische Sprachkritik außer auf die hier zitierten Wörter bezogen insbesondere auch beim M-Wort sowie bei mit diesen Wörtern gebildeten Komposita wie *N-kuss*, *M-apotheke* oder *M-straße* sowie bei *Z-soße* oder *Z-schnitzel*. Wir

---

[48] Sehr verbreitet scheint dieser Leitfaden zu sein, der vom AntiDiskriminierungsBüro (ADB) Köln/Öffentlichkeit gegen Gewalt e.V. 2013 herausgegeben worden ist: https://www.nrw-denkt-nachhaltig.de/anmeldungen/uploads/gruppe/Leitfaden_print(10-16-13-11-26-21).pdf (abgerufen am 30. 12.2024). Ergänzend dazu gibt es ein Glossar samt „Checkliste für einen rassismuskritischen Sprachgebrauch": https://www.uni-hamburg.de/gleichstellung/download/antirassistische-sprache.pdf (abgerufen am 30.12.2024).
[49] https://www.focus.de/wissen/mensch/political-correctness-so-reden-sie-klartext-ohne-zu-diskriminieren_id_9078078.html (abgerufen am 31.07.2024).

schließen uns hier – wie ersichtlich – dem Sprachgebrauch anti-rassistischer Sprachkritiker:innen an, die argumentieren, dass auch bei der nur zitierenden Verwendung der diskriminierenden Wörter das mit ihnen verbundene abwertende „Normkonzept" (Frank 1996) wieder aufgerufen wird und sein diskriminierendes Potential entfalten kann: „Diese Begriffe können im derzeitigen deutschen Kontext nicht verwendet werden, ohne rassistische Vorstellungen von rassistischen Hierarchien zu reproduzieren." (Hornscheidt & Nduka-Agwu 2013: 45–46)[50] Was als diskriminierend im Wortgebrauch angesehen werden kann, wird wiederum in dem schon mehrfach zitierten Aufsatz von Klug (2020) gut auf den Punkt gebracht: Weil mit Personenbezeichnungen Menschen nicht nur identifiziert, sondern ihnen auch „bestimmte Eigenschaften zugewiesen" (Klug 2020: 83) würden, könne gerade mit diesen Wörtern diskriminiert werden.

> Als diskriminierend werden [...] dabei gesellschaftliche Praktiken einer potentiell bewertungsunabhängigen (oft jedoch abwertenden) konzeptuellen ‚Ungleichmachung' von Menschen begriffen, in diesem Fall: von Frauen und Angehörigen gesellschaftlicher Minderheiten. Diese Ungleichmachung [geht] i.d.R. von gesellschaftlichen Gruppen aus [...], die aus einer normbestimmenden Machtposition heraus agieren [...]. Aus der zu wichtigen Teilen sprachlichen Konstruktion eines kategorischen Andersseins von Menschen bzw. Menschengruppen auf der Basis von Merkmalen wie der Hautfarbe, dem Geschlecht, der sozialen oder regionalen Herkunft, der sexuellen Orientierung oder auch dem Alter resultieren Formen sozialer Ungleichbehandlung [...].
> (Klug 2020: 83–84)

Die z.T. polemische Kritik von Sprachwissenschaftlern an dem hier Vertretenen setzt auch an dem Konzept der Diskriminierung an. Nach einer eigenen Definition von *diskriminieren*, die Sprachliches ausspart („Menschen dürfen wegen bestimmter Merkmale nicht ungleich behandelt werden. Eine Benachteiligung oder Herabwürdigung Einzelner ist diskriminierend, wenn es dafür keine sachliche Rechtfertigung gibt." (Heringer & Wimmer 2015: 179)), merken Heringer & Wimmer (2015: 180) an: „Darum bleibt für Diskriminierung immer die Frage, wie man das sprachlich überhaupt machen soll. Die obige Definition hebt doch vielmehr auf tatsächliche Benachteiligung ab." Ein prototypisches Argument in der *pc*-Debatte ist, dass Sprachliches nicht so wichtig sei, dem sogleich das zweite folgt, dass mit

---

50 Uns ist bewusst, dass wir damit eine umstrittene Position innerhalb der linguistisch begründeten Sprachkritik einnehmen. Nicht nur gibt es vor allem im angloamerikanischen Sprachraum Aktivist:innen, die mit der Strategie der „Resignifizierung" (vgl. zum Begriff und zu den Chancen und Grenzen der damit bezeichneten Strategie insbes. Schmitt 2012) *nigger* als Selbstbezeichnung umzuwerten versuchen. Auch setzt der Gebrauch von *N-Wort* das Wissen voraus, welches Wort damit ersetzt wird und dass somit das damit verbundene Normkonzept ebenfalls „aufgerufen" werden könnte. Zudem hat der Gebrauch von *N-Wort* immer einen metasprachlichen Charakter und kann insoweit den referentiellen Charakter der damit vermiedenen Personenbezeichnung schwerlich ersetzen – was die Problematik erklärt, die sich gerade bei der mündlichen Zitierung von Texten, die das *N-Wort* enthalten, einstellt. Für uns ist letztlich die Rücksichtnahme auf die Personen, die in jedem, auch dem zitierenden Gebrauch des Wortes eine Abwertung erleben, und damit die Anwendung von Stefanowitschs (s.o.) Goldener Sprachregel ausschlaggebend.

dem Austausch von Wörtern nichts gewonnen sei und dass *pc* und antirassistische Sprachkritik auf Verbote hinausliefen: „Schwer erträglich ist, dass mir neue Redeweisen aufgezwungen werden sollen." (Heringer & Wimmer 2015: 178)

Die Gegenposition im sprachwissenschaftlichen Diskurs zu anti-rassistischer Sprachkritik wird seit etwa zwanzig Jahren von einer in der Germanistischen Linguistik wenig beachteten Gruppe eingenommen, die anti-rassistische Sprachkritik in mehreren Büchern nicht nur dezidiert erklärt und begründet, sondern auch an vielen Beispielen den diskriminierenden rassistischen Charakter von Wortgebräuchen im Einzelnen durchbuchstabiert: Die Bände *Afrika und die deutsche Sprache. Ein kritisches Nachschlagewerk* (Arndt & Hornscheidt 2004b), *Rassismus auf gut Deutsch. Ein kritisches Nachschlagewerk zu rassistischen Sprachhandlungen* (Nduka-Agwu & Hornscheidt 2013) und *Wie Rassismus aus Wörtern spricht. (K)Erben des Kolonialismus im Wissensarchiv deutsche Sprache. Ein kritisches Nachschlagewerk* (Arndt & Ofuatey-Alazard 2011) erläutern umfassend, was aus der Perspektive anti-rassistischer Aktivist:innen und damit auch der anti-rassistischen Sprachkritik unter *Rassismus* verstanden wird,[51] wie diese sich sprachtheoretisch begründet, was daher rassistische Sprachhandlungen sind und warum eingespielte, konventionalisierte Wortgebräuche als rassistisch zu verstehen sind. Es geht um die oben von Stefanowitsch zitierte Form von Sprachsensibilität, die die Stimmen der von Rassismus Betroffenen einbezieht und ihr Recht auf Selbstbenennung nicht nur ernst nimmt, sondern auch einfordert. Der rassistische Gehalt u.a. von folgenden Wörtern wird dabei erläutert, und es wird erklärt, wie sie vermieden und ersetzt werden können: *Asylant/Asylantin, Busch, Eingeborene, Entwicklungsland, Ethnie, Farbige, Naturvölker, Mohr, Schwarzafrika, Ausländer_in, Eskimo, exotisch, Indianer_in, Tropenkrankheiten, der/die Wilde*. Auch die in der öffentlichen Sprachkritik im Zentrum stehenden Wörter, das N-, das M- und das Z-Wort (eine detaillierte Geschichte des Streits um letzteres Wort seit 1945 findet sich in Eitz & Stötzel 2009: 563–600), werden behandelt. Auf die sprachgeschichtliche Entwicklung des Ersteren soll im Folgenden eingegangen werden.[52]

In allen historisch ausgreifenden Abhandlungen zum N-Wort wird vermerkt, dass es vom lateinischen *niger* mit der Bedeutung ‚schwarz' stammt und in verschiedenen

---

51 Eine hier passende Definition von „Rassismus" auf der Grundlage des Konzepts der Ungleichmachung bzw. des Othering entnehmen wir Klug (2022: 168): „Findet die Alterisierung ihre Grundlage in einem biologischen Merkmal wie der Hautfarbe, wird von einer rassistischen Diskriminierung, also von Rassismus gesprochen. Im Zuge rassistischer Diskriminierung werden zum Beispiel Schwarzen Menschen aufgrund ihrer Hautfarbe bestimmte Eigenschaften zugewiesen, durch die sie als kategorische Abweichung von einem Standard (fremd)bestimmt bzw. behandelt werden, der in diesem Fall ein weißer ist. Rassistisch ist in diesem Sinne, ‚wenn jemand der Überzeugung ist, dass die Hautfarbe einer Person eine Aussage über ihr Verhalten, ihren Charakter, ihre Moral, ihre sozialen Werte und so weiter macht' (Mbombi 2011, 71)."
52 Zu einer sprachgeschichtlich weiter ausholenden und auch auf andere Sprachen eingehenden Darstellung des N-Wort-Diskurses vgl. Delfs & Yazdani 12. April 2024 (https://www.merkur-zeitschrift.de/2024/04/12/kritische-anmerkungen-zum-herrschenden-n-wort-diskurs/ abgerufen am 11.04.2025).

europäischen Sprachen mit Beginn der Verschleppung von Millionen Afrikaner:innen als Sklav:innen für diese benutzt wurde. Im Deutschen „taucht der [...] Begriff ‚N.' erstmals Anfang des 17. Jahrhunderts, parallel zum Begriff ‚Rasse' auf und setzte sich im 18. Jahrhundert [...] fest." (Arndt 2004: 185) Von Menschen, die die Verwendung des N-Wortes verteidigen, wird die lange Tradition der Verwendung des Wortes als Argument dafür angeführt, dass es nicht per se abwertend sei, sondern „früher" nicht-diskriminierend zur Referenz auf Menschen dunkler Hautfarbe gebraucht worden sei. Dem steht die anti-rassistische Position entgegen, dies sei eine „Verkennung sprachgeschichtlicher Kontexte und kolonialistischer Begriffs- und Konventionalisierungsgeschichte" (Arndt & Hornscheidt 2004a: 28), denn: „Am Ende des 18. Jh. war [...] das N-Wort bereits ein abwertender Begriff mit verletzendem Charakter, der durchaus strategisch genutzt wurde, um das Gefühl von Verlust, Minderwertigkeit und die Unterwerfung unter *weiße* koloniale Herrschaft zu implementieren." (Kilomba 2009; ähnlich Arndt 2004: 186–187; Kelly 2013: 160)

Um diesen von Beginn an rassistischen Charakter des Wortes aufzuzeigen, verweist Kelly auf

> Kant, der den ‚Rassebegriff' in die deutsche Literatur einführte. [...] Deutsche Dichter und Philosophen wie Hegel und Schweitzer stellten in ihren Werken Infantilität als ein zentrales Charakteristikum für Menschen afrikanischer Gesellschaften und den afrikanischen Kontinent als Ganzem her. Sie verstärkten so das herrschende rassistische Negativbild zu Schwarzen Menschen in deutschsprachigen Gesellschaften.
>
> (Kelly 2013: 160)

Der Literaturwissenschaftler Steins (1972) untersucht „das Bild der Schwarzen in der Kolonialliteratur 1870–1918". Das darin gefundene und für die Zeit prototypische „imaginäre Afrikakonstrukt aus eurozentrischer Sicht" (Kelly 2013: 159) enthält ebenfalls „Charakterisierungen wie Infantilisierung, Naturhaftigkeit und Kulturlosigkeit", aber auch „Viktimisierung" (Schwarze als Opfer ihres Lebensstils) und „Triebhaftigkeit" (Kelly 2013: 159). Die vielfach dokumentierte Abwertung Schwarzer Menschen[53] in Deutschland z.B. während der französischen Ruhrbesetzung in den 1920er Jahren und in der Besatzungszeit nach 1945 bei der Begegnung mit Schwarzen Amerikaner:innen war selbstverständlich auch mit ihrer Benennung als „N." verknüpft.

---

[53] Die Großschreibung des Adjektivs entspricht der Eigenbezeichnungs-Praxis Schwarzer Aktivist:innen: „Schwarze Menschen, Schwarze*r ist eine Selbstbezeichnung von Menschen mit beispielsweise afrikanischen, karibischen oder afro-US-amerikanischen Vorfahren. Schwarz wird in diesem Zusammenhang immer groß geschrieben, um deutlich zu machen, dass damit keine Hautfarbe beschrieben wird. Schwarz ist vielmehr eine politische Selbstbezeichnung, die gemeinsame Erfahrungen sowie die gesellschaftspolitische Position und die Lebensrealität von Menschen beschreibt, die von Anti-Schwarzem Rassismus betroffen sind." (https://glossar.neuemedienmacher.de/glossar/schwarze-menschen-schwarzer/; abgerufen am 30.12.2024).

Dass die Abwertung durch das Wort von Vertreter:innen der weißen Mehrheitsgesellschaft nicht so empfunden wurde, zeigt im wissenschaftlichen Raum exemplarisch die eben genannte Studie von Steins, der „durchgehend Begriffe wie ‚N.', ‚-bild', ‚-frage', ‚-image', ‚-rasse', ‚-sklave' usw. [verwendet], ohne dabei die Negativität und den Rassismus des ständigen Gebrauchs dieses Wortes in Betracht zu ziehen." (Kelly 2013: 158) Auch in der Presse waren bis in die 1970er Jahre hinein entsprechende und nicht abwertend gemeinte Verwendungen des N-Wortes selbstverständlich, vor allem im Zusammenhang mit Berichten über die schwarze Bürgerrechtsbewegung in den USA – in der, wie prototypisch in Martin Luther Kings *I have a dream*-Rede von 1963, *Negro* auch als Selbstbezeichnung verwendet wurde: „The Negro is still not free"[54]. Als exemplarisch dafür kann ein SPIEGEL-Artikel aus dem Jahr 1966 angeführt werden: Wörter wie *N., N-Schriftsteller, N-viertel, N-Kral, N-Aufstände, N-bewegung, N-führer* kommen in diesem kurzen Artikel in beinahe jedem dritten Satz vor.[55]

Auch die mehrfach untersuchten Wörterbucheinträge (Arndt 2004; Kelly 2013; Wikipedia-Artikel zu N.[56]) zeigen, dass erst ab den 1970er Jahren nach und nach vermerkt wird, dass das Wort „veraltend/heute oft abwertend" (WdG 1975; vgl. Wikipedia-Artikel) sei. Dass bei diesem Vermerk aber bis mindestens in die Nullerjahre meist formuliert wird, dass das Wort als „abwertend" (Duden Rechtschreibung 1999) oder „diskriminierend" (Duden Rechtschreibung 2006) *empfunden* werde, wird von anti-rassistischen Sprachkritiker:innen als Verschiebung des Problems der Diskriminierung durch das Wort in die Gefühlswelt der damit Ausgegrenzten und Abgewerteten kritisiert. Erst die Duden-Online-Ausgabe seit 2019 wird hier eindeutiger:

Die Personenbezeichnungen *Neger, Negerin* sind stark diskriminierend und sollten vermieden werden. Alternative Bezeichnungen, die auch als Eigenbezeichnungen fungieren, sind *Schwarzer* bzw. *Schwarze, Person of Color* (im Singular) und *People of Color* (im Plural) sowie *Schwarzer Mensch* (mit großgeschriebenem Adjektiv). In Deutschland lebende Menschen mit dunkler Hautfarbe wählen häufig die Eigenbezeichnung *Afrodeutscher, Afrodeutsche*.

(Duden: Neger)[57]

---

54 https://www.theroot.com/52-years-ago-martin-luther-king-jr-said-100-years-l-1790886964 (abgerufen am 31.07.2024).
55 DER SPIEGEL 31/24. Juli 1966 https://www.spiegel.de/politik/schwarze-macht-a-ab0ce8c0-0002-0001-0000-000046408237 (abgerufen am 31.07.2024). Die hier ersetzten Wörter zeigen exemplarisch das Problem, das mit unserer Entscheidung (s.o.), das N-Wort zu vermeiden, einhergeht: Die Zitate werden unkorrekt; versetzt man sich aber in die Perspektive der Kinderbuchfigur aus „Das Wort, das Bauchschmerzen macht" (Della 2014, s.u.), stellen sich diese Bauchschmerzen gerade bei der mit den korrekt zitierten Wörtern auftretenden Häufung des N-Wortes ebenso bei den Autoren dieser Einführung ein. Vgl. auch Delfs/Yazdani 12. April 2024 (https://www.merkur-zeitschrift.de/2024/04/12/kritische-anmerkungen-zum-herrschenden-n-wort-diskurs/ abgerufen am 11.04.2025).
56 https://de.wikipedia.org/wiki/Neger (abgerufen am 31.07.2024).
57 https://www.duden.de/rechtschreibung/Neger (abgerufen am 02.01.2025).

Im Sinne der oben von Stefanowitsch zitierten Goldenen (Sprach-)Regel, die von diskriminierten Gruppen gewählten Eigenbezeichnungen zu verwenden, falls Sprecher:innen nicht diskriminieren wollen, sind somit heute also auch im Online-Duden die entsprechenden Bezeichnungen genannt. Der diskriminierende Charakter des N-Wortes kommt auch in Komposita und Redewendungen zum Ausdruck, die u.a. bei Arndt 2004 und Kelly 2013 behandelt werden: *N.krause, N.lippen, N.schweiß, N.lein, N.kind, Ich bin doch nicht dein N., dann stehst du da wie der letzte N.*

Angestoßen durch den Erfolg der afroamerikanischen Bürgerrechtsbewegung in den 1970er Jahren begann die deutsche Mehrheitsgesellschaft zu erkennen, dass das N-Wort einen negativen Charakter hat – in der ehemaligen DDR erst in den 1980er Jahren. (Kelly 2013: 165; ähnlich Arndt 2004: 187)

Es fand also seitdem eine zunehmende öffentliche Sprachsensibilisierung hinsichtlich dieses Wortes statt. Die Kritik an dem Ausdruck kann seither auch als prototypisches Beispiel für Diskussionen um *political correctness* gelten. Es wird öffentlich nur noch selten gebraucht, anti-rassistische Initiativen wehren sich weiterhin gegen seine Verwendung (vgl. z.B. die Initiative „N-Wort stoppen"[58]) und etablieren mehr und mehr in der Öffentlichkeit ihre Ersatzbezeichnungen. Als ein solches prototypisches *pc*-Beispiel dient es allerdings auch der Neuen Rechten, parlamentarisch also der AfD, als ein beliebtes Objekt zur Provokation bei ihren Versuchen, die Grenzen des Sagbaren in Richtung menschenfeindlicher Aussagen auszudehnen. So provozierte im Mecklenburg-Vorpommerschen Landtag ein AfD-Abgeordneter mit dem Wort in Zwischenrufen und bekam in seiner Klage gegen einen Ordnungsruf, den er dafür erhalten hatte, vor dem Landesverfassungsgericht Recht. „Das Wort ‚Neger' habe ich bewusst gewählt, weil ich mir eben nicht vorschreiben lasse, was hier Schimpfwort sei oder was nicht", hatte er im Parlament seine Zwischenrufe verteidigt.[59]

> Der Begriff diene zudem nicht eindeutig und ausschließlich zur Herabwürdigung. „Ob es tatsächlich abwertend gemeint ist, kann jedoch nur aus dem Zusammenhang beurteilt werden", schreiben die Richter. Kramer nennt das Urteil einen „Sieg der Redefreiheit".[60]

Zur Diskussion um das N-Wort gehört in den letzten 15 Jahren auch die Aufmerksamkeit auf Kinderbücher. Neben *Zehn kleine Negerlein* wurde vor allem um Astrid Lindgrens *Negerkönig* in *Pippi Langstrumpf* und Otfried Preußlers *Die kleine Hexe* gestritten (vgl. dazu auch Dorenbeck 2013; Funk u.a. 2014; Hahn, Laudenberg & Rösch 2015). Während hier das umstrittene Wort ersetzt wurde, u.a. durch *Südseekönig*, erschien 2014 ein Kinderbuch von Nancy J. Della *Das Wort, das Bauchschmerzen macht*, das die Probleme des

---

58 https://nwortstoppen.de/ (abgerufen am 31.07.2024).
59 Die Rede ist in Ausschnitten dokumentiert in einem Video der Initiative „N-Wort stoppen": https://www.youtube.com/watch?v=3j5niHUXnVQ&t=46s (abgerufen am 31.07.2024).
60 SÜDDEUTSCHE ZEITUNG 19. Dezember 2019: https://www.sueddeutsche.de/politik/mecklenburg-vorpommern-afd-abgeordneter-durfte-neger-sagen-1.4730989 (abgerufen am 01.12.2022).

Schwarzen Protagonisten beim Vorlesen von *Pippi Langstrumpf* aus der Perspektive anti-rassistischer Sprachkritik aufgreift:

> Nun las Frau Hoehlmann etwas über die Eltern des Mädchens vor. [... U]nd da war es: das Wort. Das Wort, das wir zu Hause niemals benutzen, weil es einen wütend und traurig zugleich macht. Das Wort, das Schwarze Menschen klein und dumm macht. Das Wort, das an den schlimmen Taten der Menschen festhält, die meinen Vorfahren Leid angetan haben. Mir ging es auf einmal nicht gut. Mein Bauch tat weh und die Geschichte war mir egal.
>
> (Della 2014: 9)

Auch in der (Sprach-)Wissenschaft lassen sich die Standpunkte, wie sie oben allgemein zur *pc* zitiert worden sind, beim N-Wort wiederfinden. Heringer & Wimmer (2015: 180) nehmen es als das prototypische Beispiel für *political correctness* und empören sich über „starke zensurielle Komponenten" der „Sprachpolizei", die ihnen weis machen wolle, dass „es also Wörter gebe, die in allen Verwendungen politisch nicht korrekt sind". Mit acht konstruierten Sätzen mit dem N-Wort wollen sie zeigen, dass eine in ihrem Sinne reflektierte Sprachkritik zu dem Schluss kommen müsse – s. eben zitiertes Gerichtsurteil –, dass es auf die jeweilige Verwendung ankomme, ob mit dem N-Wort diskriminiert werde oder nicht.

Klug (2022) dagegen erweitert das Spektrum relevanter Beurteilungsaspekte dessen, was als diskriminierend erlebt wird. Sie unterscheidet zwischen deskriptivem, deontischem, unschuldigem und multimodalem Rassismus. Diese Typen werden von ihr jeweils auch anhand von Aussagen Schwarzer Menschen – unabhängig von der Verwendung des N-Wortes – aufgezeigt, womit vor allem auch (s. Kinderbuch-Zitat) der Schmerz der Menschen ernst genommen wird, die u.a. mit dem N-Wort abgewertet werden. Und Kelly (2013) schließt ihre Überlegungen mit den Worten:

> ‚N.', ‚N.in', ‚negrid' oder ‚negroid' – das N-Wort samt all seinen Wortschöpfungen wird stets eine rassistische Beleidigung sein, egal in welchem Zusammenhang und von wem es benutzt wird. Es ist Zeit, dass diese Tatsache von der weißen Mehrheitsgesellschaft anerkannt wird [...].
>
> (Kelly 2013: 166)

Aufgaben
1. Lesen Sie einen beliebigen Artikel aus einem der drei im Text erwähnten Bücher: Arndt & Hornscheidt 2004, Nduka-Agwu & Hornscheidt 2013 oder Arndt & Ofuatey-Alazard 2011. Stellen Sie die dort entwickelte Argumentation dar und diskutieren Sie die vorgestellten Alternativen zu den „kritischen Wörtern".
2. Lesen Sie das Kinderbuch *Das Wort, das Bauchschmerzen macht* und erörtern Sie, ob und gegebenenfalls wie das Buch in der Grundschule gelesen und wie es evtl. Lindgrens oder Preußlers Klassikern gegenübergestellt werden kann.
3. Stellen Sie die Ausführungen zum N-Wort von Kilomba (2009) denen von Heringer & Wimmer (2015: 179–181) gegenüber. Nehmen Sie zu beiden Stellung und entwickeln und erläutern Sie eine eigenständige Position.

6.6.4 Feministische und postfeministische Sprachkritik

Die zweite *pc*-Diskussion, die seit langem sowohl in der Wissenschaft wie in der Öffentlichkeit intensiv geführt wird, ist die Diskussion um die sprachliche Sichtbarmachung von Frauen bzw. die um eine gendergerechte Sprache. Mit diesen beiden Kennzeichnungen der Diskussion sind auch die beiden Phasen der Debatte benannt. Bis in die Nullerjahre hinein handelt es sich unter dem Label *Feministische Sprachkritik* hauptsächlich um das Problem, dass Frauen durch die Verwendung des generischen Maskulinums sprachlich ausgeschlossen würden. Später wurde die Diskussion erweitert durch das Anliegen, sprachlich auch andere Gender, die sich nicht der binären Unterscheidung in ‚männlich' und ‚weiblich' zuordnen lassen, einzubeziehen und auszudrücken. Unter Betonung der Überzeugung, dass jegliche Geschlechtszuordnung auf der sozialen Zuschreibung von ‚Geschlecht' und nicht auf ‚natürlichen', essenziellen Eigenschaften beruht, wird diesbezüglich der Fachbegriff *Gender* bevorzugt und von *gendergerechter* Sprache gesprochen. Allerdings wird in diesem Rahmen auch die vorangehende Debatte weitergeführt und gerade in der öffentlichen Diskussion auch weiterhin um das generische Maskulinum und um alternative Ausdrucksweisen gestritten.

Sehr informative Überblicke über die öffentliche Diskussion bis in die 1990er Jahre hinein und über die sich daraus ergebenden Sprachveränderungen finden sich bei Gorny (1995) und – z.T. darauf fußend – in von Polenz' *Sprachgeschichte des 19. und 20. Jahrhunderts* (Polenz 1999: 326–332). Beides kann bezüglich der Sprachgeschichte feministischer Sprachkritik als ein Resümee gelesen werden. Auch diese Diskussion wurde angestoßen durch Entwicklungen in den USA, durch die US-amerikanische Frauenbewegung und deren erste sprachkritische Veröffentlichungen (Key 1972; Lakoff 1973). Im Gefolge auch der sich in den 1970er Jahren bildenden zweiten deutschen Frauenbewegung erschienen Ende der 1970er Jahre die ersten feministischen sprachkritischen Artikel von Trömel-Plötz (1978) und Pusch (1979) in einer sprachwissenschaftlichen Zeitschrift. Im Mittelpunkt stand schon dabei das generische Maskulinum („in der Bedeutung von *geschlechtsübergreifend* oder *-inklusiv*, *geschlechtsneutral*, *-indifferent* oder *-abstrahierend*" (Kotthoff & Nübling 2018: 92)) und somit die Frage:

> Können maskuline Personenbezeichnungen wie *Tourist, Einwohner, Leser, Pilot* oder Indefinitpronomen wie *man, keiner, niemand* geschlechtsübergreifend referieren, also von Geschlecht absehen? Kann das in ihnen enthaltene Maskulinum seine Verweiskraft auf das männliche Geschlecht außer Kraft setzen oder zumindest reduzieren?
>
> (Kotthoff & Nübling 2018: 91)

Das „Nein" der feministischen Sprachkritikerinnen auf diese Frage löste nicht nur Kalverkämpers (1979) Replik auf Trömel-Plötz initialen Aufsatz aus, den wiederum Pusch (1979) konterte (vgl. dazu zuletzt Elsen 2020: 38–42), sondern diese Kontroverse wird in ihren inhaltlichen Grundzügen bis heute weiterhin ausgetragen. Als Beispiele können die Aufsätze von Brünner (1990) und Beck (1991) sowie – in einem großen Zeitsprung – einige Beiträge in Meinunger & Baumann (2017) genannt werden. Dabei wird auf der einen Seite mit sprachstrukturellen Argumenten wie dem Kalverkämper'schen Archilexem argumentiert (*Lehrer* verhalte sich zu *Lehrerin* wie *der Tag* zu *die Nacht*, das Erstere habe eben zwei Lesarten/‚Bedeutungen', die des Oberbegriffs, der das andere einschließt, und die des Kohyponyms zum gleichlautenden Hyperonym) oder der Feststellung, grammatisches Genus habe mit ‚natürlichem' Sexus nichts zu tun bzw. die Entwicklung der Genera sei gänzlich unabhängig von geschlechtlichen Zuweisungen erfolgt (Scholten 2017; Leiss 1994). Auch die Verständlichkeit von Texten bzw. die Umständlichkeit nicht-generischer Personenbezeichnungen ist ein zentrales Argument gegen die sprachliche Sichtbarmachung von Frauen.

Auf der anderen Seite werden schon bei Pusch (1979) Textpassagen angeführt, bei denen nach der Verwendung scheinbar generischer Maskulina in den Folgesätzen deutlich wird, dass mit den Maskulina doch nur Männer gemeint waren. Vor allem aber sind eine Vielzahl psycho- und textlinguistischer empirischer Untersuchungsdesigns konzipiert und erprobt worden, die die These untermauern, dass Menschen durch die Verwendung generischer Maskulina eher an Männer denken und bei unterschiedlichen Ersatzschreibungen die mentale Repräsentation von Frauen verstärkt wird (vgl. dazu den Überblick Kotthoff & Nübling 2018: Kap. 5). Und insbesondere Nübling widerlegt in den letzten Jahren die These, dass Genus-Zuweisungen wie *das Weib, die Memme, der Vamp* zeigen würden, dass Genus auch bei Personenbezeichnungen arbiträr sei. „Alte Geschlechterordnungen sind tief in die (Genus-) Grammatik sedimentiert" (Nübling 2018: 48). Lobin (2021: 47) fasst das wie folgt zusammen:

> Das Genus im Deutschen kodiert zwar nicht das biologische [...], wohl aber das soziale Geschlecht, also Gender, und [es ...] sind ganz erstaunliche Muster und regelhaft verlaufende historische Prozesse zu erkennen, mit denen das biologische Geschlecht durch Sprache sozial überformt wird.

Wie erwähnt, werden die Grundzüge dieser nun schon fast 50 Jahre alten Debatte von Gorny (1995) bereits zusammengefasst. Neben dem generischen Maskulinum kommen dabei auch andere Benachteiligungen von Frauen durch den historisch gewachsenen Sprachgebrauch (z.B. Redewendungen wie *du benimmst dich wie ein Mädchen, sie steht ihren Mann* und Metaphern wie *Stadtväter, Väter des Grundgesetzes*) zur Sprache; die öffentlich verbreiteten Abwehrhaltungen und -handlungen (Leugnen, Beschwichtigen, Ignorieren, Warnen, Herabsetzen und Lächerlichmachen, nach Hellinger 1990) gegen „geschlechtergerechte Sprache" werden „evaluiert" und die bis dahin vorgeschlagenen Alternativen zur Sichtbarmachung werden diskutiert. Dies sind – sie beziehen sich alle auf die binäre Unterscheidung männlich/weiblich – die Paarformeln (*Lehrerinnen und Lehrer*), die Klammer (*Lehrer(in)*), der Schrägstrich (*Lehrer/in*) und das Binnen-I (*LehrerIn*). Nicht erwähnt wird hier die Neutralisierung durch Partizip I-Konversionen (*Lehrende*) oder das generische Femininum (*Lehrerinnen*).

Für das Binnen-I werden Beispiele genannt, wo es (wie in der TAGESZEITUNG) schon Verwendung findet und wie über seine orthographische Normwidrigkeit und darüber gestritten wird, ob und wie es im Mündlichen zu artikulieren ist (mit dem heute für gegenderte Formen üblichen Knacklaut/glottalem Verschlusslaut). Kotthoff & Nübling (2018: 216–218) geben einen knappen Überblick über die Vorteile der Binnenmajuskel gegenüber anderen Schreibweisen, datieren den Beginn ihrer Verwendung auf 1981 und verweisen auf Ludwig (1989), Schoenthal (1998) und Eickhoff (2012) für die Darstellung der „Geschichte dieser Binnenmajuskel" (Kotthoff & Nübling 2018: 217). Diese damals aufsehenerregendste und am augenfälligsten eine feministische Haltung zur Sprache präsentierende Form (neben dem generischen Femininum *Lehrerinnen*, das Luise Pusch schon Anfang der 1980er Jahre vorgeschlagen hat, das aber öffentlich noch nicht diskutiert wurde) wird heute aus der Queer-Community, die sich für gendergerechte Sprache einsetzt, abgelehnt, weil es die Vorstellung, es gebe nur zwei Geschlechter, aufrechterhalte (vgl. Hornscheidt & Sammla 2021: 49).

Die ersten „Richtlinien zur Vermeidung sexistischen Sprachgebrauchs" (Guentherodt u.a. 1981) erschienen schon 1981 und wurden von vielen weiteren ähnlichen Empfehlungen weitergeführt, insbesondere auch solchen zur Verwaltungs- und Rechtssprache (z.B. Guentherodt 1983; Frank-Cyrus & Dietrich 1997). Für Journalist:innen ist seit langem die Seite genderleicht.de mit vielen Hinweisen dazu, „[g]endersensibel so [zu] schreiben, dass alle teilhaben und Texte gut verstehen",[61] eingerichtet. Gorny (1995: 541–557) und von Polenz (1999: 327–328), zuvor auch schon Schräpel (1985) und später Pusch (1999) tragen die durch feministische Sprachkritik angeregten Sprachveränderungen bis zum Ende des vergangenen Jahrhunderts zusammen, die zu den „erfolgreichsten" Sprachwandelerscheinungen der jüngeren Zeit zu rechnen seien: Die Abschaffung der Anrede *Fräulein*, die Möglichkeit im Namensrecht, bei einer Eheschließung den eigenen Familiennamen zu behalten, Änderungen von Berufsbezeichnungen, die Feminisierung von Titeln und Hochschulgraden sowie von Funktionsbezeichnungen in der Politik, geschlechtergerechte Stellenausschreibungen, Feminisierungen und Neutralisierungen in der Rechts- und Verwaltungssprache. Der Sprachwandelvorschlag, die Verhältnisse umzukehren und das generische Maskulinum durch das generische Femininum zu ersetzen, den Luise Pusch – wie erwähnt – schon in den 1980er Jahren mit dem Argument gemacht hat, dass sich die Männer dann die nächsten zweitausend Jahre mal mitgemeint fühlen könnten, ist in ein paar wenigen öffentlichen Textsorten ausprobiert worden und hat dann umso höhere Wellen geschlagen.[62]

Die zweite Phase der öffentlichen Diskussionen um eine gendergerechte Sprache beginnt etwa in den Nullerjahren. Mit der zunehmenden Wahrnehmung der *gender studies* und damit der an Judith Butler orientierten radikalkonstruktivistischen Auffassung von Geschlecht – dass diese Kategorie nämlich immer und von Beginn des Lebens

---

61 https://www.genderleicht.de/ (abgerufen am 30.12.2024).
62 Grundordnung der Universität Leipzig im Jahr 2013 (vgl. dazu z.B. https://www.tagesspiegel.de/wissen/frauen-sind-keine-sonderfalle-2512831.html; abgerufen am 30.12.2024); Referentenentwurf eines Gesetzes im Jahr 2020 (vgl. Lobin 2021: 52–54).

an sozial/sprachlich-diskursiv konstruiert und nicht biologisch vorgegeben sei – will die postfeministische Sprachkritik nun „die geschlechtliche Vielfalt zwischen den Polen von Weiblichkeit und Männlichkeit berücksichtigen" (Lobin 2021: 46). Dass es seit 2018 – ausgelöst durch ein Verfassungsgerichtsurteil von 2017 – die Möglichkeit gibt, neben „männlich" und „weiblich" auch „divers" als Geschlechtsangabe in offiziellen Dokumenten anzugeben oder die Geschlechtsangabe offenzulassen, hat auch der sprachlichen Diskussion noch einmal Auftrieb gegeben. Vor allem zwei der diesbezüglich vorgeschlagenen Lösungen, der Genderstern und der im Mündlichen realisierte glottale Verschlusslaut (Knacklaut) zwischen maskulinem Flexionsmorphem -er und der femininen Endung -in stehen dabei im Zentrum der öffentlichen Aufmerksamkeit. Am Anfang aber stand der Unterstrich: „Die Infragestellung des Zweigeschlechtsmodells [...] wird durch die Verwendung des Unterstriches bei Personenbezeichnungen zum Ausdruck gebracht." (Petterson Angsal 2011: 274) Petterson Angsal zitiert zwei grundlegende explizite Thematisierungen des Unterstrichs, die aus den *gender studies* bzw. der Queertheorie stammen:

> Der _ markiert einen Platz, den unsere Sprache nicht zulässt. Er repräsentiert all diejenigen, die entweder von einer zweigeschlechtlichen Ordnung gewaltsam ausgeschlossen werden oder aber nicht Teil von ihr sein wollen.
>
> (Herrmann 2005: 64)

> Der Unterstrich signalisiert Brüche und Leerstellen in als eindeutig vorgestellten Genderkonzepten und irritiert damit eindeutige Wahrnehmungen. Während das Binnen-I beispielsweise die Sichtbarkeit der Gruppe der Frauen [...] erhöhen soll, wird durch den Unterstrich auf die Leerstellen in ebendiesem dichotomen Genderkonzept hingewiesen, die nicht alle gegenderten Lebensweisen erfassen kann.
>
> (Hornscheidt 2007: 104–105)

Neben dem auch *Gender Gap* genannten Unterstrich gibt es weitere Vorschläge, wie im Schriftsprachlichen, also graphisch alle Gender, also alle geschlechtlichen Identitäten sichtbar gemacht und angesprochen werden können. Damit soll auf der sprachlichen Ebene die Reproduktion der konventionellen und als normal empfundenen „Zwei-Genderung" durch andere Schreibungen, auch durch die von der feministischen Linguistik vorgeschlagenen Sichtbarmachungen von Frauen bewusstgemacht und aufgehoben werden. Die bekanntesten und verbreitetsten Formen dafür sind das sog. *Gendersternchen* (*Lehrer*innen*)[63] und der Doppelpunkt (*Lehrer:innen*).[64] Weniger bekannt dürften die x-Form (*Lehrxs*), das Ausrufezeichen (*Lehrer!innen*, vgl. Pusch 2016: 44–45) oder der

---

63 2018 zum „Anglizismus des Jahres" gekürt und dabei als seit 2013 im öffentlichen Sprachgebrauch, zunächst als *Gender Star* gebucht, ausgewiesen (https://www.anglizismusdesjahres.de/anglizismen-des-jahres/anglizismen-des-jahres-adj-2018/; abgerufen am 07.12.2022).
64 Von vielen sich eher linksliberal verstehenden Zeitungen wie der FRANKFURTER RUNDSCHAU gebraucht. Die FRANKFURTER RUNDSCHAU deklariert und begründet dies ausdrücklich und ausführlich als zukünftig genutzte gendergerechte Schreibweise in FRANKFURTER RUNDSCHAU 05./06. September 2020.

dynamische Unterstrich (*Lehr_erinnen*) sein (vgl. dazu den Überblick in AG Feministisch Sprachhandeln 2014/15: 16). Als „frühere Sprachveränderungen, die heute nicht mehr als gendergerecht gelten" (Hornscheidt & Sammla 2021: 49), werden von dieser Seite das Binnen-I und die als neutralisierend gedachten Partizipformen (*Lehrende*) abgelehnt.

Ernstzunehmende Stimmen aus der Sprachwissenschaft, die sich kritisch mit der Realisierbarkeit und mit den soziolinguistischen Implikationen dieser Vorschläge beschäftigen, kommen von Pusch (2014: 62; 2016: 44–45) und Kotthoff (2017) und werden im Einführungsbuch *Genderlinguistik* (Kotthoff & Nübling 2018: 218–222) zusammengefasst. Für Pusch wird in diesen Schreibweisen „der Status weiblicher Zweitrangigkeit" (2016: 44) durch die Entfernung des Suffixes vom Stamm erneut festgeschrieben/reproduziert, und es würden dadurch die meisten Schreiber:innen ausgeschlossen sowie „Unverständlichkeit und Leseverdruss" (Pusch 2014: 62) hingenommen. „[D]iese Schreibweise [läuft Gefahr], nur von wenigen Personen verstanden und benutzt zu werden" (Petterson Angsal 2011: 286), weil sie „das damit verbundene ideologische Vorwissen" (Petterson Angsal 2011: 285) nicht hätten. In diesem Sinne identifiziert Kotthoff (2017) diese Schreibweisen als „Gruppenindexe" mit der primären Funktion der „Herstellung von Gruppenzugehörigkeit" (Kotthoff & Nübling 2018: 221): „Der Unterstrich stellt keine Referenz her, wohl aber einen Bezug zum Wissen einer Diskursgemeinschaft, die sich mit Heteronormativität kritisch auseinandersetzt." (Kotthoff 2017: 91)

Grundlegender gegen alle im Rahmen feministischer wie postfeministischer Sprachkritik vorgebrachten Vorschläge zur Sichtbarmachung zunächst von Frauen und später von weiteren Geschlechtern gerichtet ist die sprachwissenschaftliche Kritik in der Nachfolge von Kalverkämper (1979), die inzwischen von namhaften Linguisten auch öffentlichkeitswirksam im Rahmen des Vereins Deutsche Sprache (VDS) oder in der Frankfurter Allgemeine Zeitung geäußert wird. Wir beziehen uns aber auf zwei wissenschaftliche Publikationen, da sie aufgrund ihrer Textsorte zumindest fachintern wahrgenommen werden dürften, aber auch öffentlich diesbezüglich verbreitete Positionen wiedergeben. Die Ausführungen in Heringer & Wimmers *Sprachkritik*-Einführung von 2015 zur „feministischen Sprachkritik" zeichnen sich durch einen ironischen Unterton aus, der der o.g. Strategie des Lächerlichmachens zuzuordnen ist. Die Kritik am generischen Maskulinum und Vorschläge zu seiner Vermeidung würden „in Kampfpositur geführt" sowie „auf der Basis von Fehlannahmen ([… = Sprachmythen]) und Fehlargumentationen" (Heringer & Wimmer 2015: 182), sie praktizierten eine „fälschliche Gleichsetzung von Genus und Geschlecht" (Heringer & Wimmer 2015: 182). Ersatzformen würden „kleine Probleme aufwerfen" (Heringer & Wimmer 2015: 182), die in der Praxis zeigten, „wie schön all diese Fragen Blüten treiben" (Heringer & Wimmer 2015: 182). Auch bezüglich der in der neuen Straßenverkehrsordnung mit *zu Fuß Gehende* und *Rad Fahrende* praktizierten Partizipformen wird sich eher andeutungsweise über das damit verbundene Genusproblem, das im Singular wieder auftauche, lustig gemacht als dass die eher implikatierte als ausgesprochene Position, feministische Sprachkritik habe keine sprachwissenschaftlich ernstzunehmende Grundlage und gefährde die persönliche Redefreiheit, argumentativ ausgeführt würde.

Auch Peter Eisenberg kommt in seinem Teil des *Zweiten Berichts zur Lage der deutschen Sprache* zum „Standarddeutsch" nicht ohne ironische Untertöne aus, wenn er „von ungefähr sechzig Begriffen zur Selbstbezeichnung von geschlechtsbezogenen Personengruppen" (2017: 94; gemeint sind *LGBTQI*), „gelegentlich mit neuen Grundklassen von Personen wie Trans-Menschen und Cis-Menschen" (Eisenberg 2017: 94), schreibt. Aber gerade in diesem Artikel ist seine Positionierung zum Gendern als einer „Spielart von Correctness" (Eisenberg 2017: 93) die des Besorgten, der „[d]as Streben nach einer politisch korrekten Sprache" (Eisenberg 2017: 92) für eines der brisantesten Themen für die Entwicklung der Standardsprache hält, von dem diese offenbar gefährdet ist. Denn die politisch korrekten Akteur:innen hielten die Sprache für „manipulierbar" (Eisenberg 2017: 92) und maßten „sich die Rolle einer Hüterin über die Sprache an" (Eisenberg 2017: 93).

Mit der strukturalistischen Markiertheitstheorie von Jakobson wird erklärt, inwiefern schon mit den einfachsten Formen des Genderns wie der Beidnennung (*Bäckerinnen und Bäcker*) „eine tief verankerte Regularität zur Bildung von Allgemeinbegriffen" (Eisenberg 2017: 95) übergangen würde. Auch die substantivierten Partizipien als Personenbezeichnungen (*Studierende, LKW-Fahrende*) seien grammatisch/morphologisch problematisch, weil ihre „Bedeutung [...] nah beim Verb" (Eisenberg 2017: 96) bleibe und sie so von der Bedeutung her nicht einfach Suffixbildungen ersetzen könnten. Wenn auch in diesen Passagen nur knapp begründet, lautet Eisenbergs (2017: 96) Folgerung: „Gendern kann zu gruppenegoistischer Rücksichtslosigkeit gegenüber einer Sprachgemeinschaft führen" und daher „nur als schwere Eigenmächtigkeit mit sprachpolizeilichen Allüren gegenüber dem Deutschen" gelten. Linguistisch differenziert führt dagegen Zifonun (2018) an ebenfalls prominenter Stelle in der IDS-Publikation *Sprachreport* Bedenken gegen „politisch korrektes (und opportunes)" Gendern in vielen Ausprägungen an. Sie schließt sich dem „beherzigenswerten Rat" (Zifonun 2018: 54) einer Zeit-Journalistin an:

> Höflich ist es, in der Auseinandersetzung mit anderen Menschen deren Wertvorstellungen zu achten. So geschehen auch in diesem Text. Von den Verteidigern des generischen Maskulinums war im generischen Maskulinum die Rede. Sollten Frauen darunter sein, fühlen sie sich ja mitgemeint. Sonst wurde eine gemäßigt gegenderte Sprache benutzt, die gelegentlich zur Abwechslung die feminine Form einstreut, vor allem aber unsachgemäße Geschlechterzuschreibungen vermeidet, wo es geht.
> (Marie Schmidt: Droht uns die Sprachzensur? Nein! In: Die Zeit Nr. 23/2018, 30. Mai 2018)

Auf der anderen Seite der öffentlichen Positionierungen zum Thema aus der Sprachwissenschaft steht die schon zu *pc* im Allgemeinen zitierte Streitschrift *Eine Frage der Moral*, in der Stefanowitsch seine Goldene Sprachregel auch auf das generische Maskulinum bezieht:

> Das „generische" Maskulinum versteckt also Frauen systematisch und legt ihnen die zusätzliche Bürde auf, ständig darüber nachzudenken, ob sie in einem konkreten Fall mitgemeint sind oder

nicht. [...] wer dieses Versteckspiel und diese zusätzliche Interpretationsarbeit für sich ablehnt, darf sie auch anderen nicht zumuten.

(Stefanowitsch 2018: 36)

Die Proteste gegen das an der Universität Leipzig (s.o.) eingeführte generische Femininum führen ihn zu dem Schluss:

Wer es derart unerträglich findet, ein einziges Mal nur mitgemeint zu sein, sollte es im Sinne der goldenen Sprachregel tunlichst vermeiden, das Mitgemeintsein anderen permanent zuzumuten.

(Stefanowitsch 2018: 37)

Und genau dafür, dies vermeiden zu können, biete „die Morphologie des Deutschen geschlechtsneutrale Alternativen" (Stefanowitsch 2018: 37).

Ein Gesichtspunkt, unter dem gerade auch öffentlich und wenn es um Empfehlungen für gendergerechte Schriftsprache in Ämtern, Gesetzen etc. geht, gestritten wird, ist, ob die Schreibweisen den Regeln der deutschen Rechtschreibung entsprechen. Er spielt z.B. in einer ausführlichen Stellungnahme der Gesellschaft für deutsche Sprache (GfdS) „zu den Möglichkeiten des Genderings"[65] vom August 2020 eine wichtige Rolle. Diese kann hier abschließend für die sprachwissenschaftliche Diskussion als eine „mittige", vermittelnde Positionierung zwischen offensiv „politisch korrekten" Vorschlägen aus (post-)feministischer Perspektive und den angeführten Bedenken aus – zumindest vorgegebener – Sorge um die deutsche Sprache und die Redefreiheit angeführt werden. Denn die GfdS anerkennt zum einen, dass „eine geschlechtergerechte Sprache" „[e]in wichtiger Aspekt [ist], um die Gleichbehandlung sicherzustellen", und berücksichtigt dabei auch den Aspekt, weitere Gender als nur „männlich" und „weiblich" einzubeziehen. Andererseits sollen die eigenen Einschätzungen und Empfehlungen sich „an der heutigen orthografischen und grammatischen Norm" ausrichten und nach den Kriterien Verständlichkeit, Lesbarkeit, Vorlesbarkeit, grammatische Korrektheit und Gewährleistung von Eindeutigkeit und Rechtssicherheit ausgesprochen werden. Auch wenn wir die Empfehlungen – wie man an unserer Praxis erkennen kann – nicht teilen, so ist doch zu konzedieren, dass sie nach den dort eingeführten Kriterien sachlich begründet sind und vor allem sich jeglicher in der öffentlichen Diskussion gerade bei diesem Thema üblicher Polemiken enthalten. Empfohlen werden nur Doppelnennung, Schrägstrichlösung, (bedingt) Klammerlösung und Ersatzformen (substantivierte Partizipien oder Adjektive, Passivierung, Sachbezeichnung, generische Substantive ohne Movierung, Umformulierung mithilfe des Adjektivs, direkte Anrede, Bildung von Relativsätzen, erklärender Klammerzusatz und adverbiale Bestimmung). Abgelehnt werden Binnenmajuskel, Gendergap, Gendersternchen, Generisches Femininum/Maskulinum, X-Endung, Punkt, Doppelpunkt, Mediopunkt/Punkt auf Mittelhöhe, Sternchen statt

---

[65] https://gfds.de/standpunkt-der-gfds-zu-einer-geschlechtergerechten-sprache/ (abgerufen am 16.10.2023). Alle Zitate des Abschnitts aus dieser Stellungnahme.

Punkt über dem i. Auch der im Duden-Verlag 2017 erschienene Band „Richtig gendern" (Diewald & Steinhauer 2017) kann als Orientierung gelesen werden.

Abschließend muss zu diesem Komplex und als Ergänzung zur oben dargestellten Stigmatisierung von *pc* als ein wichtiger Teil davon der öffentliche „Sprachkampf" der Neuen Rechten gegen den *Gender-Unfug* oder *Gender-Wahn*, wie sie gerade die sprachlichen Bemühungen um Gendergerechtigkeit nennen, angeführt werden. Henning Lobin hat diesen in seinem gleichnamigen Buch *Sprachkampf* (2021: 55–61) bezogen auf Aktivitäten der AfD und ihres Umfelds und des Vereins deutsche Sprache (VDS) dargestellt und sich auch argumentativ damit auseinandergesetzt. Das soll und kann aus Platzgründen hier nicht wiederholt werden, sondern nur als Höhepunkt der öffentlichen Auseinandersetzung um gendergerechte Sprache Erwähnung finden. Im Frühjahr 2019 haben fast zeitgleich der „Kampfverband" (Lobin 2021: 67) *Verein Deutsche Sprache* (VDS) und eine private Initiative der Herren Norbert Bolz, Frank Köckelmann, Lothar Kopp und Eckhard Kuhla zwei Online-Aufrufe gegen „Gender-Unfug"[66] bzw. „Gendersprache"[67] veröffentlicht, die im Dezember 2024 von insgesamt 131.000 Menschen unterzeichnet worden sind, darunter Sprachwissenschaftler wie Helmut Glück und Horst Haider Munske oder die öffentlich als „Sprachpäpste" gehandelten Wolf Schneider und Bastian Sick. In diesen alarmistischen Aufrufen wird z.B. behauptet und gewarnt, die „,Gendersprache' spalte die Gesellschaft, ganz im Sinne der Ideologie [...] der politischen Korrektheit. Behörden, Institutionen und Verbände wollen uns zwingen, die Sprachregelungen einer Minderheit zu übernehmen."[68] Und es wird „appellier[t] [...] an Politiker, Behörden, Firmen, Gewerkschaften, Betriebsräte und Journalisten: Setzt die deutsche Sprache gegen diesen Gender-Unfug wieder durch!" Denn:

> Die sogenannte gendergerechte Sprache beruht erstens auf einem Generalirrtum, erzeugt zweitens eine Fülle lächerlicher Sprachgebilde und ist drittens konsequent gar nicht durchzuhalten. Und viertens ist sie auch kein Beitrag zur Besserstellung der Frau in der Gesellschaft.[69]

Dass der Inhalt dieser Aufrufe beinahe zeitgleich und in ähnlicher Diktion von der AfD vertreten wird, bestätigt die in diesem *pc*-Kapitel schon erfolgte Bewertung des Kampfes gegen *political correctness* als eines Kulturkampfes von rechts gegen angebliche Bedrohungen der Meinungsfreiheit (vgl. dazu auch Dorenbeck 2020), gegen Sprachzensur und Denkverbote:

> Es darf nicht sein, dass Gender-Gagaisten mit Geschlechterstern, Binnen-I, Gender-Gap und anderen absurden sprachpolitischen Vorschlägen unsere deutsche Sprache vergewaltigen. Gewalt an der Sprache ist immer auch Gewalt an der Kultur und der Freiheit des Denkens. Wir werden nicht

---

66 https://vds-ev.de/aktionen/aufrufe/schluss-mit-gender-unfug/ (abgerufen am 30.12.2024).
67 https://stop-gendersprache-jetzt.de/ (abgerufen am 30.12.2024).
68 https://stop-gendersprache-jetzt.de/ (abgerufen am 30.12.2024).
69 https://vds-ev.de/aktionen/aufrufe/schluss-mit-gender-unfug/ (abgerufen am 30.12.2024).

zulassen, dass die Verfechter einer vorgeblichen politischen Korrektheit unsere Muttersprache zugrunde richten und die Schönheit und Vielfalt unserer Sprache zerstören.

(Jörg Meuthen am 08. Juni 2018)[70]

Als Gegenstimmen im öffentlichen Diskurs sind insbesondere zwei Artikel von Till Raether in der SÜDDEUTSCHEN ZEITUNG (12. März 2019) und von Stefan Lauer auf BELLTOWER.NEWS (12. März 2019) empfehlenswert, in denen u.a. auch die Verortung vieler der Initiator:innen und Unterstützer:innen der Aufrufe im neurechten Meinungsspektrum aufgezeigt wird und die Aufrufe insofern in deren Kulturkampf eingeordnet werden. Lauer schließt seinen Artikel mit dem Resümee:

> Mit aller Macht und guten Verbindungen werden unterschiedliche politische Milieus angesprochen und mobilisiert, um dagegen anzugehen, dass Gesellschaft und Sprache in Deutschland diverser werden und mehr Menschen repräsentiert werden. Der „Kampf um die Sprache" ist bei weitem nicht auf Sprache beschränkt. Es ist ein Kampf um Gleichstellung, Feminismus und Minderheitenrechte.[71]

Und Till Raether macht sich Gedanken über die Motive der Sprachschützer:innen vom VDS mit Bezug auf den Titel des Aufrufs:

> Die Unterzeichner* von Sprach-Stillstands-Petitionen aber fürchten sich buchstäblich vor dem Unfug: also davor, dass die Dinge aus den Fugen geraten. Sie fürchten sich davor, dass Menschen sich nicht mehr fügen, zum Beispiel darin, nicht genannt und nicht angesprochen zu werden. Sie fürchten sich davor, dass nicht nur die Sprache, sondern die Welt aus den Fugen gerät: ihre vertraute Welt, in der alles an seinem Ort ist. In der immer die oben sind, die immer schon oben waren, und die draußen, die immer schon unten waren. Von diesem Unfug kann es daher gern mehr geben.[72]

Aufgaben
1. Lesen Sie die beiden im Kapitel erwähnten Aufrufe gegen „Gender-Unfug" bzw. „Gendersprache" und stellen Sie die Argumentation dar. Stellen Sie diese der Kritik von Stefan Lauer (https://www.belltower.news/verein-deutsche-sprache-mit-genderstern-in-den-weltuntergang-82301/) entgegen.
2. Recherchieren Sie aktuelle politische Positionen zum Gendern sowie aktuell gültige Regelungen zum Gendern im öffentlichen Raum.
3. Lesen Sie den Beitrag von Zifonun (2018) und geben Sie die differenzierte Argumentation wieder.

---

[70] https://www.afd.de/joerg-meuthen-vergewaltigung-der-deutschen-sprache-verhindern/ (abgerufen am 07.12.2022).
[71] https://www.belltower.news/verein-deutsche-sprache-mit-genderstern-in-den-weltuntergang-82301/ (abgerufen am 30.12.2024).
[72] https://sz-magazin.sueddeutsche.de/politik/verein-deutsche-sprache-gender-petition-lewitscharoff-86986 (abgerufen am 07.12.2022).

4. Lesen Sie die Pro- und Contra-Argumentationen von Wizorek und Lühmann (2018) zur „Gleichberechtigung in der Sprache" und stellen Sie diese einander gegenüber. Entwickeln Sie eine eigenständige Position.

6.6.5 Historische Korrektheit

Die dritte *pc*-Diskussion ist die über den Umgang mit der NS-Vergangenheit. Als eine deutsche Besonderheit werden die entsprechenden Debatten auch als solche um *historische Korrektheit* bezeichnet. Das, worum es geht, setzt lange vor dem Zeitpunkt ein, an dem in Deutschland der Ausdruck *political correctness* eingeführt und verbreitet worden ist, also vor den frühen 1990er Jahren. Zum einen können als Frühformen die schon kurz nach 1945 einsetzenden Diskussionen um die Weiterverwendung von NS-geprägten Wörtern sowie auch bereits früh beginnende politische Instrumentalisierungen von NS-Bezügen für Vorwürfe an politische Gegner:innen angeführt werden (vgl. auch Wierlemann 2000: 123–129), zum anderen werden geschichtspolitische Diskussionen der 1980er Jahre wie der Historikerstreit und die Diskussionen um die Reden von Richard von Weizsäcker am 8. Mai 1985 und von Philipp Jenninger am 9. November 1988 im Nachhinein als Formen von *political correctness* vereinnahmt.

Die erstgenannte Diskussion um die Kontinuität von NS-Wortgebrauch beginnt mit den sprachkritischen Veröffentlichungen von Victor Klemperer *Lingua Tertii Imperii* (LTI 1947) und von Sternberger, Storz & Süskind *Aus dem Wörterbuch des Unmenschen* (1945–1948 in der Zeitschrift *Die Wandlung*, 1957 dann erstmals als Buch). Klemperer publiziert mit dem Buch sprachbezogene Reflexionen aus seinen Tagebüchern während der NS-Zeit (z.B. zu *aufziehen, fanatisch* und dem kollektiven Singular *der Jude, der Russe*) und drückt die Besorgnis aus, dass von ihm als NS-typisch beobachtete Sprachgewohnheiten mit der Befreiung vom Nationalsozialismus nicht aufgegeben würden und dass dadurch nazistische Gesinnung bewusst oder unbewusst weitergelebt würde, dass sie die Grundlage einer LQI, der Sprache eines Vierten Reiches werden könnten. Auch Sternberger, Storz & Süskind schreiben aus einer solchen Sorgehaltung heraus und versuchen, in ihren Wortartikeln deutlich zu machen, inwiefern aus ihrer Sicht die behandelten Wörter durch Weiterverwendung NS-Ideologie vermitteln und wieder zu „unmenschlichen" Verhältnissen führen könnten: „Das Wörterbuch des Unmenschen ist das Wörterbuch der geltenden deutschen Sprache geblieben" (Sternberger, Storz & Süskind 1986: 7, Vorbemerkung 1945). Oder sie weisen darauf hin, dass mit bestimmten Wörtern bei Betroffenen „schreckliche Assoziationen" (Stötzel 1995b: 358) ausgelöst würden: „Das Wort *Lager*, so harmlos es einmal war und wieder werden mag, können wir doch auf Lebenszeit nicht mehr hören, ohne an Auschwitz zu denken." (Sternberger, Storz & Süskind 1986: 11–12, Vorbemerkung 1967) Behandelt werden im *Wörterbuch des Unmenschen* Ausdrücke wie *Betreuung, echt, charakterlich, leistungsmäßig, organisieren, Mädel, Auftrag, Frauenarbeit, Sektor*, oft Wörter, deren Bezug zur NS-Ideologie nicht nur auf den ersten Blick eher fragwürdig ist.

Auch deshalb hat sich aus diesen sprachkritischen Beobachtungen heraus in der Sprachwissenschaft der sog. „Streit um die Sprachkritik" insbesondere von den 1960er bis zu den 1980er Jahren entwickelt, in dem die Berechtigung der allgemeinen Kritik an der Verwendung der Wörter sowie die Berechtigung der Besorgnisse der Sprachkritiker:innen diskutiert wurde (vgl. dazu zusammenfassend insbes. Stötzel 1995b; Polenz 1999: 317–322; aber auch Dodd 2008; Kämper 2020). Und in der Nachfolge dieser frühen Publikationen gibt es bis heute eine öffentliche Diskussion über sog. „belastete Vokabeln", deren Verwendung in der Öffentlichkeit mit Verweis auf ihren Gebrauch in der NS-Zeit kritisch vermerkt und diskutiert wird. In der Sprachwissenschaft ist diesbezüglich ein Gespräch zwischen Heringer und von Polenz aus dem Jahr 1982 erwähnenswert, in dem sie kritisch diskutieren, ob und, wenn ja, in welcher Weise die Erinnerung an NS-belastete Wörter gerade auch bei Jüngeren aufrechterhalten werden sollte. Am Beispiel von Redewendungen wie *etwas bis zur Vergasung tun* und Wörtern wie *Sonderbehandlung* plädiert hier Heringer dafür, dass „die Erinnerung auch in den Wörtern wachgehalten werden" und Menschen „über einen überschaubaren historischen Zeitraum" wissen sollten, „wie Wörter verwendet wurden" (Heringer 1982b: 166). Auch Dieckmann (2007) diskutiert diese Frage ausführlich. Kilian (2001) hält es für eine Aufgabe seiner „kritischen Semantik", Wörter mit „usuell gewordene[n] Indikatorfunktionen aus historischen, kulturspezifischen, sozialen und politisch-ideologischen Diskursen" (Kilian 2001: 309) wie *Führer* oder *Endlösung* normenkritisch zu bewerten und damit „die Erinnerung aufrecht [zu] erhalten" (Kilian 2001: 313). In anderen Fällen wie bei *abholen* oder *betreuen* müsse die Sprachkritik bzw. die kritische Semantik die Wörter aber auch „wieder freigeben" (Kilian 2001: 313).

Eitz & Stötzel (2007/2009) haben in ihrem zweibändigen *Wörterbuch der Vergangenheitsbewältigung* solche Diskussionen lexikographisch intensiv aufgearbeitet. Anhand von etwa 70 Lemmata von *Abendland* über *Elite, entartete Kunst, Euthanasie, Invasion (der Alliierten), Konzentrationslager, Schlussstrich, Volk* bis zu *Widerstand* und *Zigeuner* wird minutiös gezeigt, „wie [...] im öffentlichen Sprachgebrauch [...] Bezug genommen wird auf Ereignisse, Institutionen, Personen und auf den Sprachgebrauch zwischen 1933 und 1945" (Eitz & Stötzel 2007: 1). Der etwas populärwissenschaftlichere Band *Verbrannte Wörter* (Heine 2019) greift ebenso die öffentlichen Diskussionen auf, in denen politischen Gegner:innen der „Gebrauch echter oder nur vermeintlicher Begriffe der NS-Terminologie" (Heine 2019: 5) vorgeworfen wird, um anhand von 87 Ausdrücken (von *Absetzbewegung* bis *zersetzen*) zu erörtern und jeweils auch abschließend zu bewerten, inwieweit der Ausdruck mit der NS-Ideologie und -Sprache verknüpft ist und ob er noch verwendet werden kann oder sollte:

> Wer noch einen Hauch von historischem Sinn und Sprachgefühl hat, sollte *betreuen* gerade im Zusammenhang mit Gruppen, die von den Nazis verfolgt und ermordet wurden, meiden. Aus der alltäglichen Verwaltungssprache ist es aber wohl nicht mehr herauszubekommen.
>
> (Heine 2019: 46)

Wichtig ist die Typologie öffentlicher sprachbezogener Streits um Weiterverwendungen von NS-Sprache, Nazi-Vergleichen etc., die Eitz & Stötzel (2007: 3–4) vorgenommen haben: Beim ersten Typ geht es um sog. „belastete Vokabeln", also um diejenigen, auf die sich Heines Buch konzentriert und die bisher gemeint waren, weil von ihnen „die Öffentlichkeit annimmt, dass sie von den Nationalsozialisten gebraucht wurden, dass sie somit deren menschenverachtende Weltanschauung zum Ausdruck brachten und sie damit mitursächlich für die Verbrechen gewesen seien." (Heine 2019: 3) Dazu gehören *Herrenmensch, Parasiten, lebensunwert, Ausmerze, Elite, entartete Kunst*.

Ein zweiter Typ ist der Gebrauch von Nazi-Vergleichen (vgl. dazu auch einen chronologischen Abriss von den späten 1940er bis zu den 1980er Jahren bei Stötzel 1995b), entweder indem explizit Menschen vor allem mit Goebbels oder Hitler (Gorbatschow-/Goebbels-Vergleich in den 1980er Jahren durch Helmut Kohl, Gleichsetzung von Diktatoren wie Saddam Hussein oder Putin mit Hitler), später auch durch Selbstgleichsetzung mit NS-Opfern wie Sophie Scholl oder Anne Frank bei den Demonstrationen gegen Corona-Schutzmaßnahmen verglichen werden oder indem Einrichtungen/Zustände der NS-Zeit genutzt werden, um etwas, das aktuell der Fall ist, zu diffamieren (KZ-Vergleiche, z.B. in den 1960er Jahren die DDR als *KZ*; *Nazi-Methoden* für Störversuche von öffentlichen Reden, Corona-*Diktatur*). Solche Vergleiche können auch mit der Übertragung von Wörtern, die sich auf NS-Verbrechen beziehen, auf andere Sachverhalte realisiert werden: *Babycaust, Massenmörderinnen* (für abtreibende Frauen) oder *Anschluss* (für den Beitritt der DDR zur BRD). Sie werden i.d.R. vor allem als *Geschichtsverdrängung* und *Verbrechensrelativierung* (vgl. Stötzel 1995b: 379) kritisiert und zurückgewiesen.

Zum dritten wird um historische Vokabeln gestritten, d.h. darum, welche Bezeichnungen für Ereignisse, die mit dem Nationalsozialismus zu tun haben, angemessen seien. Aus diesen Streits um Worte resultieren oftmals Bezeichnungsänderungen, so dass heute in der Regel nicht mehr von *Machtergreifung*, sondern von der *Machtübergabe* an die Nazis die Rede ist, von *Reichspogromnacht* statt *Reichskristallnacht*, vom *D-Day* statt von der *Invasion der Alliierten*, vom 8. Mai als *Tag der Befreiung* statt als *Niederlage*, weil die älteren Bezeichnungen jeweils die Perspektive der Nationalsozialist:innen wiedergeben. Alle drei Typen der „lexikalischen ,Vergangenheitsbewältigung'" (Eitz & Stötzel 2007: 3) werden im Kulturkampf der Neuen Rechten gegen *political correctness* als Fälle von Sprachverboten und Meinungsdiktatur kritisiert, wie etwa als die Wörter *Lügenpresse, Volksverräter* oder *Corona-Diktatur* mit Verweis auf ihre NS-Analogien zu „Unwörtern des Jahres" (2014, 2016, 2020) gekürt wurden.

Als Fälle von *pc* werden seit den 1980er Jahren geführte geschichtspolitische Auseinandersetzungen sowohl in der wissenschaftlichen wie öffentlich-politischen Diskussion eingestuft. So behandelt schon Kapitzky (2000: 64–93) den sog. Historikerstreit Mitte der 1980er Jahre und die Diskussionen um die Rede des Bundestagspräsidenten Jenninger zum 9. November 1988 als Fälle von Diskussionen um *Historische Korrektheit*, vor allem deshalb, weil *pc*-kritische Autor:innen wie Behrens & von Rimscha (1995: 21) sie als eine deutsche Besonderheit politischer Korrektheit deklarieren und damit etablieren: „Politische Korrektheit entspricht in Deutschland damit oft einer ‚Historischen Korrektheit'". Diese wiederum wird verstanden als eine „mit einem dogmatischen Verbindlichkeitsanspruch um die Interpretation deutscher Vergangenheit" (Behrens & von Rimscha 1995: 23) auftretende Positionierung linksliberaler Historiker:innen, nach denen angeblich nur bestimmte Haltungen und Äußerungen im deutschen Diskurs sagbar seien. Auch Wierlemann (2002: 132–137) führt die Auseinandersetzung über die Jenninger-Rede von 1988 sowie über Äußerungen des von der CDU nominierten Bundespräsidenten-Kandidaten Steffen Heitmann 1993 zur deutschen Vergangenheit und Martin Walsers Rede zur Verleihung des Friedenspreises des Deutschen Buchhandels 1998 als Fälle der Diskussion um Historische Korrektheit an.

Am intensivsten setzen sich Historiker:innen mit diesen vergangenheitsbezogenen *pc*-Diskursen auseinander und bemühen sich auch darum, die Gemeinsamkeiten dieser Diskurse herauszuarbeiten. Für Mittmann (2008) ist die „Frage des historisch korrekten Sprechens" ein Hauptbestandteil des deutschen *pc*-Diskurses, sie gehöre zu einem „breiten Anti-PC-Diskurs" (Mittmann 2008: 64) seit Beginn der 1990er Jahre. Diesem ginge es „primär" darum, „durch inszenierte ‚Tabubrüche' die Grenzen des Sagbaren im öffentlichen Vergangenheitsdiskurs zu erweitern" (Mittmann 2008: 64). Diese *pc*-Kritiker:innen, die unterschiedliche vergangenheitsbezogene diskursive Ereignisse, also öffentliche Diskussionen als Fälle von *pc* behandeln, monieren, dass dabei *PC-Vertreter, PC-Protagonisten*, ein *PC-Kartell* oder eine *PC-Bewegung* (vgl. Mittmann 2008: 67 mit Belegverweisen) Sagbarkeitsgrenzen und Tabus festlegten. Es ginge ihnen um eine „normierte Sicht auf die Vergangenheit […], die von der politischen Linken mit wirkungsvoller Unterstützung linksliberaler Massenmedien sowie teilweise jüdischer Organisationen vehement verteidigt werden" (Mittmann 2008: 65). Dargestellt werden von Mittmann der Historikerstreit 1986/87, in dem es vor allem um die Singularität des Holocausts ging, und der „Fall Jenninger" 1988, bei dem der Bundestagspräsident mit dem rhetorischen Mittel der erlebten Rede allzu sehr ein Verständnis für die Perspektive der Täter:innen eingenommen hatte, die im Rahmen einer Gedenkfeier für die jüdischen Pogrom-Opfer unangemessen war (vgl. dazu Polenz 1989; Hoffmann & Schwitalla 1989; Heringer 1990). Jenninger wurde dann später wegen seines Rücktritts nach der Rede von *pc*-Kritikern als erstes *PC-Opfer* dargestellt. Der dritte „Streitdiskurs" bei Mittmann ist der „Fall Heitmann" 1993. Der CDU-Kandidat für das Bundespräsidentenamt hatte in Interviews aus der Sicht seiner Kritiker:innen „die Singularität des Nationalsozialismus bezweifelt und die Vergangenheit als etwas Abgeschlossenes behandelt" (Mittmann 2008: 77). Nach heftigen Diskussionen um seine Äußerungen zog er seine Präsidentschaftskandidatur zurück. Die Paulskirchenrede von Martin Walser am 11. Oktober 1998 kann schließlich als ein Höhepunkt des Historische Korrektheits-Diskurses aufgefasst werden. In dieser Rede bezeichnete er u.a. „Auschwitz als ‚Drohroutine', als ein ‚jederzeit einsetzbares Einschüchterungsmittel', ‚Moralkeule' und ‚Pflichtübung'" (Mittmann 2008: 83) und das geplante Holocaust-Mahnmal in Berlin als „Monumentalisierung der Schande". Mittmann (2008: 87) resümiert „eine Verschiebung der Grenzen des Sagbaren" durch die Walser-Debatte: „Während PC-Gegner eine wachsende Bedrohung der Meinungsfreiheit behaupteten, konstatierten Kritiker:innen Walsers eine beunruhigende Ausweitung dieser Grenzen."

Diese Debatten-Konstellation hat sich bis heute bezüglich Historischer Korrektheit kaum gewandelt. Während Mittmann im Jahr 2008 noch zwei weitere Beispiele, den „Fall Möllemann" 2002 und den „Fall Hohmann" 2003 analysiert, wird dieses Feld seit dem Auftreten der AfD in der Öffentlichkeit und in den Parlamenten von dieser Partei beackert, die mit immer neuen Provokationen genau auf dieser Linie der Ausweitung des Sagbaren bezüglich der NS-Vergangenheit weiterfährt (Beispiele: die NS-Zeit als *Vogelschiss* in der tausendjährigen großen Geschichte der Deutschen (FRANKFURTER ALLGEMEINE online 02. Juni 2018)[73], das Holocaust-Mahnmal als *Denkmal der Schande* (TAGESZEITUNG 20. Januar 2017)[74], *völkisch* als wieder positiv zu verwendender Begriff (WELT online 11. November 2016)[75]) und gegen deren Provokationen die dann wieder als *PC-Meinungsdiktatur* Gescholtenen die diesbezüglichen Grenzen des Sagbaren verteidigen. Da hier nicht der Raum ist, solche Diskussionen genauer darzustellen, seien abschließend einige resümierende Einschätzungen dieser Debatten um Historische Korrektheit zitiert. Mittmann fasst die diesbezüglichen „Norm- und Tabuverletzungen" (2008: 64) so zusammen: Sie lägen vor,

1. wenn die Vergangenheit als etwas Abgeschlossenes behandelt wird;
2. wenn eine moralische Wertung der nationalsozialistischen Verbrechen oder gar das Schuldanerkenntnis ausbleibt;
3. wenn sprachliche Handlungen missverständlich sind, den Eindruck von Bagatellisierung und Relativierung vermitteln;
4. wenn die Singularität des Nationalsozialismus in Frage gestellt wird;
5. wenn nationalsozialistische Begriffe enthistorisiert werden.

(Mittmann 2008: 64–65)

Inhaltliche Auseinandersetzungen über die Beurteilung der NS-Vergangenheit werden zu Problemen des Sprachregimes umdefiniert, NS-affirmative oder relativierende Deutungen mit der emanzipatorischen Attitüde des Tabubruchs vorgetragen, Vertreter revisionistischer Positionen präsentieren sich als Opfer einer angeblichen linken Gesinnungsdiktatur. „Political Correctness"-Vorwürfe wurden und werden fast ausschließlich im Rahmen einer Strategie rhetorischer Selbstviktimisierung und Argumentationsverweigerung vorgebracht, da inhaltliche Deutungen der NS-Vergangenheit nicht inhaltlich vertreten, sondern als Ausdruck legitimer Auflehnung wider vorgebliche Denkverbote gegen Kritik immunisiert werden.

(Jessen 2009)

---

73 https://www.faz.net/aktuell/politik/inland/gauland-hitler-nur-vogelschiss-in-deutscher-geschichte-15619502.html (abgerufen am 01.08.2024).
74 https://taz.de/Bjoern-Hoecke-und-das-Holocaust-Mahnmal/!5376704/ (abgerufen am 01.08.2024).
75 https://www.welt.de/politik/deutschland/article158049092/Petry-will-den-Begriff-voelkisch-positiv-besetzen.html (abgerufen am 01.08.2024).

Wengelers (2002: 12) Resümee und Verteidigung von *pc* (als öffentliche und zu befürwortende Sprachsensibilität) gerade mit Blick auf Historische Korrektheit von 2002 kann auch hier noch einmal zum Ende des Kapitels ohne Einschränkungen bekräftigt werden:

> Wenn z.B. ein Arbeitgeberpräsident die „Ausmerzung" von „sozialem Wildwuchs" fordert, wenn Franz Josef Strauß von „entarteter Kunst" spricht, wenn ein Kommunalpolitiker meint, zur Sanierung seines Etats „müßten erst ein paar reiche Juden erschlagen werden", wenn eine Gruppe von Konservativen die Weizsäckersche Geschichtsinterpretation des 8. Mai 1945 als *Tag der Befreiung* rückgängig machen will oder ein Schriftsteller die „Instrumentalisierung" von „Auschwitz" als „Moralkeule" beklagt, dann ist die empörte Reaktion in Teilen der Öffentlichkeit, dann ist der Hinweis auf die Gefahr der Verharmlosung oder Verdrängung der Nazi-Verbrechen, dann ist die zu Tage tretende öffentliche Sprachkritik kein linker Meinungsterror und kein Ausdruck von Denkverboten, sondern ein Zeichen entwickelter Sprachsensibilität, die hoffentlich dazu beitragen wird, den Konsens über die Verurteilung der Nazi-Verbrechen aufrechtzuerhalten und die bleibende Aufgabe der Erinnerung und der Verhinderung des Wiederauflebens entsprechenden Gedankenguts in der Mitte der Gesellschaft zu befördern. [...] Daher sind auch öffentliche Sprachthematisierungen, die einen bestimmten fahrlässigen Umgang mit der Nazi-Vergangenheit nicht „durchgehen" lassen, ein Zeichen für eine gewachsene demokratische Kultur. Und in diesem Sinne betrachte ich die Verteidigung der deutschen *political correctness* als Versuch, Grenzen des öffentlich Sagbaren zu ziehen, die verhindern, dass Positionen in der gesellschaftlichen Mitte verankert werden, die den mühsam errungenen gesellschaftlichen Konsens zum Umgang mit der Nazi-Vergangenheit (z.B. die Interpretation des Kriegsendes als *Befreiung*) und zum Umgang mit Minderheiten oder Machtloseren (z.B. die prinzipielle Anerkennung der Gleichwertigkeit der Geschlechter und von Menschen unterschiedlicher Herkunft) aufzubrechen bestrebt sind.

Aufgaben
1. Recherchieren Sie, worum es bei den erwähnten Fällen „historischer Korrektheit" genau geht und warum und von wem sie unter dem Label *political correctness* diskutiert wurden. Beschränken Sie sich auf zwei Fälle und bewerten Sie diese.
2. Diskutieren Sie die Weiterverwendung NS-belasteter Vokabeln, indem Sie drei Beispiele herausgreifen und zeigen, was diese mit NS-Sprachgebrauch zu tun haben (sollen). Nutzen Sie dabei auch die Wörterbücher von Eitz & Stötzel (2007/2009) und Heine (2019) und ziehen Sie Schlüsse hinsichtlich des eigenen und der Bewertung des Sprachgebrauchs anderer.

7 Literatur

AG Feministisch Sprachhandeln der Humboldt-Universität zu Berlin (2014/2015): *Anregungen zum antidiskriminierenden Sprachhandeln*. 2. Aufl. Berlin: Hinkelsteindruck.
Androutsopoulos, Jannis & Friedemann Vogel (2024): *Handbuch Sprache und digitale Kommunikation*. Berlin, Boston: De Gruyter.
Arndt, Susan (2004): „Neger/Negerin". In Susan Arndt & Antje Hornscheidt (Hrsg.), *Afrika und die deutsche Sprache. Ein kritisches Nachschlagewerk*, 184–189. Münster: Unrast.
Arndt, Susan & Antje Hornscheidt (2004a): „Worte können sein wie winzige Arsendosen." Rassismus in Gesellschaft und Sprache. In Susan Arndt & Antje Hornscheidt (Hrsg.), *Afrika und die deutsche Sprache. Ein kritisches Nachschlagewerk*, 11–74. Münster: Unrast.
Arndt, Susan & Antje Hornscheidt (Hrsg.) (2004b): *Afrika und die deutsche Sprache. Ein kritisches Nachschlagewerk*. Münster: Unrast.
Arndt, Susan & Nadja Ofuatey-Alazard (Hrsg.) (2011): *Wie Rassismus aus Wörtern spricht. (K)Erben des Kolonialismus im Wissensarchiv deutsche Sprache. Ein kritisches Nachschlagewerk*. Münster: Unrast.
Auer, Katrin (2002): „Political Correctness" – Ideologischer Code, Feindbild und Stigmawort der Rechten. *Österreichische Zeitschrift für Politikwissenschaft* 31 (3), 291–303.
Bär, Jochen (2000): Deutsch im Jahr 2000. Eine sprachhistorische Standortbestimmung. In Karin M. Eichhoff-Cyrus & Rudolf Hoberg (Hrsg.), *Die deutsche Sprache zur Jahrtausendwende. Sprachkultur oder Sprachverfall?*, 9–34. Mannheim u.a.: Duden.
Bartoschek, Sebastian (2017): *Bekanntheit von und Zustimmung zu Verschwörungstheorien – eine empirische Grundlagenarbeit*. Hannover: JMB.
Beck, Götz (1991): Laßt doch die Kirche im Dorfe! oder: Wie einige denken, daß Frauen und Männer in der Sprache vorkommen (/sollten). Einige Bemerkungen zur sog. feministischen Linguistik. *Diskussion Deutsch* 117, 94–107.
Becker, Maria (2015): *Der Asyldiskurs in Deutschland. Eine medienlinguistische Untersuchung von Pressetexten, Onlineforen und Polit-Talkshows*. Frankfurt a.M. u.a.: Peter Lang.
Becker, Uwe (2022): *Deutschland und seine Flüchtlinge. Das Wechselbad der Diskurse im langen Sommer der Flucht*. Bielefeld: transcript.
Behrens, Manfred, Walther Dieckmann & Erich Kehl (1982): Politik als Sprachkampf. In Hans Jürgen Heringer (Hrsg.), *Holzfeuer im hölzernen Ofen. Aufsätze zur politischen Sprachkritik*, 216–265. Tübingen: Narr.
Behrens, Michael & Robert von Rimscha (1995): *„Politische Korrektheit" in Deutschland. Eine Gefahr für die Demokratie*. 2. Aufl. Bonn: Bouvier.
Bellmann, Günter (1996): Der Beitritt als Wende. Referenz und Nomination. In Reiner Hildebrandt & Klaus Bemer (Hrsg.), *Stand und Aufgaben der deutschen Dialektlexikographie*, 1–16. Berlin, New York: De Gruyter.
Belosevic, Milena (2020): „Was steckt denn nun wirklich hinter diesem Impfzwang?" Sprachliche Konstruktion der Impfverschwörung in der Debatte über die Masernimpfpflicht in Deutschland. *tekst i dyskurs – text und diskurs* 13, 149–169.
Belosevic, Milena (2022): *Vertrauen und Misstrauen in der Flüchtlingsdebatte 2015–2017. Eine diskurslinguistische Untersuchung von Argumentationsmustern*. Hamburg: Buske.
Bendel Larcher, Sylvia (2015): *Linguistische Diskursanalyse. Ein Lehr- und Arbeitsbuch*. Tübingen: Narr.
Bernstein, Julia (2023): *Zerspiegelte Welten. Antisemitismus und Sprache aus jüdischer Perspektive*. Weinheim, Basel: Beltz Juventa.
Bettag, Lukas & Sven Bloching, Jöran Landschoff, Ulrike Lohner, Wang Yuanyuan & Joachim Scharloth (2023): Woke – ein Stigmawort zwischen Begriff und Chiffre. *Sprachreport* 39 (1), 1–13.
Black, Max (1983 [1954]): Die Metapher. In Anselm Haverkamp (Hrsg.), *Theorie der Metapher*, 55–79. Darmstadt: wbg.

Böke, Karin (1995a): Lebensrecht oder Selbstbestimmungsrecht? Die Debatte um den § 218. In Georg Stötzel & Martin Wengeler (Hrsg.), *Kontroverse Begriffe. Geschichte des öffentlichen Sprachgebrauchs in der Bundesrepublik Deutschland*, 563–592. Berlin, New York: De Gruyter.

Böke, Karin (1995b): Männer und Frauen sind gleichberechtigt. Schlüsselwörter in der frauenpolitischen Diskussion seit der Nachkriegszeit. In Georg Stötzel & Martin Wengeler (Hrsg.), *Kontroverse Begriffe. Geschichte des öffentlichen Sprachgebrauchs in der Bundesrepublik Deutschland*, 447–516. Berlin, New York: De Gruyter.

Böke, Karin (1996a): Politische Leitvokabeln in der Adenauer-Ära. Zu Theorie und Methodik. In Karin Böke, Frank Liedtke & Martin Wengeler (Hrsg.), *Politische Leitvokabeln in der Adenauer-Ära*, 19–50. Berlin, New York: De Gruyter.

Böke, Karin (1996b): Flüchtlinge und Vertriebene zwischen dem Recht auf die alte Heimat und der Eingliederung in die neue Heimat. Leitvokabeln der Flüchtlingspolitik. In Karin Böke, Frank Liedtke & Martin Wengeler (Hrsg.), *Politische Leitvokabeln in der Adenauer-Ära*, 131–210. Berlin, New York: De Gruyter.

Böke, Karin (1996c): Überlegungen zu einer Metaphernanalyse im Dienste einer „parzellierten" Sprachgeschichtsschreibung. In Karin Böke, Matthias Jung & Martin Wengeler (Hrsg.), *Öffentlicher Sprachgebrauch. Praktische, theoretische und historische Perspektiven. Georg Stötzel zum 60. Geburtstag gewidmet*, 431–452. Opladen: Westdeutscher Verlag.

Böke, Karin, Matthias Jung & Martin Wengeler (1996): Vorwort. In Karin Böke, Matthias Jung & Martin Wengeler (Hrsg.), *Öffentlicher Sprachgebrauch. Praktische, theoretische und historische Perspektiven. Georg Stötzel zum 60. Geburtstag gewidmet*, 9–12. Opladen: Westdeutscher Verlag.

Böke, Karin, Frank Liedtke & Martin Wengeler (1996): Politische Leitvokabeln in der Adenauer-Ära. Berlin, New York: De Gruyter.

Böke, Karin (1997): Die „Invasion" aus den „Armenhäusern Europas". Metaphern im Einwanderungsdiskurs. In Matthias Jung, Martin Wengeler & Karin Böke (Hrsg.), *Die Sprache des Migrationsdiskurses. Das Reden über „Ausländer" in Medien, Politik und Alltag*, 164–193. Opladen: Westdeutscher Verlag.

Böke, Karin, Matthias Jung, Thomas Niehr & Martin Wengeler (2000): Vergleichende Diskurslinguistik. Überlegungen zur Analyse national heterogener Textkorpora. In Thomas Niehr & Karin Böke (Hrsg.), *Einwanderungsdiskurse. Vergleichende diskurslinguistische Studien*, 11–36. Wiesbaden: Westdeutscher Verlag.

Borchert, Semjon & Martin Wengeler (2015): Friedensmission, kriegsähnliche Zustände oder Krieg? Öffentliche Sprachreflexion im Zusammenhang mit dem Einsatz der Bundeswehr in Afghanistan. In Corinna Peschel & Kerstin Runschke (Hrsg.), *Sprachvariation und Sprachreflexion in interkulturellen Kontexten*, 263–282. Frankfurt a.M. u.a.: Peter Lang.

Bornscheuer, Lothar (1976): *Topik. Zur Struktur der gesellschaftlichen Einbildungskraft*. Frankfurt a.M.: Suhrkamp.

Breil, Laura, David Römer & Sören Stumpf (2018): „Das weltweite Wetter-Projekt Chemtrails ist, und darüber herrschen wohl kaum Zweifel, ein Multimilliarden-Dollar-Unternehmen". Argumentationsmuster innerhalb der Chemtrail-Verschwörungstheorie. *aptum. Zeitschrift für Sprachkritik und Sprachkultur* 14 (3), 239–258.

Brünner, Gisela (1990): Wie kommen Frauen und Männer in der Sprache vor? Eine Unterrichtseinheit in der Sekundarstufe II. *Diskussion Deutsch* 21, 46–71.

Brunner, Otto, Werner Conze & Reinhart Koselleck (Hrsg.) (1972–1997): *Geschichtliche Grundbegriffe. Historisches Lexikon zur politisch-sozialen Sprache in Deutschland*. 8 Bände. Stuttgart: Klett-Cotta.

Bubenhofer, Noah & Juliane Schröter (2022): Partizipation und Egalität – Diskurse um soziale Teilhabe und Solidarität sowie Diversität und Gleichberechtigung seit 1990. *aptum. Zeitschrift für Sprachkritik und Sprachkultur* 18 (3), 207–225.

Burkhardt, Armin (1988): Sprache in der Politik. Linguistische Begriffe und Methoden. *Englisch-Amerikanische Studien* 10, 339–358.

Burkhardt, Armin (1998): Deutsche Sprachgeschichte und politische Geschichte. In Werner Besch, Anne Betten, Oskar Reichmann & Stefan Sonderegger (Hrsg.), *Sprachgeschichte. Ein Handbuch zur Geschichte der deutschen Sprache und ihrer Erforschung* (Halbband 1), 98–122. 2. Aufl. Berlin, New York: De Gruyter.
Burkhardt, Armin (2003): *Das Parlament und seine Sprache. Studien zu Theorie und Geschichte parlamentarischer Kommunikation*. Tübingen: Niemeyer.
Burkhardt, Armin (2022): Von der Initiative zur AG. Ein Rückblick mit Ein-, Um- und Ausblick. In Kersten Sven Roth & Martin Wengeler (Hrsg.), *Diesseits und jenseits von Framing. Politikspracheforschung im medialen Diskurs*, 131–156. Hamburg: Buske.
Busch, Albert (2007): Der Diskurs: ein linguistischer Proteus und seine Erfassung – Methodologie und empirische Gütekriterien für die sprachwissenschaftliche Erfassung von Diskursen und ihrer lexikalischen Inventare. In Ingo Warnke (Hrsg.), *Diskurslinguistik nach Foucault. Theorie und Gegenstände*, 141–163. Berlin, New York: De Gruyter.
Busse, Dietrich (1986): Überlegungen zum Bedeutungswandel. *Sprache und Literatur in Wissenschaft und Unterricht* 58, 51–67.
Busse, Dietrich (1987): *Historische Semantik. Analyse eines Programms*. Stuttgart: Klett-Cotta.
Busse, Dietrich (1988): Kommunikatives Handeln als sprachtheoretisches Grundmodell der historischen Semantik. In Ludwig Jäger (Hrsg.), *Zur historischen Semantik des deutschen Gefühlswortschatzes. Aspekte, Probleme und Beispiele seiner lexikographischen Erfassung*, 247–272. Aachen: Rader.
Busse, Dietrich (1989): „Chaoten und Gewalttäter". Ein Beitrag zur Semantik des deutschen Sprachgebrauchs. In Armin Burkhardt, Franz Hebel & Rudolf Hoberg (Hrsg.), *Sprache zwischen Militär und Frieden: Aufrüstung der Begriffe?*, 93–121. Tübingen: Narr.
Busse, Dietrich (1996): Öffentlichkeit als Raum der Diskurse. In Karin Böke, Matthias Jung & Martin Wengeler (Hrsg.), *Öffentlicher Sprachgebrauch. Praktische, theoretische und historische Perspektiven. Georg Stötzel zum 60. Geburtstag gewidmet*, 347–358. Opladen: Westdeutscher Verlag.
Busse, Dietrich (2000): Historische Diskurssemantik. Ein linguistischer Beitrag zur Analyse gesellschaftlichen Wissens. *Sprache und Literatur in Wissenschaft und Unterricht*, 37–52.
Busse, Dietrich (2003): Historische Diskursanalyse in der Sprachgermanistik – Versuch einer Zwischenbilanz und Ortsbestimmung. In Martin Wengeler (Hrsg.), *Deutsche Sprachgeschichte nach 1945. Diskurs- und kulturgeschichtliche Perspektiven*, 8–19. Hildesheim, New York: Olms.
Busse, Dietrich (2012): *Frame-Semantik. Ein Kompendium*. Berlin, Boston: De Gruyter.
Busse, Dietrich (2013): Linguistische Diskursanalyse. Die Macht der Sprache und die soziale Konstruktion der Wirklichkeit aus der Perspektive einer linguistischen Epistemologie. In Reiner Keller, Werner Schneider & Willy Viehoever (Hrsg.), *Diskurs – Wissen – Sprache*, 51–77. Wiesbaden: Springer.
Busse, Dietrich (2017): Lexik – frame-analytisch. In Thomas Niehr, Jörg Kilian & Martin Wengeler (Hrsg.), *Handbuch Sprache und Politik* (Band 1), 194–220. Bremen: Hempen.
Busse, Dietrich, Michaela Felden & Detmer Wulf (2018): *Bedeutungs- und Begriffswissen im Recht. Frame-Analysen von Rechtsbegriffen im Deutschen*. Berlin, Boston: De Gruyter.
Butter, Michael (2018): *Nichts ist wie es scheint*. Berlin: Suhrkamp.
Daub, Adrian (2022): *Cancel Culture Transfer. Wie eine moralische Panik die Welt erfasst*. Berlin: Suhrkamp.
Delgado, Manuel J. (1970): *Die Gastarbeiter in der Presse. Eine inhaltsanalytische Studie*. Opladen: Leske.
Della, Nancy J. (2014): *Das Wort, das Bauchschmerzen macht*. Münster: edition assemblage.
Dieckmann, Walther (1975 [1969]): *Sprache in der Politik. Einführung in die Pragmatik und Semantik der politischen Sprache*. 2. Aufl. Heidelberg: Winter.
Dieckmann, Walther (2007): ‚Belastete Wörter' als Gegenstand und Resultat sprachkritischer Reflexion. *aptum. Zeitschrift für Sprachkritik und Sprachkultur* 3 (1), 62–80.
Diewald, Gabriele & Anja Steinhauer (2017): *Richtig gendern. Wie Sie angemessen und verständlich schreiben*. Berlin: Duden.
Dodd, William, J. (2008): Die antifaschistische Sprachkritik der ersten Nachkriegszeit, aus heutiger Sicht gesehen. *aptum. Zeitschrift für Sprachkritik und Sprachkultur* 4 (3), 257–271.

Doering-Manteuffel, Anselm & Lutz Raphael (2012): *Nach dem Boom. Perspektiven auf die Zeitgeschichte seit 1970*. 3. Aufl. Göttingen: V&R.
Domasch, Silke (2007): *Biomedizin als sprachliche Kontroverse. Die Thematisierung von Sprache im öffentlichen Diskurs zur Gendiagnostik*. Berlin, New York: De Gruyter
Dorenbeck, Nils (2013): Wir sind Wumbaba, oder: Gebt unsre Sprache nicht den Radikalen preis! *aptum. Zeitschrift für Sprachkritik und Sprachkultur* 9 (1), 82–86.
Dorenbeck, Nils (2020): Freiheit als Unfreiheit der Anderen. Anmerkungen zu einer totalitären Umdeutung von Meinungsfreiheit. *aptum. Zeitschrift für Sprachkritik und Sprachkultur* 16 (2/3), 149–155.
Drommler, Michael (2024): *Nationale Identität in der Berliner Republik 1998–2007. Ein framesemantischer Zugang zum Wissen gesellschaftlicher Selbstverständigung*. Berlin, Boston: De Gruyter.
Ebermann, Thomas (2019): *Linke Heimatliebe. Eine Entwurzelung*. Hamburg: KLV.
Ebling, Sarah, Joachim Scharloth, Tobias Dussa & Noah Bubenhofer (2013): Gibt es eine Sprache des politischen Extremismus? In Frank Liedtke (Hrsg.), *Die da oben – Texte, Medien, Partizipation*, 43–67. Bremen: Hempen.
Eickhoff, Birgit (2012): „Frauen in den Duden" – Werkstattbericht I aus der Dudenredaktion. In Susanne Günthner, Dagmar Hüpper & Constanze Spieß (Hrsg.), *Genderlinguistik. Sprachliche Konstruktionen von Geschlechtsidentität*, 195–212. Berlin, Boston: De Gruyter.
Eisenberg, Peter (2017): Standarddeutsch: Überdachung der Varietäten. In Deutsche Akademie für Sprache und Dichtung & Union der deutschen Akademien der Wissenschaften (Hrsg.), *Vielfalt und Einheit der deutschen Sprache. Zweiter Bericht zur Lage der deutschen Sprache*, 53–104. Tübingen: Stauffenburg.
Eitz, Thorsten & Georg Stötzel (2007/2009): *Wörterbuch der Vergangenheitsbewältigung. Die NS-Vergangenheit im öffentlichen Sprachgebrauch*. 2 Bände. Hildesheim, Zürich, New York: Olms.
Eitz, Thorsten & Isabelle Engelhardt (2015): *Diskursgeschichte der Weimarer Republik*. 2 Bände. Hildesheim, Zürich, New York: Olms.
Elsen, Hilke (2020): *Gender – Sprache – Stereotype. Geschlechtersensibilität in Alltag und Unterricht*. Tübingen: Narr.
Elspaß, Stephan (2008): Vom Mittelneuhochdeutschen (bis ca. 1950) zum Gegenwartsdeutsch. *Zeitschrift für Dialektologie und Linguistik* 75, 1–20.
Eppler, Erhard (1981): *Wege aus der Gefahr*. Reinbek: Rowohlt.
Erdl, Marc Fabian (2004): *Die Legende von der Politischen Korrektheit. Zur Erfolgsgeschichte eines importierten Mythos*. Bielefeld: transcript.
Ernst, Peter (2007): *Normdeutsch. Die Sprachepoche, in der wir leben?* Wien: Praesens.
Fauconnier, Gilles & Mark Turner (2002): *The way we think. Conceptual blending and the mind's hidden complexities*. New York: Basic Books.
Felder, Ekkehardt & Andreas Gardt (Hrsg.) (2018): *Wirklichkeit oder Konstruktion? Sprachtheoretische und interdisziplinäre Aspekte einer brisanten Alternative*. Berlin, Boston: De Gruyter.
Fetscher, Iring & Horst Eberhard Richter (Hrsg.) (1976): *Worte machen keine Politik*. Reinbek: Rowohlt.
Fiegle, Thomas (2003): *Von der Solidarité zur Solidarität. Ein französisch-deutscher Begriffstransfer*. Münster: LIT.
Flechtheim, Ossip K. (1963): *Dokumente zur parteipolitischen Entwicklung in Deutschland seit 1945. Programmatik der deutschen Parteien (Band 2), (1)*. Berlin: Wendler.
Forster, Iris (2009): *Euphemistische Sprache im Nationalsozialismus. Schichten, Funktionen, Intensität*. Bremen: Hempen.
Forster, Iris (2017): Kaschieren und verschleiern. In Jörg Kilian, Thomas Niehr & Martin Wengeler (Hrsg.), *Handbuch Sprache und Politik* (Band 2), 794–810. Bremen: Hempen.
Fraas, Claudia (1996): *Gebrauchswandel und Bedeutungswandel in Textnetzen. Die Konzepte IDENTITÄT und DEUTSCHE im Diskurs zur deutschen Einheit*. Tübingen: Narr.

Frank, Karsta (1996): Political Correctness: Ein Stigmawort. In Hajo Diekmannshenke & Josef Klein (Hrsg.), *Wörter in der Politik. Analysen zur Lexemverwendung in der politischen Kommunikation*, 185–218. Opladen: Westdeutscher Verlag.

Frank-Cyrus, Karin M. & Margot Dietrich (1997): Sprachliche Gleichbehandlung von Frauen und Männern in Gesetzestexten. Eine Meinungsumfrage der Gesellschaft für deutsche Sprache. *Der Sprachdienst* 41, 55–68.

Fritz, Gerd (1998): *Historische Semantik*. Stuttgart, Weimar: J.B. Metzler.

Fritz, Gerd (2020): *Darstellungsformen in der historischen Semantik*. Gießen: tredition.

Funk, Johannes, Katharina Jacob, Luisa Larsen, Maria Mast, Verena Weiland & Kathrin Wenz (2014): Negerkönig oder Südseekönig? Eine linguistisch-sprachkritische Stellungnahme. *aptum. Zeitschrift für Sprachkritik und Sprachkultur* 10 (1), 57–67.

Funken, Jan & Martin Wengeler (2009): Multikulti oder Deutsche Leitkultur? Wie Bedeutungswandel von Wörtern beeinflusst werden soll. *Praxis Deutsch* 215, 52–59.

Gallie, Walter Bryce (1962): Essentially Contested Concepts. In Max Black (Hrsg.), *The Importance of Language*, 121–146. Englewood Cliffs: Prentice-Hall.

Gardt, Andreas (1999): *Geschichte der Sprachwissenschaft in Deutschland. Vom Mittelalter bis ins 20. Jahrhundert*. Berlin, New York: De Gruyter.

Gardt, Andreas (2018): Wort und Welt. Konstruktivismus und Realismus in der Sprachtheorie. In Ekkehard Felder & Andreas Gardt (Hrsg.), *Wirklichkeit oder Konstruktion? Sprachtheoretische und interdisziplinäre Aspekte einer brisanten Alternative*, 1–44. Berlin, Boston: De Gruyter.

Gerhard, Ute (1992): Wenn Flüchtlinge und Einwanderer zu „Asylantenfluten" werden. *Osnabrücker Beiträge zur Sprachtheorie* 46, 163–178.

Gerhards, Jürgen & Friedhelm Neidhardt (1990): *Strukturen und Funktionen moderner Öffentlichkeit. Fragestellungen und Ansätze*. Berlin: WZB.

Gerhardt, Marlis (1974): Wilhelm von Humboldt und die moderne Sprachtheorie. In Marlis Gerhardt (Hrsg.), *Linguistik und Sprachphilosophie*, 11–27. München: List.

Gießelmann, Bente (2019): Political Correctness. In: Bente Gießelmann, Benjamin Kerst, Robin Richterich, Lenard Suermann & Fabian Virchow (Hrsg.), *Handwörterbuch rechtsextremer Kampfbegriffe*, 284–300. 2. Aufl. Frankfurt a.M.: Wochenschau.

Girnth, Heiko (2002): *Sprache und Sprachverwendung in der Politik. Eine Einführung in die linguistische Analyse öffentlich-politischer Kommunikation*. Tübingen: De Gruyter.

Gloning, Thomas (1996): Die Verbesserung der Zustände auf sprachlichem Wege. Eine cis-atlantische Betrachtung über political correctness. *Sprache und Literatur in Wissenschaft und Unterricht* 78, 38–48.

Gloning, Thomas (2022): Diskurse digital – Diskurse hybrid. Konzeptuelle Grundlagen und exemplarische Analysen. In Eva Gredel (Hrsg.), *Diskurse digital. Theorien, Methoden, Anwendungen*, 75–98. Berlin, Boston: De Gruyter.

Goffman, Erving (1989): *Rahmen-Analyse. Ein Versuch über die Organisation von Alltagserfahrungen*. 2. Aufl. Frankfurt a.M.: Suhrkamp.

Gorny, Hildegard (1995): Feministische Sprachkritik. In Georg Stötzel & Martin Wengeler (Hrsg.), *Kontroverse Begriffe. Geschichte des öffentlichen Sprachgebrauchs in der Bundesrepublik Deutschland*, 517–562. Berlin, New York: De Gruyter.

Gredel, Eva (2022): *Diskurse – digital. Theorien, Methoden und Anwendungen*. Berlin, Boston: De Gruyter.

Groth, Klaus (1996): *Die Diktatur der Guten. Political Correctness*. München: Herbig.

Guentherodt, Ingrid (1983): Androzentrische Sprache in deutschen Gesetzestexten und der Grundsatz der Gleichbehandlung von Männern und Frauen. *Muttersprache* 93, 271–289.

Guentherodt, Ingrid, Marlis Hellinger, Luise F. Pusch & Senta Trömel-Plötz (1981): Richtlinien zur Vermeidung sexistischen Sprachgebrauchs. *Linguistische Berichte* 71, 1–7.

Guha, Anton-Andreas (1980): *Der Tod in der Grauzone. Ist Europa noch zu verteidigen?* Frankfurt a.M.: Fischer.

Gutzmann, Daniel & Katharina Turgay (2022): Fake News – Alles Lügen? *aptum. Zeitschrift für Sprachkritik und Sprachkultur* 18 (1), 1–20.
Habermas, Jürgen (1981): *Theorie des kommunikativen Handelns. Band 1: Handlungsrationalität und gesellschaftliche Rationalisierung*. Frankfurt a.M.: Suhrkamp.
Habermas, Jürgen (1990): *Strukturwandel der Öffentlichkeit. Untersuchungen zu einer Kategorie der bürgerlichen Gesellschaft. Mit einem Vorwort zur Neuauflage*. Frankfurt a.M.: Suhrkamp.
Habermas, Jürgen (2022): *Ein neuer Strukturwandel der Öffentlichkeit und die deliberative Politik*. Berlin: Suhrkamp.
Hahn, Heidi, Beate Laudenberg & Heidi Rösch (Hrsg.) (2015): „Wörter raus!?" *Zur Debatte um eine diskriminierungsfreie Sprache im Kinderbuch*. Weinheim, Basel: Beltz.
Hahn, Silke (1995a): Zwischen Re-education und Zweiter Bildungsreform. In Georg Stötzel & Martin Wengeler (Hrsg.), *Kontroverse Begriffe. Geschichte des öffentlichen Sprachgebrauchs in der Bundesrepublik Deutschland*, 163–209. Berlin, New York: De Gruyter.
Hahn, Silke (1995b): Vom zerrissenen Deutschland zur vereinigten Republik. Zur Sprachgeschichte der „deutschen Frage". In Georg Stötzel & Martin Wengeler (Hrsg.), *Kontroverse Begriffe. Geschichte des öffentlichen Sprachgebrauchs in der Bundesrepublik Deutschland*, 285–353. Berlin, New York: De Gruyter.
Haid, Janett (2024): WOKE vs. BÜRGERLICH – Abgrenzungs- und Hierarchisierungsmechanismen in sprachkritischen Äußerungen. *aptum. Zeitschrift für Sprachkritik und Sprachkultur* 20 (2), 141–161.
Happ, Alexander Maximilian (2024): *Der Einsatz der Bundeswehr im Ausland 1990–2015. Eine diskursgeschichtliche Untersuchung anhand von Argumentationen*. Berlin, Boston: De Gruyter.
Harm, Volker (2005): Perspektiven auf die sprachhistorische Lexikographie nach dem deutschen Wörterbuch. *Zeitschrift für germanistische Linguistik* 33, 92–105.
Hauser, Stefan, Roman Opilowski & Eva L. Wyss (2019): Alternative Öffentlichkeiten in sozialen Medien – einleitende Anmerkungen. In Stefan Hauser, Roman Opilowski & Eva L. Wyss (Hrsg.), *Alternative Öffentlichkeiten*, 7–18. Bielefeld: transcript.
Heine, Matthias (2019): *Verbrannte Wörter. Wo wir noch reden wie die Nazis und wo nicht*. Berlin: Duden.
Hellinger, Marlis (1990): *Kontrastive Feministische Linguistik. Mechanismen sprachlicher Diskriminierung im Englischen und Deutschen*. München: Hueber.
Henne, Helmut (2010): Schlag nach bei Mackensen! Er führt dich, wohin du nicht willst… *Sprachreport* 26 (4), 2–6.
Herbert, Ulrich (1986): *Geschichte der Ausländerbeschäftigung in Deutschland 1880 – 1980. Saisonarbeiter, Zwangsarbeiter, Gastarbeiter*. Berlin, Bonn: Dietz.
Heringer, Hans Jürgen (1982a): Sprachkritik – die Fortsetzung der Politik mit besseren Mitteln. In Hans Jürgen Heringer (Hrsg.), *Holzfeuer im hölzernen Ofen. Aufsätze zur politischen Sprachkritik*, 3–34. Tübingen: Narr.
Heringer, Hans Jürgen (1982b): Der Streit um die Sprachkritik: Dialog mit Peter von Polenz. In Hans Jürgen Heringer (Hrsg.), *Holzfeuer im hölzernen Ofen. Aufsätze zur politischen Sprachkritik*, 161–175. Tübingen: Narr.
Heringer, Hans Jürgen (1990): Wie man etwas nicht sagen darf: Der Fall Jenninger. In Hans Jürgen Heringer (Hrsg.), *„Ich gebe Ihnen mein Ehrenwort". Politik, Sprache, Moral*, 163–176. München: Beck.
Heringer, Hans Jürgen & Rainer Wimmer (2015): *Sprachkritik*. Paderborn: Fink.
Hermanns, Fritz (1982): Brisante Wörter. Zur lexikographischen Behandlung parteisprachlicher Wörter und Wendungen in Wörterbüchern der deutschen Gegenwartssprache. In Herbert Ernst Wiegand (Hrsg.), *Studien zur neuhochdeutschen Lexikographie II*, 87–108. Hildesheim, Zürich, New York: Olms.
Hermanns, Fritz (1989): Deontische Tautologien. Ein linguistischer Beitrag zur Interpretation des Godesberger Programms (1959) der Sozialdemokratischen Partei Deutschlands. In Josef Klein (Hrsg.), *Politische Semantik. Bedeutungsanalytische und sprachkritische Beiträge zur politischen Sprachverwendung*, 69–149. Opladen: Westdeutscher Verlag.

Hermanns, Fritz (1994): *Schlüssel-, Schlag- und Fahnenwörter. Zu Begrifflichkeit und Theorie der lexikalischen „politischen Semantik". Arbeiten aus dem SFB 245 „Sprache und Situation"*. Heidelberg, Mannheim: IDS.

Hermanns, Fritz (1995): Kognition, Emotion, Intention. Dimensionen lexikalischer Semantik. In Gisela Harras (Hrsg.), *Die Ordnung der Wörter. Kognitive und lexikalische Strukturen*, 138–178. Berlin, New York: De Gruyter.

Hermanns, Fritz (2003): Die Globalisierung. Versuch der Darstellung des Bedeutungsspektrums der Bezeichnung. In Martin Wengeler (Hrsg.), *Deutsche Sprachgeschichte nach 1945. Diskurs- und kulturgeschichtliche Perspektiven*, 409–438. Hildesheim, New York: Olms.

Hermanns, Fritz (2012 [1995]): Sprachgeschichte als Mentalitätsgeschichte. Überlegungen zu Sinn und Form und Gegenstand historischer Semantik. In Fritz Hermanns (Hrsg.), *Der Sitz der Sprache im Leben. Beiträge zu einer kulturanalytischen Linguistik*, 5–36. Berlin, Boston: De Gruyter.

Herrgen, Joachim (2000): *Die Sprache der Mainzer Republik (1792/93). Historisch-semantische Untersuchungen zur politischen Kommunikation*. Tübingen: Niemeyer.

Herrmann, Steffen Kitty (2005): Queer(e) Gestalten. Praktiken der Derealisierung von Geschlecht. In Elahe Haschemi Yekani & Beatrice Michaelis (Hrsg.), *Quer durch die Geisteswissenschaften*. Perspektiven der Queer Theory, 53–72. Berlin: Quer.

Hess, Sabine, Bernd Kasparek, Stefanie Kron, Mathias Rodatz, Maria Schwertl & Simon Sontowski (Hrsg.) (2017): *Der lange Sommer der Migration. Grenzregime III*. Berlin: Assoziation A.

Hillje, Johannes (2017): *Propaganda 4.0. Wie rechte Populisten Politik machen*. Bonn: Dietz.

Hoffmann, Arne (1996): *Political Correctness. Zwischen Sprachzensur und Minderheitenschutz*. Marburg: Tectum.

Hoffmann, Ludger & Johannes Schwitalla (1989): Äußerungskritik oder: Warum Philipp Jenninger zurücktreten mußte. *Sprachreport* 4 (1), 5–9.

Holly, Werner (2001): ‚Frame' als Werkzeug historisch-semantischer Textanalysen. Eine Debattenrede des Chemnitzer Paulskirchen-Abgeordneten Eisenstuck. In Hajo Diekmannshenke & Iris Meißner (Hrsg.), *Politische Kommunikation im historischen Wandel*, 125–146. Tübingen: Stauffenburg.

Holly, Werner (2012): *Sprache und Politik. Pragma- und medienlinguistische Grundlagen und Analysen*. Berlin: Frank & Timme.

Holly, Werner (2019): Schamlose Verführung – politisches Framing in einer Werbeanzeige. Autokrise und Auto-Mythos im kulturellen Kapitalismus. *Mythos-Magazin*: Politisches Framing 1. https://www.mythos-magazin.de/politisches-framing/wh_schamlose_verfuehrung.pdf (letzter Zugriff 10.06.2024).

Hornscheidt, Antje (2007): Sprachliche Kategorisierung als Grundlage und Problem des Redens über Interdependenzen. Aspekte sprachlicher Normalisierung und Privilegierung. In Katarina Walgenbach, Gabriele Dietze, Antje Hornscheidt & Kerstin Palm (Hrsg.), *Gender als interdependente Kategorie. Neue Perspektiven auf Intersektionalität, Diversität und Heterogenität*, 65–105. Opladen, Farmington Hills: B. Budrich.

Lann Hornscheidt, Antje & Adibeli Nduka-Agwu (2013): Der Zusammenhang zwischen Rassismus und Sprache. In Adibeli Nduka-Agwu & Antje Lann Hornscheidt (Hrsg.), *Rassismus auf gut Deutsch. Ein kritisches Nachschlagewerk zu rassistischen Sprachhandlungen*, 11–55. 2. Aufl. Frankfurt a.M.: Brandes & Apsel.

Hornscheidt, Lann & Ja'n Sammla (2021): *Wie schreibe ich divers? Wie spreche ich geschlechtergerecht? Ein Praxis-Handbuch zu Gender und Sprache*. Hiddensee: w_orten & meer.

Huhnke, Brigitta (1997): „pc" –Das neue Mantra der Neokonservativen. In Hannelore Bublitz, Andreas Disselnkötter, Kai Hafez, Brigitta Huhnke, Siegfried Jäger, Helmut Kellershohn & Susanne Slobodzian (Hrsg.), *Evidenzen im Fluss. Demokratieverluste in Deutschland*, 262–286. Duisburg: DISS.

Humboldt, Wilhelm von (1972 [1827–1829]): Über die Verschiedenheit des menschlichen Sprachbaues. In Andreas Flitzner & Klaus Giel (Hrsg.), *Wilhelm von Humboldt. Werke in fünf Bänden* (Band 3), 144–368. 4. Aufl. Darmstadt: wbg.

Jäger, Ludwig (1983): Notizen zu einer Theorie des Zeichenwandels. *Sprache und Literatur in Wissenschaft und Unterricht* 52, 59–68.

Jäger, Siegfried (2012): *Kritische Diskursanalyse. Eine Einführung.* 6. Aufl. Münster: Unrast.
Jung, Matthias (1994): *Öffentlichkeit und Sprachwandel. Zur Geschichte des Diskurses über die Atomenergie.* Opladen: Westdeutscher Verlag.
Jung, Matthias (1995a): Umweltstörfälle. Fachsprache und Expertentum in der öffentlichen Diskussion. In Georg Stötzel & Martin Wengeler (Hrsg.), *Kontroverse Begriffe. Geschichte des öffentlichen Sprachgebrauchs in der Bundesrepublik Deutschland,* 619–678. Berlin, New York: De Gruyter.
Jung, Matthias (1995b): Amerikanismen, ausländische Wörter, Deutsch in der Welt. Sprachdiskussionen als Bewältigung der Vergangenheit und Gegenwart. In Georg Stötzel & Martin Wengeler (Hrsg.), *Kontroverse Begriffe. Geschichte des öffentlichen Sprachgebrauchs in der Bundesrepublik Deutschland,* 245–284. Berlin, New York: De Gruyter.
Jung, Matthias (1996): Von der politischen Sprachkritik zur Political Correctness – deutsche Besonderheiten und internationale Perspektiven. *Sprache und Literatur in Wissenschaft und Unterricht* 78, 18–37.
Jung, Matthias & Martin Wengeler (1995): Nation Europa und Europa der Nationen. Sprachliche Kontroversen in der Europapolitik. In Georg Stötzel & Martin Wengeler (Hrsg.), *Kontroverse Begriffe. Geschichte des öffentlichen Sprachgebrauchs in der Bundesrepublik Deutschland,* 93–128. Berlin, New York: De Gruyter.
Jung, Matthias, Thomas Niehr & Karin Böke (2000): *Ausländer und Migranten im Spiegel der Presse. Ein diskurshistorisches Wörterbuch zur Einwanderung seit 1945.* Wiesbaden: Westdeutscher Verlag.
Kaltwasser, Dennis (2019): *Forenkommunikation in Onlinezeitungen. Pressekommunikation im medialen Wandel.* Gießen: tredition.
Kalverkämper, Hartwig (1979): Die Frauen und die Sprache. *Linguistische Berichte* 62, 55–71.
Kalwa, Nina (2013): *Das Konzept „Islam". Eine diskurslinguistische Untersuchung.* Berlin, Boston: De Gruyter.
Kämper, Heidrun (2005): *Der Schulddiskurs in der frühen Nachkriegszeit. Ein Beitrag zur Geschichte des sprachlichen Umbruchs nach 1945.* Berlin, New York: De Gruyter.
Kämper, Heidrun (2007a): *Opfer – Täter – Nichttäter. Ein Wörterbuch zum Schulddiskurs.* Berlin, New York: De Gruyter.
Kämper, Heidrun (2007b): Linguistik als Kulturwissenschaft. Am Beispiel einer Geschichte des sprachlichen Umbruchs im 20. Jahrhundert. In Heidrun Kämper & Ludwig M. Eichinger (Hrsg.), *Sprach-Perspektiven. Germanistische Linguistik und das Institut für Deutsche Sprache,* 419–439. Tübingen: Narr.
Kämper, Heidrun (2012): *Aspekte des Demokratiediskurses der späten 1960er Jahre. Konstellationen – Kontexte – Konzepte.* Berlin, New York: De Gruyter.
Kämper, Heidrun (2013): *Wörterbuch zum Demokratiediskurs 1967/68. Unter Mitwirkung von Elisabeth Link.* Berlin: Akademie.
Kämper, Heidrun (2020): Kritik am Sprachgebrauch im Nationalsozialismus: LTI und WdU – Zwei frühe Beispiele für Sprachkritik nach 1945. In Thomas Niehr, Jörg Kilian & Jürgen Schiewe (Hrsg.), *Handbuch Sprachkritik,* 49–56. Stuttgart: J.B. Metzler.
Kammermann, Nadine (2020): Das Klima in Schweizer Medien wandelt sich. *Osnabrücker Beiträge zur Sprachtheorie* 97, 197–235.
Kapitzky, Jens (2000): *Sprachkritik und Political Correctness in der Bundesrepublik.* Aachen: Shaker.
Keller, Rudi (1977): Kollokutionäre Akte. *Germanistische Linguistik* 1–2, 1–50.
Keller, Rudi (1985): Was die Wanzen tötet, tötet auch den Popen. Ein Beitrag zur politischen Sprachkritik. In Georg Stötzel (Hrsg.), *Germanistik – Forschungsstand und Perspektiven. Vorträge des Deutschen Germanistentages 1984* (Band 1), 264–277. Berlin, New York: De Gruyter.
Kelly, Natasha A. (2013): Das N-Wort. In Adibeli Nduka-Agwu & Antje Lann Hornscheidt (Hrsg.), *Rassismus auf gut Deutsch. Ein kritisches Nachschlagewerk zu rassistischen Sprachhandlungen,* 157–166. 2. Aufl. Frankfurt a.M.: Brandes & Apsel.
Key, Mary Ritchie (1972): Linguistic Behavior of Male and Female. *Linguistics* 88, 15–31.
Kienpointner, Manfred (1982): Probleme einer Argumenttypologie. *Klagenfurter Beiträge zur Sprachwissenschaft* 8, 175–190.

Kienpointner, Manfred (1992): *Alltagslogik*. Stuttgart: Frommann-Holzboog.
Kienpointner, Manfred (1996): *Vernünftig argumentieren. Regeln und Techniken der Diskussion*. Reinbek: Rowohlt.
Kienpointner, Manfred (2017): Topoi. In Kersten Sven Roth, Martin Wengeler & Alexander Ziem (Hrsg.), *Handbuch Sprache in Politik und Gesellschaft*, 187–211. Berlin, Boston: De Gruyter.
Kilian, Jörg (2001): Kritische Semantik. Für eine wissenschaftliche Sprachkritik im Spannungsfeld von Sprachtheorie, Sprachnorm, Sprachpraxis. *Zeitschrift für Germanistische Linguistik* 29, 293–318.
Kilian, Jörg (2003): Sprachpolitik im Alltag: „Political Correctness". *Der Deutschunterricht* 55 (2), 52–63.
Kilian, Jörg, Thomas Niehr & Jürgen Schiewe (2016): *Sprachkritik. Ansätze und Methoden der kritischen Sprachbetrachtung*. 2. Aufl. Berlin, New York: De Gruyter.
Kilomba, Grada (2009): *Das N-Wort*. https://www.bpb.de/themen/migration-integration/afrikanische-diaspora/59448/das-n-wort/ (letzter Zugriff 31.07.2024).
Klein, Josef (1989): Wortschatz – Wortkampf – Wortfelder in der Politik. In Josef Klein (Hrsg.), *Politische Semantik. Bedeutungsanalytische und sprachkritische Beiträge zur politischen Sprachverwendung*, 3–50. Opladen: Westdeutscher Verlag.
Klein, Josef (1991): Kann man „Begriffe besetzen"? Zur linguistischen Differenzierung einer plakativen politischen Metapher. In Frank Liedtke, Martin Wengeler & Karin Böke (Hrsg.), *Begriffe besetzen. Strategien des Sprachgebrauchs in der Politik*, 44–69. Opladen: Westdeutscher Verlag.
Klein, Josef (1995): Asyl-Diskurs. Konflikte und Blockaden in Politik, Medien und Alltagswelt. In Ruth Reiher (Hrsg.), *Sprache im Konflikt. Zur Rolle der Sprache in sozialen, politischen und militärischen Auseinandersetzungen*, 15–71. Berlin, New York: De Gruyter.
Klein, Josef (2000): Komplexe topische Muster. Vom Einzeltopos zur diskurstyp-spezifischen Topos-Konfiguration. In Thomas Schirren & Gert Ueding (Hrsg.), *Topik und Rhetorik. Ein interdisziplinäres Symposium*, 623–648. Tübingen: Niemeyer.
Klein, Josef (2002): Topik und Frametheorie als argumentations- und begriffsgeschichtliche Instrumente, dargestellt am Kolonialdiskurs. In Dieter Cherubim & Karlheinz Jakob (Hrsg.), *Neue deutsche Sprachgeschichte. Mentalitäts-, kultur- und sozialgeschichtliche Zusammenhänge*, 167–181. Berlin, New York: De Gruyter.
Klein, Josef (2003): Politische Rede. In Gert Ueding (Hrsg.), *Historisches Wörterbuch der Rhetorik* (Band 6), 1465–1521. Tübingen: Niemeyer.
Klein, Josef (2014a): *Grundlagen der Politolinguistik. Ausgewählte Aufsätze*. Berlin: Frank & Timme.
Klein, Josef (2014b): Sätze in der Politik – Struktur, Salienz, Resonanz. In Josef Klein (Hrsg.), *Grundlagen der Politolinguistik. Ausgewählte Aufsätze*, 115–126. Berlin: Frank & Timme.
Klein, Josef (2016): Politische Semantik/Semantische Kämpfe. In Simone Heekeren, Werner Holly, Ludwig Jäger, Peter Krapp & Samuel Weber (Hrsg.), *Sprache – Kultur – Kommunikation* (43), 607–616. Berlin, Boston: De Gruyter.
Klein, Josef (2017): Um Begriffe kämpfen. In Jörg Kilian, Thomas Niehr & Martin Wengeler (Hrsg.), *Handbuch Sprache und Politik* (Band 2), 773–793. Bremen: Hempen.
Klein, Josef (2018): Frame und Framing. Frametheoretische Konsequenzen aus Praxis und Analyse strategischen politischen Framings. In Alexander Ziem, Lars Inderelst & Detmer Wulf (Hrsg.), *Frames interdisziplinär. Modelle, Anwendungsfelder, Methoden*, 289–330. Düsseldorf: dup.
Klein, Josef & Iris Meißner (1999): *Wirtschaft im Kopf. Begriffskompetenz und Einstellungen junger Erwachsener bei Wirtschaftsthemen im Medienkontext*. Frankfurt a.M. u.a.: Peter Lang.
Klein, Wolfgang (1980): Argumentation und Argument. *Zeitschrift für Literaturwissenschaft und Linguistik* 38/39, 9–57.
Klemperer, Victor (1947): *LTI. Notizbuch eines Philologen*. Berlin: Reclam.
Kleßmann, Christoph (1986): *Die doppelte Staatsgründung. Deutsche Geschichte 1945–1955*. Bonn: bpb.

Klug, Nina-Maria (2020): Wortkritik im Zeichen der Political Correctness und aktuelle Formen antidiskriminierender Wortkritik. In Thomas Niehr, Jörg Kilian & Jürgen Schiewe (Hrsg.), *Handbuch Sprachkritik*, 81–87. Stuttgart: J.B. Metzler.

Klug, Nina-Maria (2022): Kritik an standardisiertem Wissen rassistischer Art. *aptum. Zeitschrift für Sprachkritik und Sprachkultur* 18 (2), 166–184.

Knuchel, Daniel & Marie-Luis Merten (2024): Digitale Öffentlichkeit(en). Empirische Zugänge und theoretische Modellierung. *Zeitschrift für germanistische Linguistik* 52 (1), 1–13.

Kopperschmidt, Josef (1989): *Methodik der Argumentationsanalyse*. Stuttgart-Bad Cannstatt: Frommann-Holzboog.

Kopperschmidt, Josef (1991): Formale Topik. Anmerkungen zu ihrer heuristischen Funktionalisierung innerhalb einer Argumentationsanalytik. In Gert Ueding (Hrsg.), *Rhetorik zwischen den Wissenschaften. Geschichte, System, Praxis als Probleme des „Historischen Wörterbuchs der Rhetorik"*, 53–62. Tübingen: Niemeyer.

Koselleck, Reinhart (1972): Einleitung. In Otto Brunner, Werner Conze & Reinhart Koselleck (Hrsg.), *Geschichtliche Grundbegriffe. Historisches Lexikon zur politisch-sozialen Sprache in Deutschland* (Band 1), A–D, XIII–XXVII. Stuttgart: Klett-Cotta.

Koselleck, Reinhart (1979): Begriffsgeschichte und Sozialgeschichte. In Reinhart Koselleck (Hrsg.), *Historische Semantik und Begriffsgeschichte*, 19–36. Stuttgart: Klett-Cotta.

Koselleck, Reinhart (2006): *Begriffsgeschichten. Studien zur Semantik und Pragmatik der politischen und sozialen Sprache*. Frankfurt a.M.: Suhrkamp.

Kotthoff, Helga (2017): Von Syrx, Sternchen, großem I und bedeutungsschweren Strichen. Über geschlechtergerechte Personenbezeichnungen in Texten und die Kreation eines schrägen Registers. *Osnabrücker Beiträge zur Sprachtheorie* 91 (2), 91–115.

Kotthoff, Helga & Damaris Nübling (2018): *Genderlinguistik. Eine Einführung in Sprache, Gespräch und Geschlecht*. Tübingen: Narr.

Kreußler, Fabian & Martin Wengeler (2017): Flüchtlinge, Geflüchtete oder Vertriebene? Zum Wortschatz in öffentlichen Migrationsdiskursen seit den 1950er Jahren. In Joachim Klose & Walter Schmitz (Hrsg.), *Wer ist Deutschland? Aspekte der Migration in Kultur, Gesellschaft und Politik*, 301–333. Dresden: Thelem.

Kreußler, Fabian & Martin Wengeler (2018): Von Heimatvertriebenen, Armutsflüchtlingen und Refugees. Ein linguistischer Vergleich des aktuellen mit früheren Flüchtlingsdiskursen in der Bundesrepublik Deutschland. In Annamária Fábián & Igor Trost (Hrsg.), *Sprachgebrauch in der Politik. Grammatische, lexikalische, pragmatische, kulturelle und dialektologische Perspektiven*, 239–259. Berlin, Boston: De Gruyter.

Krieger, Annette (2005): „Ein Haus mit offenen Fenstern und Türen". Metaphern im Einwanderungsdiskurs von 1998 bis 2001. In Martin Wengeler (Hrsg.), *Sprachgeschichte als Zeitgeschichte*, 410–436. Hildesheim, Zürich, New York: Olms.

Kuck, Kristin (2016): Krisenviren und der drohende Infarkt des Finanzsystems. Metaphorische Rechtfertigungen von Krisenpolitik. *Jahrbuch für Wirtschaftsgeschichte* 2, 493–518.

Kuck, Kristin (2018): *Krisenszenarien. Metaphern in wirtschafts- und sozialpolitischen Diskursen*. Berlin, Boston: De Gruyter.

Kuck, Kristin & David Römer (2012): Metaphern und Argumentationsmuster im Mediendiskurs zur „Finanzkrise". In Anja Peltzer, Kathrin Lämmle & Andreas Wagenknecht (Hrsg.), *Krise, Cash & Kommunikation. Die Finanzkrise in den Medien*, 71–93. Konstanz, München: UVK.

Kunz, Barbara (2016): Externe und interne Herausforderungen für die deutsche Außen- und Sicherheitspolitik im 21. Jahrhundert. In Martin Koopmann & Barbara Kunz (Hrsg.), *Deutschland 25 Jahre nach der Einheit*, 85–96. Baden-Baden: Nomos.

Lades, Heinz (1969): Kalter Krieg. In Claus Dieter Kernig (Hrsg.), *Sowjetsystem und demokratische Gesellschaft. Eine vergleichende Enzyklopädie* (Band 3), Spalte 465–506. Freiburg: Herder.

Lakoff, George & Elisabeth Wehling (2008): *Auf leisen Sohlen ins Gehirn. Politische Sprache und ihre heimliche Macht*. Heidelberg: Carl-Auer.

Lakoff, George & Mark Johnson (1980): *Metaphors We Live By*. Chicago: UCP.

Lakoff, Robin (1973): Language and Woman's Place. *Language in Society* 2, 45–79.

Leiss, Elisabeth (1994): Genus und Sexus. Kritische Anmerkungen zur Sexualisierung von Grammatik. *Linguistische Berichte* 152, 281–300.

Liebert, Wolf-Andreas (1992): *Metaphernbereiche der deutschen Alltagssprache. Kognitive Linguistik und die Perspektiven einer kognitiven Lexikographie*. Frankfurt a.M. u.a.: Peter Lang.

Liebert, Wolf-Andreas (2003): Zu einem dynamischen Konzept von Schlüsselwörtern. *Zeitschrift für Angewandte Linguistik* 38, 57–83.

Liedtke, Frank (1989): Sozialismus – ein Reizwort. *Sprache und Literatur in Wissenschaft und Unterricht* 64, 23–38.

Liedtke, Frank (2020): Wirus1 oder: Was es heißt, solidarisch zu sein. *aptum. Zeitschrift für Sprachkritik und Sprachkultur* 16 (2/3), 134–141.

Link, Jürgen (1986): Asylanten – ein Schimpfwort. In Heiko Kauffmann (Hrsg.), *Kein Asyl bei den Deutschen. Anschlag auf ein Grundrecht*, 55–59. Reinbek: Rowohlt.

Lobin, Henning (2021): *Sprachkampf. Wie die Neue Rechte die deutsche Sprache instrumentalisiert*. Berlin: Duden.

Lorenz, Matthias N. (2024): Das ‚Cancel Culture'-Narrativ. In Nikola Roßbach (Hrsg.), *Zensur. Handbuch für Wissenschaft und Studium*, 545–564. Baden-Baden: Nomos.

Loth, Wilfried (1980): *Die Teilung der Welt. Geschichte des Kalten Krieges 1941–1955*. München: dtv.

Ludwig, Otto (1989): *Die Karriere eines Großbuchstabens – zur Rolle des großen „I" in Personenbezeichnungen. Deutschunterricht* 6, 80–87.

Lübbe, Hermann (1975 [1967]): Der Streit um Worte. Sprache und Politik. In Gerd-Klaus Kaltenbrunner (Hrsg.), *Sprache und Herrschaft. Die umfunktionierten Wörter*, 87–111. München: Herder.

Luhmann, Niklas (1996): *Die Realität der Massenmedien*. 2. Aufl. Wiesbaden: Springer.

Mackensen, Lutz (1959): Die deutsche Sprache in und nach der Vertreibung. In Eugen Lemberg & Friedrich Edding (Hrsg.), *Die Vertriebenen in Westdeutschland. Ihre Eingliederung und ihr Einfluß auf Gesellschaft, Wirtschaft, Politik und Geistesleben* (Band 3), 224–272. Kiel: Hirt.

Marcuse, Herbert (1984 [1969]): Versuch über die Befreiung. In Herbert Marcuse (Hrsg.), *Schriften* (Band 8). Frankfurt a.M.: Suhrkamp.

Mattheier, Klaus, J. (2001): Protestsprache und Politjargon. In Ulrich Ott & Roman Luckscheiter (Hrsg.), *Belles lettres, Graffiti. Soziale Phantasien und Ausdrucksformen der Achtundsechziger*, 79–90. Göttingen: Wallstein.

Matthes, Jörg (2014): *Framing*. Baden-Baden: Nomos.

Maurer, Jochen & Martin Rink (2021): Einsatz ohne Krieg? Militär, Gesellschaft und Semantiken zur Geschichte der Bundeswehr nach 1990. In Jochen Maurer & Martin Rink (Hrsg.), *Einsatz ohne Krieg? Die Bundeswehr nach 1990 zwischen politischem Auftrag und militärischer Wirklichkeit. Militärgeschichte, Sozialwissenschaften, Zeitzeugen* (Band 1), 9–30. Göttingen: V&R.

Mayer, Caroline (2002): *Öffentlicher Sprachgebrauch und Political Correctness. Eine Analyse sprachreflexiver Argumente im politischen Wortstreit*. Hamburg: Kovač.

Mbombi, Annette (2011): *Schwarze Deutsche und ihre sozialen Identitäten. Eine empirische Studie zur Lebensrealität von Afrodeutschen und deren Bedeutung für die Entwicklung einer schwarzen und einer deutschen Identität*. Göttingen: Cuvillier.

Meier, Stefan (2014): *(Bild-)Diskurs im Netz. Konzept und Methode für eine semiotische Diskursanalyse im World Wide Web*. 2. Aufl. Köln: Halem.

Meinunger, André & Antje Baumann (Hrsg.) (2017): *Die Teufelin steckt im Detail. Zur Debatte um Gender und Sprache*. Berlin: Kadmos.

Mell, Ruth M. (2017): (Gegen-)öffentlichkeit als politikkritisches Konzept im Protestdiskurs 1968 und in Diskursen des 21. Jahrhunderts. In Heidrun Kämper & Martin Wengeler (Hrsg.), *Protest – Parteienschelte – Politikverdrossenheit. Politikkritik in der Demokratie*, 25–40. Bremen: Hempen.

Metz, Karl H. (1998): Solidarität und Geschichte. Institution und sozialer Begriff der Solidarität in Westeuropa im 19. Jahrhundert. In Kurt Bayertz (Hrsg.), *Solidarität: Begriff und Problem*, 172–194. Frankfurt a.M.: Suhrkamp.

Michel, Sascha (2020): #wirbleibenzuhause. Multimodale Formen digitaler Solidaritätsbekundungen während der initialen Phase der Covid-19-Pandemie. *aptum. Zeitschrift für Sprachkritik und Sprachkultur* 16 (2/3), 281–289.

Mittmann, Thomas (2008): Vom „Historikerstreit" zum „Fall Hohmann": Kontroverse Diskussionen um Political Correctness seit Ende der 1980er Jahre. In Lucian Hölscher (Hrsg.), *Political Correctness: Der sprachpolitische Streit um die nationalsozialistischen Verbrechen*, 60–105. Göttingen: Wallstein.

Müller, Marcus (2018): Diskursgrammatik. In Ingo H. Warnke (Hrsg.), *Handbuch Diskurs*, 75–103. Berlin, Boston: De Gruyter.

Müller, Ernst & Falko Schmieder (2016): *Begriffsgeschichte und historische Semantik. Ein kritisches Kompendium*. Berlin: Suhrkamp.

Müller, Ernst & Falko Schmieder (2020): *Begriffsgeschichte zur Einführung*. Hamburg: Junius.

Musolff, Andreas (1995): Die Terrorismus-Diskussion in Deutschland vom Ende der sechziger bis Anfang der neunziger Jahre. In Georg Stötzel & Martin Wengeler (Hrsg.), *Kontroverse Begriffe. Geschichte des öffentlichen Sprachgebrauchs in der Bundesrepublik Deutschland*, 405–445. Berlin, New York: De Gruyter.

Musolff, Andreas (1996): *Krieg gegen die Öffentlichkeit. Terrorismus und politischer Sprachgebrauch*. Opladen: Westdeutscher Verlag.

Nduka-Agwu, Adibeli & Antje Lann Hornscheidt (Hrsg.) (2013): *Rassismus auf gut Deutsch. Ein kritisches Nachschlagewerk zu rassistischen Sprachhandlungen*. 2. Aufl. Frankfurt a.M.: Brandes & Apsel.

Neidhardt, Friedhelm (1994): Einleitung: Öffentlichkeit, öffentliche Meinung, soziale Bewegungen. *Kölner Zeitschrift für Soziologie und Sozialpsychologie. Sonderheft 34: Öffentlichkeit, öffentliche Meinung, soziale Bewegungen*, 7–41.

Niehr, Thomas (2014a): *Einführung in die Politolinguistik*. Göttingen: UTB.

Niehr, Thomas (2014b): *Einführung in die linguistische Diskursanalyse*. Darmstadt: wbg.

Niehr, Thomas (2021): Argumentation und Narration in verschwörungstheoretischen Youtube-Videos. *Zeitschrift für Literaturwissenschaft und Linguistik* 51 (2), 299–320.

Niehr, Thomas (2022a): Was die Linguistik zu Verschwörungstheorien zu sagen hat. In Sofia Eleftheriadi-Zacharaki, Sönke Hebing, Gerald Manstetten & Simone Paganini (Hrsg.), *Vom Umgang mit Fake News, Lüge und Verschwörung. Interdisziplinäre Perspektiven*, 105–120. Baden-Baden: Nomos.

Niehr, Thomas (2022b): Plausibilisierungsinszenierungen. Oder: Wie man in der Schweiz und in Deutschland verschwörungstheoretische Thesen als seriöse Argumentation zu verkaufen sucht. In Juliane Schröter (Hrsg.), *Politisches Argumentieren in der Schweiz*, 153–173. Hamburg: Buske.

Niehr, Thomas & Sandro Moraldo (Hrsg.) (2022): Corona und Verschwörungstheorien. *Muttersprache* 132 (4).

Nocun, Katharina & Pia Lamberty (2020): *Fake facts: Wie Verschwörungstheorien unser Denken bestimmen*. Köln: Quadriga.

Nübling, Damaris (2018): Und ob das Genus mit dem Sexus. Genus verweist nicht nur auf Geschlecht, sondern auf die Geschlechterordnung. *Sprachreport* 24 (3), 44–50.

Nübling, Damaris, Fabian Fahlbusch & Rita Heuser (2012): *Namen. Eine Einführung in die Onomastik*. Tübingen: Narr.

Olk, Miriam (2016): *Konzepte von Geschlecht im Porno-Rap. Eine korpus- und genderlinguistische Frame-Analyse*. https://ubt.opus.hbz-nrw.de/frontdoor/index/index/docId/961 (letzter Zugriff 19.02.2025).

Pappert, Steffen & Kersten Sven Roth (2019): Digitale Öffentlichkeiten und ihre sprachlich-interaktionalen Manifestationen am Beispiel von Kommentarforen. In Pamela Steen & Frank Liedtke (Hrsg.), *Diskurs der Daten. Qualitative Zugänge zu einem quantitativen Phänomen*, 223–252. Berlin, Boston: De Gruyter.

Petterson Angsal, Magnus (2011): Der Unterstrich bei Personenbezeichnungen im Deutschen als Ausdruck einer postfeministischen Sprachkritik. *aptum. Zeitschrift für Sprachkritik und Sprachkultur* 7 (3), 270–287.

Pielenz, Michael (1993): *Argumentation und Metaphern*. Tübingen: Narr.

Polenz, Peter von (1978): *Geschichte der deutschen Sprache*. 9. Aufl. Berlin, New York: De Gruyter.

Polenz, Peter von (1983): Deutsch in der Bundesrepublik Deutschland. In Ingo Reiffenstein (Hrsg.), *Tendenzen, Formen und Strukturen der deutschen Standardsprache nach 1945*, 41–60. Marburg: Elwert.

Polenz, Peter von (1989): Verdünnte Sprachkultur. Das Jenninger-Syndrom in sprachkritischer Sicht. *Deutsche Sprache* 4, 289–316.

Polenz, Peter von (1991): *Deutsche Sprachgeschichte vom Spätmittelalter bis zur Gegenwart: Einführung. Grundbegriffe. Deutsch in der frühbürgerlichen Zeit* (Band 1). Berlin, New York: De Gruyter.

Polenz, Peter von (1999): *Deutsche Sprachgeschichte vom Spätmittelalter bis zur Gegenwart: 19. und 20. Jahrhundert* (Band 3). Berlin, New York: De Gruyter.

Popper, Karl R. (1958): *Die offene Gesellschaft und ihre Feinde. Falsche Propheten: Hegel, Marx und die Folgen* (Band 2). München: Francke.

Pusch, Luise F. (1979): Der Mensch ist ein Gewohnheitstier, doch weiter kommt man ohne ihr – Eine Antwort auf Kalverkämpers Kritik an Trömel-Plötz' Artikel über „Linguistik und Frauensprache". *Linguistische Berichte* 63, 84–102.

Pusch, Luise F. (1999): *Die Frau ist nicht der Rede wert*. Frankfurt a.M.: Suhrkamp.

Pusch, Luise F. (2014): *Gerecht und Geschlecht. Neue sprachkritische Glossen*. Göttingen: Wallstein.

Pusch, Luise F. (2016): *Die Sprache der Eroberinnen und andere Glossen*. Göttingen: Wallstein.

Recker, Marie-Luise (2005): *Geschichte der Bundesrepublik Deutschland*. 2. Aufl. München: Beck.

Reisigl, Martin (2020a): Zur Vielfalt und Widersprüchlichkeit des kommunikativen Handelns in Diskursen über die Klimakrise. *Osnabrücker Beiträge zur Sprachtheorie* 97, 7–38.

Reisigl, Martin (Hrsg.) (2020b): Klima in der Krise. Kontroversen, Widersprüche und Herausforderungen in Diskursen über Klimawandel. *Osnabrücker Beiträge zur Sprachtheorie* 97.

Richards, Ivor Armstrong (1983 [1936]): Die Metapher. In Anselm Haverkamp (Hrsg.), *Theorie der Metapher*, 31–54. Darmstadt: wbg.

Röhl, Klaus Rainer (1995): *Deutsches Phrasenlexikon. Lehrbuch der Politischen Korrektheit für Anfänger und Fortgeschrittene*. Berlin, Frankfurt a.M.: Ullstein.

Römer, David (2017): *Wirtschaftskrisen. Eine linguistische Diskursgeschichte*. Berlin, Boston: De Gruyter.

Römer, David (2018): Argumentationstopoi in der Text- und Diskursanalyse – alte Pfade, neue Wege. *tekst i dyskurs – Text und Diskurs* 11, 117–135.

Römer, David (2021): Verschwörungstheorien als argumentative Narrative. *Zeitschrift für Literaturwissenschaft und Linguistik* 51 (2), 1–18.

Römer, David (2022): Sprache in Verschwörungstheorien. Konturen eines Forschungsvorhabens. *Muttersprache* 132 (4), 299–313.

Römer, David & Sören Stumpf (Hrsg.) (2018): *Verschwörungstheorien – linguistische Perspektiven. aptum. Zeitschrift für Sprachkritik und Sprachkultur* 14 (3).

Römer, David & Sören Stumpf (2019): „Der Große Austausch ist kein Mythos, er ist bittere Realität." Populismus und Verschwörungstheorien aus linguistischer Perspektive. *Osnabrücker Beiträge zur Sprachtheorie* 95, 129–158.

Römer, David & Sören Stumpf (2020): Sprachliche Mittel in Verschwörungstheorien. Das Beispiel „Gates kapert Deutschland". *Der Sprachdienst* 64 (6), 249–259.

Rogge, Uwe (1959): Vertreibung und Eingliederung im Spiegel des Rechts. In Eugen Lemberg & Friedrich Edding (Hrsg.), *Die Vertriebenen in Westdeutschland. Ihre Eingliederung und ihr Einfluß auf Gesellschaft, Wirtschaft, Politik und Geistesleben* (Band 1), 174–246. Kiel: Hirt.

Roth, Kersten Sven (2004a): *Politische Sprachberatung als Symbiose von Linguistik und Sprachkritik. Zu Theorie und Praxis einer kooperativ-kritischen Sprachwissenschaft*. Berlin, Boston: De Gruyter.

Roth, Kersten Sven (2004b): Wie man über ‚den Osten' spricht. Die ‚Neuen Länder' im bundesdeutschen Diskurs. *German as a foreign language* 2, 15–39.

Roth, Kersten Sven & Markus Wienen (Hrsg.) (2008): *Diskursmauern. Aktuelle Aspekte der sprachlichen Verhältnisse zwischen Ost und West*. Bremen: Hempen.

Roth, Kersten Sven & Martin Wengeler (Hrsg.) (2022): Diesseits und jenseits von Framing. Politikspracheforschung im medialen Diskurs. Hamburg: Buske.

Roth, Kersten Sven & Steffen Pappert (Hrsg.) (2024): *Ost-West-Konflikte. Interdisziplinäre Perspektiven auf den Diskurs über Deutschland und die Welt*. Hamburg: Buske.

Rummel, Marlene (2017): *Brisantes Suffix? Zum Gewicht von -ling im Konzept des Flüchtlings*. Gießen: Gießener Elektronische Bibliothek.

Scharloth, Joachim (2010): *1968. Eine Kommunikationsgeschichte*. Paderborn: Fink.

Scharloth, Joachim (2012): Von der Informalität zum doing buddy. „1968" in der Sprachgeschichte des Deutschen. In Heidrun Kämper, Joachim Scharloth & Martin Wengeler (Hrsg.), *1968. Eine sprachwissenschaftliche Zwischenbilanz*, 27–54. Berlin, Boston: De Gruyter.

Schau, Albrecht (1985): *Von AWACS bis Zwangsanleihe. ABC aktueller Schlagwörter*. Göttingen: Steidl.

Schiewe, Jürgen (2004): *Öffentlichkeit. Entstehung und Wandel in Deutschland*. Paderborn u.a.: Schöningh.

Schimmel-Fijalkowytsch, Nadine (2016): *Typische Diskurse zur Normierung und Reform der deutschen Rechtschreibung. Eine Analyse typischer Diskurse zur Rechtschreibreform unter soziolinguistischer und textlinguistischer Perspektive*. Jena: Digitale Bibliothek Thüringen https://www.db-thueringen.de/servlets/MCR-FileNodeServlet/dbt_derivate_00036216/Sammelmappe1_a.pdf (letzter Zugriff 02.02.2025).

Schmelter, Jürgen (1991): *Solidarität: die Entwicklungsgeschichte eines sozial-ethischen Schlüsselbegriffs*. München: transcript.

Schmidt, Wilhelm (1972): Zum Einfluß der gesellschaftlichen Entwicklung auf den Wortbestand der deutschen Sprache der Gegenwart in der DDR. *Deutsch als Fremdsprache* 1, 30–35.

Schmitt, Wolfgang M. (2012): PC oder Resignifizierung? Über einen sprachkritischen Umgang mit sprachlicher Gewalt. *aptum. Zeitschrift für Sprachkritik und Sprachkultur* 8 (1), 26–47.

Schoenthal, Gisela (1998): Von Burschinnen und Azubinnen. Feministische Sprachkritik in den westlichen Bundesländern. *Germanistische Linguistik* 139/140, 9–31.

Scholten, Daniel (2017): Der Führerin entgegen! In André Meinunger & Antje Baumann (Hrsg.), *Die Teufelin steckt im Detail. Zur Debatte um Gender und Sprache*, 101–112. Berlin: Kadmos.

Scholz, Ronny & Alexander Ziem (2013): Lexikometrie meets FrameNet. Das Vokabular der ‚Arbeitsmarktkrise' und der ‚Agenda 2010' im Wandel. In Martin Wengeler & Alexander Ziem (Hrsg.), *Sprachliche Konstruktionen von Krisen. Interdisziplinäre Perspektiven auf ein fortwährend aktuelles Phänomen*, 155–183. Bremen: Hempen.

Schräpel, Beate (1985): Nicht-sexistische Sprache und soziolinguistische Aspekte von Sprachwandel und Sprachplanung. In Marlis Hellinger (Hrsg.), *Sprachwandel und feministische Sprachpolitik: Internationale Perspektiven*, 212–230. Opladen: Westdeutscher Verlag.

Schröter, Melani (2019): Die schweigende Mehrheit. Anti-pc-Diskurs und (De-)Legitimationsstrategien der Neuen Rechten. *aptum. Zeitschrift für Sprachkritik und Sprachkultur* 15 (1), 13–34.

Schubert, Klaus von (1970): *Wiederbewaffnung und Westintegration. Die innere Auseinandersetzung um die militärische und außenpolitische Orientierung der Bundesrepublik 1950–1952*. Stuttgart: DVA.

Schwarz, Hans-Peter (1979): Supermacht und Juniorpartner. In Hans-Peter Schwarz & Boris Meissner (Hrsg.), *Entspannungspolitik in Ost und West*, 147–191. Köln: Heymann.

Schwarz-Friesel, Monika (2022): *Toxische Sprache und geistige Gewalt. Wie judenfeindliche Denk- und Gefühlsmuster seit Jahrhunderten unsere Kommunikation prägen*. Tübingen: Narr/Francke/Attempto.

Seidler, John David (2016): *Die Verschwörung der Massenmedien. Eine Kulturgeschichte vom Buchhändler-Komplott bis zur Lügenpresse*. Bielefeld: transcript.

Seiler-Brylla, Charlotta (2019): Der schwedische „Meinungskorridor". Meta-pragmatische Verhandlungen über Sagbarkeitsgrenzen im öffentlichen Diskurs Schwedens. *Osnabrücker Beiträge zur Sprachtheorie* 95, 21–42.

Skinner, Quentin (1969): *Meaning and Understanding in the History of Ideas. History and Theory* 8, 3–53.

Spieß, Constanze (2006): „Solidarität" – Zwischen Freiwilligkeit und Institutionalisierung. Eine pragmalinguistische Analyse eines Hochwertwortes in den aktuellen Grundsatzprogrammen von CDU, CSU, SPD, Bündnis 90/Die Grünen, FDP und PDS. *Muttersprache* 2, 147–161.

Spieß, Constanze (2011): *Diskurshandlungen. Theorie und Methode linguistischer Diskursanalyse am Beispiel der Bioethikdebatte*. Berlin, Boston: De Gruyter.

Spitzmüller, Jürgen (2005): *Metasprachdiskurse. Einstellungen zu Anglizismen und ihre wissenschaftliche Rezeption*. Berlin, New York: De Gruyter.

Spitzmüller, Jürgen & Ingo H. Warnke (2011): *Diskurslinguistik. Eine Einführung in Theorien und Methoden der transtextuellen Sprachanalyse*. Berlin, Boston: De Gruyter.

Stefanowitsch, Anatol (2018): *Eine Frage der Moral. Warum wir politisch korrekte Sprache brauchen*. Berlin: Duden.

Steger, Hugo (1989): Sprache im Wandel. *Sprache und Literatur in Wissenschaft und Unterricht* 63, 3–31.

Steins, Martin (1972): *Das Bild des Schwarzen in der europäischen Kolonialliteratur 1870–1918*. Frankfurt a.M.: Thesen.

Stenschke, Oliver (2005): *Rechtschreiben, Recht sprechen, recht haben – der Diskurs über die Rechtschreibreform. Eine linguistische Analyse des Streits in der Presse*. Berlin, Boston: De Gruyter.

Sternberger, Dolf, Gerhard Storz & Wilhelm E. Süskind (1986): *Aus dem Wörterbuch des Unmenschen. Neue erweiterte Ausgabe mit Zeugnissen des Streites über die Sprachkritik*. Frankfurt a.M., Berlin: dtv.

Stötzel, Georg (2022 [1978]): Heinrich Bölls sprachreflexive Diktion. Sprachwissenschaftliche Interpretation eines Interviews. Linguistik und Didaktik 33, 54–74. Wieder abgedruckt in Jürgen Schiewe (Hrsg.), *Sprachkritik. Dokumente der Konturierung und Etablierung einer linguistischen Teildisziplin*, 803–836. Hildesheim: Georg Olms.

Stötzel, Georg (1982 [1980]): Konkurrierender Sprachgebrauch in der deutschen Presse. Sprachwissenschaftliche Textinterpretationen zum Verhältnis von Sprachbewußtsein und Gegenstandskonstitution. Wirkendes Wort 30, 39–53. Wieder abgedruckt in Hans Jürgen Heringer (Hrsg.), *Holzfeuer im hölzernen Ofen. Aufsätze zur politischen Sprachkritik*, 277–289. Tübingen: Niemeyer.

Stötzel, Georg (1990): Semantische Kämpfe im öffentlichen Sprachgebrauch. In Gertrude Cepl-Kaufmann, Winfried Hartkopf, Ariane Neuhaus-Koch & Hildegard Stauch (Hrsg.), *„Stets wird die Wahrheit hadern mit dem Schönen". Festschrift für Manfred Windfuhr zum 60. Geburtstag*, 421–444. Köln, Wien: Böhlau.

Stötzel, Georg (1991): Geleitwort. In Frank Liedtke, Martin Wengeler & Karin Böke (Hrsg.), *Begriffe besetzen. Strategien des Sprachgebrauchs in der Politik*, 7–8. Opladen: Westdeutscher Verlag.

Stötzel, Georg (1993): Sprachgeschichte als Problemgeschichte der Gegenwart. In Hans Jürgen Heringer & Georg Stötzel (Hrsg.), *Sprachgeschichte und Sprachkritik. Festschrift für Peter von Polenz zum 65. Geburtstag*, 111–128. Berlin, New York: De Gruyter.

Stötzel, Georg (1995a): Einleitung. In Georg Stötzel & Martin Wengeler (Hrsg.), *Kontroverse Begriffe. Geschichte des öffentlichen Sprachgebrauchs in der Bundesrepublik Deutschland*, 1–17. Berlin, New York: De Gruyter.

Stötzel, Georg (1995b): Der Nazi-Komplex. In Georg Stötzel & Martin Wengeler (Hrsg.), *Kontroverse Begriffe. Geschichte des öffentlichen Sprachgebrauchs in der Bundesrepublik Deutschland*, 355–382. Berlin, New York: De Gruyter.

Stötzel, Georg & Martin Wengeler (1995): *Kontroverse Begriffe. Geschichte des öffentlichen Sprachgebrauchs in der Bundesrepublik Deutschland*. Berlin, New York: De Gruyter.

Storjohann, Petra (2007): Der Diskurs ‚Globalisierung' in der öffentlichen Sprache. Eine korpusgestützte Analyse kontextueller Thematisierungen. *aptum. Zeitschrift für Sprachkritik und Sprachkultur* 3 (2), 139–155.

Strauß, Gerhard, Ulrike Haß & Gisela Harras (1989): *Brisante Wörter von Agitation bis Zeitgeist: Ein Lexikon zum öffentlichen Sprachgebrauch*. Berlin, New York: De Gruyter.
Stumpf, Sören & David Römer (2018): Sprachliche Konstruktion von Verschwörungstheorien. Eine Projektskizze. *Muttersprache* 128 (4), 394–402.
Stumpf, Sören & David Römer (2024): Verschwörungstheorien linguistisch erforschen. In Roland Imhoff (Hrsg.), *Die Psychologie der Verschwörungstheorien. Von dunklen Mächten sonderbar belogen...*, 198–216. Göttingen: Hogrefe.
Tenfelde, Klaus (1998): Arbeiterschaft, Solidarität und Arbeiterbewegung. Kommentar zum Beitrag von Karl H. Metz. In Kurt Bayertz (Hrsg.), *Solidarität. Begriff und Problem*, 195–201. Frankfurt a.M.: Suhrkamp.
Tereick, Jana (2016): *Klimawandel im Diskurs. Multimodale Diskursanalyse crossmedialer Korpora*. Berlin, New York: De Gruyter.
Teubert, Wolfgang (2018): Dietrich Busse und ich: zwischen Kopf und Diskurs. In Martin Wengeler & Alexander Ziem (Hrsg.), *Diskurs, Wissen, Sprache. Linguistische Annäherungen an kulturwissenschaftliche Fragen*, 31–62. Berlin, Boston: De Gruyter.
Thiele, Matthias (2005): *Flucht, Asyl und Einwanderung im Fernsehen*. Konstanz: UVK.
Toulmin, Stephen (1975): *Der Gebrauch von Argumenten*. Kronberg/Ts.: Scriptor.
Trier, Jost (1934): Deutsche Bedeutungsforschung. In Alfred Goetze, Wilhelm Horn & Friedrich Maurer (Hrsg.), *Germanische Philologie. Ergebnisse und Aufgaben; Festschrift für Otto Behaghel*, 173–200. Heidelberg: Winter.
Trömel-Plötz, Senta (1978): Linguistik und Frauensprache. *Linguistische Berichte* 57, 49–68.
Völker, Hanna (2023): Politische Vereindeutigungsversuche. Zur Funktion von Sprachthematisierungen in kontroversen Diskursen. *aptum. Zeitschrift für Sprachkritik und Sprachkultur* 19, 49–68.
Weber, Albrecht (1979): *Deutsche Literatur in ihrer Zeit. Von 1880 bis zur Gegenwart (Band 2)*. Freiburg: Herder.
Wehling, Elisabeth (2016): *Politisches Framing. Wie eine Nation sich ihr Denken einredet – und daraus Politik macht*. Köln: Halem.
Weinrich, Harald (1976 [1958]): Münze und Wort. Untersuchungen an einem Wortfeld. In Harald Weinrich (Hrsg.), *Sprache in Texten*, 276–290. Stuttgart: Klett-Cotta.
Weinrich, Harald (1976): Von der Alltäglichkeit der Metasprache. In Harald Weinrich (Hrsg.), *Sprache in Texten*, 90–112. Stuttgart: Klett-Cotta.
Wengeler, Martin (1991): Modernisierung in der rüstungspolitischen Diskussion. In Frank Liedtke, Martin Wengeler & Karin Böke (Hrsg.), *Begriffe besetzen. Strategien des Sprachgebrauchs in der Politik*, 314–329. Opladen: Westdeutscher Verlag.
Wengeler, Martin (1992): *Die Sprache der Aufrüstung. Zur Geschichte der Rüstungsdiskussionen nach 1945*. Wiesbaden: DUV.
Wengeler, Martin (1995a): „1968" als sprachgeschichtliche Zäsur. In Georg Stötzel & Martin Wengeler (Hrsg.), *Kontroverse Begriffe. Geschichte des öffentlichen Sprachgebrauchs in der Bundesrepublik Deutschland*, 383–404. Berlin, New York: De Gruyter.
Wengeler, Martin (1995b): Vom Wehrbeitrag bis zu Friedensmissionen. Zur Geschichte der sprachlichen Legitimierung und Bekämpfung von Rüstung und Militär. In Georg Stötzel & Martin Wengeler (Hrsg.), *Kontroverse Begriffe. Geschichte des öffentlichen Sprachgebrauchs in der Bundesrepublik Deutschland*, 129–162. Berlin, New York: De Gruyter.
Wengeler, Martin (1995c): Multikulturelle Gesellschaft oder Ausländer raus? Der sprachliche Umgang mit der Einwanderung seit 1945. In Georg Stötzel & Martin Wengeler (Hrsg.), *Kontroverse Begriffe. Geschichte des öffentlichen Sprachgebrauchs in der Bundesrepublik Deutschland*, 711–749. Berlin, New York: De Gruyter.
Wengeler, Martin (1996a): Sprachthematisierungen in argumentativer Funktion. Eine Typologie. In Karin Böke, Matthias Jung & Martin Wengeler (Hrsg.), *Öffentlicher Sprachgebrauch. Praktische, theoretische und historische Perspektiven. Georg Stötzel zum 60. Geburtstag gewidmet*, 413–430. Opladen: Westdeutscher Verlag.

Wengeler, Martin (1996b): Gleichgewicht im Kalten Krieg. Leitvokabeln der Außenpolitik. In Karin Böke, Frank Liedtke & Martin Wengeler (Hrsg.), *Politische Leitvokabeln in der Adenauer-Ära*, 279–323. Berlin, New York: De Gruyter.

Wengeler, Martin, Karin Böke & Frank Liedtke (1996): Vorwort. In Karin Böke, Frank Liedtke & Martin Wengeler (Hrsg.), Politische Leitvokabeln in der Adenauer-Ära, V–VII. Berlin, New York: De Gruyter.

Wengeler, Martin (1998): Normreflexion in der Öffentlichkeit. Zur Legitimationsbasis sprachlicher Normierungsversuche. *Der Deutschunterricht* 3, 49–56.

Wengeler, Martin (2002): „1968", öffentliche Sprachsensibilität und political correctness. Sprachgeschichtliche und sprachkritische Anmerkungen. *Muttersprache* 112, 1–14.

Wengeler, Martin (2003): *Topos und Diskurs. Begründung einer argumentations-analytischen Methode und ihre Anwendung auf den Migrationsdiskurs (1960–1985)*. Tübingen: Niemeyer.

Wengeler, Martin (2005a): „Streit um Worte" und „Begriffe besetzen" als Indizien demokratischer Streitkultur. In Jörg Kilian (Hrsg.), *Sprache und Politik. Deutsch im demokratischen Staat. Duden – Thema Deutsch* (Band 6), 177–194. Mannheim, Berlin: Duden.

Wengeler, Martin (2005b): 25 Jahre Düsseldorfer Sprachgeschichtsschreibung für die Zeit nach 1945. Bilanz und Perspektiven. In Martin Wengeler (Hrsg.), *Sprachgeschichte als Zeitgeschichte. Konzepte, Methoden und Forschungsergebnisse der Düsseldorfer Sprachgeschichtsschreibung für die Zeit nach 1945*, 1–18. Hildesheim, New York: Olms.

Wengeler, Martin (2007): Topos und Diskurs – Möglichkeiten und Grenzen der topologischen Analyse gesellschaftlicher Debatten. In Ingo H. Warnke (Hrsg.), *Diskurslinguistik nach Foucault. Theorie und Gegenstände*, 165–186. Berlin, New York: De Gruyter.

Wengeler, Martin (2010): „Noch nie zuvor". Zur sprachlichen Konstruktion der Wirtschaftskrise 2008/2009 im Spiegel. *aptum. Zeitschrift für Sprachkritik und Sprachkultur* 6 (2), 138–156.

Wengeler, Martin & Alexander Ziem (2010): „Wirtschaftskrisen" im Wandel der Zeit. Eine diskurslinguistische Pilotstudie zum Wandel von Argumentationsmustern und Metapherngebrauch. In Achim Landwehr (Hrsg.), Diskursiver Wandel, 335–354. Wiesbaden: Springer.

Wengeler, Martin & Alexander Ziem (2014a): Sprache in Politik und Gesellschaft. In Ekkehard Felder & Andreas Gardt (Hrsg.), Handbuch Sprache und Wissen, 493–518. Berlin, Boston: De Gruyter.

Wengeler, Martin & Alexander Ziem (2014b): Wie über Krisen geredet wird. Einige Ergebnisse eines diskursgeschichtlichen Forschungsprojekts. Zeitschrift für Literaturwissenschaft und Linguistik 44 (173), 52–74.

Wengeler, Martin (2015): Die Analyse von Argumentationsmustern als Beitrag zur „transtextuell orientierten Linguistik". In Heidrun Kämper & Ingo H. Warnke (Hrsg.), *Diskurs – interdisziplinär. Zugänge, Gegenstände, Perspektiven*, 47–62. Berlin, Boston: De Gruyter.

Wengeler, Martin (2017): Wortschatz I: Schlagwörter, politische Leitvokabeln und der Streit um Worte. In Kersten Sven Roth, Martin Wengeler & Alexander Ziem (Hrsg.), *Handbuch Sprache in Politik und Gesellschaft*, 22–46. Berlin, Boston: De Gruyter.

Wengeler, Martin (2022): Begrenzungs-Initiativen und Migrationspakete. Ein Vergleich von Argumentationen zur Abschottung gegenüber Fremden in der Schweiz und Deutschland. In Juliane Schröter (Hrsg.), *Politisches Argumentieren in der Schweiz*, 135–151. Hamburg: Buske.

Wengeler, Martin & Kristin Kuck (2022): „Deutschlands neue Verantwortung". Diskurse um Äußere und Innere Sicherheit in Deutschland seit 1990. *aptum. Zeitschrift für Sprachkritik und Sprachkultur* 18 (3), 261–279.

Wengeler, Martin (2023): Werbung als Grundprinzip der Demokratie. In Nina Janich, Steffen Pappert & Kersten Sven Roth (Hrsg.), *Handbuch Werberhetorik*, 1–23. Berlin, Boston: De Gruyter.

Werlen, Iwar (2002): *Sprachliche Relativität. Eine problemorientierte Einführung*. Tübingen: UTB.

Wichmann, Martin (2018): *Metaphern im Zuwanderungsdiskurs. Linguistische Analysen zur Metaphorik in der politischen Kommunikation*. Frankfurt a.M. u.a.: Peter Lang.

Wierlemann, Sabine (2002): *Political Correctness in den USA und in Deutschland*. Berlin: Erich Schmidt.

Wildt, Andreas (1998): Solidarität – Begriffsgeschichte und Definition heute. In Kurt Bayertz (Hrsg.), *Solidarität. Begriff und Problem*, 202–216. Frankfurt a.M.: Suhrkamp.
Wimmer, Jeffrey (2007*): (Gegen-)Öffentlichkeit in der Mediengesellschaft. Analyse eines Spannungsverhältnisses.* Wiesbaden: VS.
Wimmer, Rainer (1997): „Political Correctness" –ein Fall für die Sprachkritik. In Hannelore Bublitz, Andreas Disselnkötter, Kai Hafez, Brigitta Huhnke, Siegfried Jäger, Helmut Kellershohn & Susanne Slobodzian (Hrsg.), *Evidenzen im Fluss. Demokratieverluste in Deutschland*, 287–299. Duisburg: DISS.
Wimmer, Rainer (1998): Politische Korrektheit (political correctness). Verschärfter Umgang mit Normen im Alltag. *Der Deutschunterricht* 50 (3), 41–48.
Wizorek, Anna & Hannah Lühmann (2018): *Gendern?! Gleichberechtigung in der Sprache – Ein Für und ein Wider*. Berlin: Duden.
Wodak, Ruth & Teun A. van Dijk (Hrsg.) (2000): *Racism at the Top. Parliamentary Discourses on Ethnic Issues in Six European States*. Klagenfurt: Drava.
Wolken, Simone (1986): Das Grundrecht auf Asyl als Problem der Rechtspolitik. *Zeitschrift für Ausländerrecht* 2, 58–70.
Ziem, Alexander (2008): *Frames und sprachliches Wissen. Kognitive Aspekte der semantischen Kompetenz*. Berlin, New York: De Gruyter.
Ziem, Alexander (2013): Frames als Prädikations- und Medienrahmen: Auf dem Weg zu einem integrativen Ansatz? In Claudia Fraas, Stefan Meier & Christian Pentzold (Hrsg.), *Online-Diskurse. Theorien und Methoden transmedialer Diskursforschung*, 136–172. Köln: Halem.
Ziem, Alexander (2017): Wortschatz II. In Kersten Sven Roth, Martin Wengeler & Alexander Ziem (Hrsg.), *Handbuch Sprache in Politik und Gesellschaft*, 22–46. Berlin, Boston: De Gruyter.
Ziem, Alexander (2018): Der sprachbegabte Mensch ist doch nicht kopflos: Einige Probleme eines radikalen Antikognitivismus. In Martin Wengeler & Alexander Ziem (Hrsg.), *Diskurs, Wissen, Sprache. Linguistische Annäherungen an kulturwissenschaftliche Fragen*, 63–88. Berlin, Boston: De Gruyter.
Ziem, Alexander, Ronny Scholz & David Römer (2013): Korpuslinguistische Zugänge zum öffentlichen Sprachgebrauch: spezifisches Vokabular, semantische Konstruktionen und syntaktische Muster in Diskursen über „Krisen". In Ekkehard Felder (Hrsg.), Faktizitätsherstellung in Diskursen. Die Macht des Deklarativen, 329–358. Berlin, Boston: De Gruyter.
Ziem, Alexander & Björn Fritsche (2019): Politisches Framing: Die verborgene Wirkung der Sprache auf unser Denken. *Mythos-Magazin Politisches Framing* 1. https://mythos-magazin.de/politisches-framing/zf_politisches-framing.pdf (letzter Zugriff 10.06.2024).
Zifonun, Gisela (2018): Die demokratische Pflicht und das Sprachsystem. Erneute Diskussion um einen geschlechtergerechten Sprachgebrauch. *Sprachreport* 34 (4), 44–56.
Zimmer, Dieter E. (1997): Die Berichtigung. Über die Sprachreform im Zeichen der Politischen Korrektheit. In Dieter E. Zimmer (Hrsg.), *Deutsch und anders. Die Sprache im Modernisierungsfieber*, 105–180. Reinbek: Rowohlt.

Personenregister

Arndt, Susan 136, 137, 138, 139
Auer, Katrin 127

Bär, Joachim A. 57
Bascha, Mika 66
Baumann, Antje 141
Beck, Götz 141
Becker, Maria 96
Becker, Uwe 81, 96, 97
Behrens, Manfred 23
Behrens, Michael 131, 152
Bellmann, Günter 29
Belosevic, Milena 62, 96
Bendel-Larcher, Sylvia 1
Böke, Karin 7, 18, 26, 27, 28, 37, 38, 39, 40, 56, 58, 61, 81, 82, 83, 84, 85, 88, 89, 90
Borchert, Semjon 79
Borgolte, Michael 54
Bornscheuer, Lothar 44, 45
Brünner, Gisela 141
Brunner, Otto 58, 108
Burkhardt, Armin 23, 26, 27, 75
Busch, Albert 34
Busse, Dietrich 3, 4, 7, 8, 9, 10, 20, 31, 32, 33, 35, 52, 57

Conze, Werner 58, 108

Delgado, Manuel J. 87
Della, Nancy J. 139, 140
Dieckmann, Walther 21, 23, 151
Dietrich, Margot 143
Diewald, Gabriele 148
Dijk, Teun A. van 89
Dodd, William J. 151
Doering-Manteuffel, Anselm 62
Dorenbeck, Nils 139, 148
Drommler, Michael 33

Ebermann, Thomas 84
Eickhoff, Birgit 143
Eisenberg, Peter 128, 146
Eitz, Thorsten 58, 136, 151, 152
Elsen, Hilke 141
Elspaß, Stephan 57
Engelhardt, Isabelle 58

Eppler, Erhard 74
Erdl, Marc Fabian 131
Ernst, Peter 57

Fahlbusch, Fabian 75
Fauconnier, Gilles 40
Felder, Ekkehard 5
Fetscher, Irving 23
Forster, Iris 28
Fraas, Claudia 33, 34, 36
Frank, Karsta 126, 127, 135
Frank-Cyrus, Karin M. 143
Fritz, Gerd 51, 54, 55, 56
Funk, Johannes 139

Gallie, Walter Bryce 23
Gardt, Andreas 3, 5
Gerhard, Ute 89, 91
Gerhards, Jürgen 10
Gerhardt, Marlis 2
Gießelmann, Bente 132
Girnth, Heiko 29
Gloning, Thomas 126
Gorny, Hildegard 141, 142, 143
Groth, Klaus 131
Guentherodt, Ingrid 143
Guha, Anton-Andreas 74
Gutzmann, Daniel 5

Habermas, Jürgen 7, 8, 9, 18, 31, 42
Happ, Alexander M. 61
Harras, Gisela 18
Haß, Ulrike 18
Heine, Matthias 151
Hellinger, Marlis 142
Herbert, Ulrich 86, 87
Heringer, Hans Jürgen 28, 127, 128, 135, 140, 145, 151, 153
Hermanns, Fritz 1, 24, 26, 46, 52, 55, 89
Herrgen, Johannes 29
Herrmann, Steffen 144
Hess, Sabine 80
Heuser, Rita 75
Hillje, Johannes 29
Hoffmann, Arne 126
Hoffmann, Ludgar 153

Holly, Werner 1, 34, 35, 36
Hornscheidt, Lann 135, 136, 137, 143, 144, 145
Huhnke, Brigitta 127
Humboldt, Wilhelm von 2, 3, 4

Jäger, Ludwig 20
Jäger, Siegfried 1
Jakobson, Roman 146
Jessen, Ralph 154
Johnson, Mark 101
Jung, Matthias 1, 7, 85, 88, 89, 90, 126

Kalverkämper, Hartwig 145
Kalwa, Nina 33
Kammermann, Nadine 30
Kämper, Heidrun 57, 58, 59, 151
Kapitzky, Jens 126, 129, 152
Kehl, Erich 23
Keller, Rudi 18, 21, 24, 76
Kelly, Natasha A. 137, 138, 139, 140
Key, Mary Ritchie 141
Kienpointner, Manfred 42, 43, 44
Kilian, Jörg 1, 128, 151
Kilomba, Grada 137
Kiyak, Mely 133
Klein, Josef 1, 21, 24, 25, 26, 30, 33, 34, 35, 36, 46, 47, 48, 57, 66, 102
Klein, Wolfgang 42
Klemperer, Victor 150
Kleßmann, Christoph 81
Klug, Nina-Maria 127, 128, 129, 135
Kopperschmidt, Josef 8, 10, 15, 43
Koselleck, Reinhart 4, 51, 58, 98, 99, 108
Kotthoff, Helga 141, 142, 143, 145
Kreußler, Fabian 30, 39, 96
Krieger, Anette 61, 89, 95
Kuck, Kristin 18, 36, 37, 40, 56, 61, 62, 51, 78, 79, 101, 102
Kunz, Barbara 60

Lakoff, George 18, 30, 32, 36, 88, 101
Lakoff, Robin 141
Leiss, Elisabeth 142
Liebert, Wolf-Andreas 37, 38
Liedtke, Frank 28, 58, 68, 76
Link, Jürgen 91
Lobin, Henning 127, 128, 142, 143, 144, 148
Loth, Wilfried 70
Lübbe, Hermann 23, 84

Ludwig, Otto 143
Luhmann, Niklas 9

Mackensen, Lutz 82, 84
Marcuse, Herbert 130
Mattheier, Klaus J. 59
Mayer, Caroline 126, 129
Meinunger, André 141
Meißner, Iris 33, 34
Mell, Ruth M. 12
Mittmann, Thomas 153, 154
Müller, Ernst 4, 51
Müller, Marcus 22

Nduka-Agwu, Adibeli 135, 136
Neidhardt, Friedhelm 9, 10
Niehr, Thomas 1, 21, 24, 26, 85, 88, 89, 90, 128
Nübling, Damaris 75, 141, 142, 143, 145

Olk, Miriam 33

Pappert, Steffen 7, 10, 11, 12, 13
Petterson Angsal, Magnus 144, 145
Pielenz, Michael 37, 38
Polenz, Peter von 1, 51, 52, 57, 58, 141, 143, 151, 153
Pusch, Luise F. 141, 142, 143, 144, 145

Raphael, Lutz 62
Recker, Marie-Luise 53
Reisigl, Martin 31
Richards, Ivor Armstrong 36
Richter, Eberhard 23
Rimscha, Robert von 131, 152
Rogge, Uwe 81, 83
Röhl, Klaus Rainer 131
Römer, David 1, 4, 18, 46, 47, 52, 53, 54, 56, 62, 51, 100, 101, 102, 103, 105
Roth, Kersten Sven 7, 10, 11, 12, 13, 18, 59

Sammla, Ja'n 143, 145
Scharloth, Joachim 59
Schau, Albrecht 74
Schiewe, Jürgen 1, 7, 8, 128
Schmieder, Falko 4, 51
Schoenthal, Gisela 143
Scholten, David 142
Scholz, Ronny 99, 100
Schräpel, Beate 143

Schröter, Melani 5, 130, 131, 132
Schubert, Klaus von 68
Schwarz, Hans-Peter 70
Schwitalla, Johannes 153
Seiler-Brylla, Charlotta 34
Skinner, Quentin 51
Spieß, Constanze 7, 9, 10
Spitzmüller, Jürgen 1, 4, 5, 16, 18
Stefanowitsch, Anatol 132, 134, 136, 139, 147
Steger, Hugo 58
Steinhauer, Anja 148
Steins, Martin 137, 138
Sternberger, Dolf 150
Storjohann, Petra 22
Storz, Gerhard 150
Stötzel, Georg 1, 2, 3, 4, 7, 11, 17, 18, 19, 21, 24, 51, 55, 57, 58, 59, 136, 150, 151, 152
Strauß, Gerhard 18
Süskind, Wilhelm E. 150

Teubert, Wolfgang 31
Thiele, Matthias 89
Toulmin, Stephen 44
Trömel-Plötz, Senta 141
Turgay, Katharina 5
Turner, Mark 40

Völker, Hanna 20

Warnke, Ingo H. 1, 4, 5, 16, 18
Weber, Albrecht 57
Wehling, Elisabeth 4, 29, 30, 31, 96
Weigel, Moira 130
Weinrich, Harald 17
Wengeler, Martin 1, 2, 3, 4, 7, 14, 15, 16, 17, 18, 20, 24, 29, 30, 32, 34, 35, 39, 46, 53, 55, 56, 58, 59, 60, 61, 62, 66, 67, 68, 70, 71, 72, 73, 74, 75, 76, 77, 78, 79, 87, 88, 92, 93, 95, 96, 100, 102, 103, 104, 126, 127, 130
Werlen, Iwar 4
Wichmann, Martin 88, 89
Wienen, Markus 59
Wierlemann, Sabine 126, 129, 150, 153
Wimmer, Rainer 126, 127, 128, 135, 140
Wittgenstein, Ludwig 4
Wodak, Ruth 89
Wolken, Simone 91

Ziem, Alexander 4, 22, 28, 31, 32, 33, 34, 35, 62, 99, 100
Zifonun, Gisela 146
Zimmer, Dieter E. 126